漯河印记·文史资料集萃

解放战事

政协漯河市委员会 编
吕 岩 主编

中国文史出版社

《漯河印记·文史资料集萃》编委会名单

序

漯河市政协主席　吕岩

沙河、颍河如两条闪亮的丝带，从漯河大地上穿境而过，亘古不息。她们忠实地记录了这块土地上演绎的故事。

远古时期，这里是先民们刀耕火种、开拓缔造的摇篮。一万年前，黎明时分，大岗之上响起“哼育！哼育！”的号子声，穿着兽皮、草裙的男女以打制石器、烧制陶器、狩猎采撷为生；八千年前，贾湖部落在悠扬的骨笛声中，走出地穴，走下干栏，把美酒洒向天空，祈愿稻粱早日成熟；越千年，郝家台上筑起了一座城，以黑陶的名义宣示着薪火相传、生生不息的文明；三代连绵交替，留下了动人的传说、英勇的故事、壮阔的城郭；两汉以降，汝水、颍水成为行政区划重要地标，流域之内渐趋繁盛，文化遗存星罗棋布；直至平汉铁路通车，河上街始现市镇雏形。

近现代以来，国家命运多舛，洪波涌起、激浊扬清，推翻“三座大山”成为主旋律。铁路工人在“二七”怒潮中率先觉醒，中国共产党的组织在三县生根发芽。北伐战争如火如荼，将士热血沃四岸；救亡图存浪潮席卷，民先春笋立百竿。抗日战争时期，先后走出了沈东平、赵伊坪、李曾志等著名英烈，也涌现出效信趁、蔡永令、支天雷等地方武装和孤胆英雄。三年横扫残章，中国人民解放军二野四兵团诞生在此，“打过长江去，解放全中国”唱出了浩荡绝响。

新中国成立七十年，社会主义在探索中前进，汝颍大地同样发生着翻天覆地的变化。特别是改革开放的东风唤醒了城市和乡村，创造出一个个历史性的奇迹。1986 年区划调整，漯河向区域性中心城市迈开新生的步伐；1992 年创办内陆特区展示了敢为人先的胆识与气魄；南街村一枝独秀率先实现了亿元梦想；双汇集团日益增长成为全球领先。

七届漯河市政协恰逢三十而立，一批地方文史学者提出整理建市以来前三十年《漯河文史资料》的设想，这无疑是顺应文化复兴潮流，彰显地方文化特色之良策。文史资料工作是人民政协重要的基础工作，具有不可替代的“存史资政，团结育人”作用，支持这个动议理所当然。整理工作专班历时三年多的时间，从浩繁的文史稿中精选出 689 篇，逐篇审读，删繁补简，纠正讹误，做必要的注解和附录，达到了“去伪存真，去粗取精”的目标，并几经研讨，提出了按目分类的出版方案。

抚摸案头的十二册书卷，不能不感佩历届政协委员和社会各界人士的辛勤耕耘，赞叹三十年来政协文史工作者的孜孜追求。其成果必将成为漯河记忆里弥足珍贵的见证。

今天，漯河已经进入新时代，正阔步走在建设社会主义现代化，实现中华民族伟大复兴的新征程上。许多时点熠熠闪光，许多人事灿若星辉，也期待更多的人秉笔记录，让后来者因我们而更加自豪，也因我们而更加发愤。

本丛书定稿恰逢中国共产党百年华诞，谨以初版献礼志庆。

2021 年 6 月 19 日于许慎故里

卷首语

漯河的解放是在三路大军挺进中原、进行战略反攻的中国革命大背景下实现的。

从 1947 年 12 月 19 日陈谢兵团四纵十旅首次解放漯河到 1948 年 8 月 23 日陈谢兵团四纵所属部队攻克漯河，解放军“五战”漯河，终于结束了几经反复拉锯的局面，漯河获得最后解放，彻底摧垮了国民党反动派在这里的黑暗统治，漯河从此获得新生。

在解放漯河的历史进程中，当地党组织带领人民群众踊跃支援、配合部队作战，送弹药、送军粮、抬伤员，积极参加建设中原新解放区，创建并巩固了新生的人民民主政权；同国民党反动派残余势力进行了英勇斗争，保卫了胜利成果；积极开展劳军支前，为南下大军提供充裕、便利的大批物资和行军交通条件；动员大批师生和青年农民参军，从人力、物力、财力上都做出了极大的贡献。

《解放战事》辑录了解放战争时期漯河各地相继获得解放的战事记述，也辑录有反映当时的民主政权建设、支援前线和大军南下、同国民党军队和地方顽固势力英勇斗争等内容，还有记述当年刘伯承、陈毅、陈赓等将领在漯河的活动、国民党军 180 师（廖运周师）在淮海战役前线起义参加中国人民解放军的历史事件等。

这些文章，有的就是当年写成并刊发的文稿，有的是后来当事人的回忆资料，有的是研究整理者写成的专题文章，从各个侧面叙述了解放战争时期三路大军挺进中原，漯河人民获得解放，当地党组织恢复发展、建立民主政权、获得新生，人民群众在人力、物力、财力上支援大军南下，保卫人民政权付出牺牲、迎来新中国成立、开启建设家园新征程等的历史事实。这些文章大致分为三大类型：一是“三亲”（亲历、亲见、亲闻）回忆。对这类文章，在整理过程中，只要是没有同历史事实相冲突或者在观点有问题的，我们在原稿基础上进行了校对和勘误，并补、附、注了一些相关资料、历史照片，作为丰富、完整和点缀。二是专题研究性文章。我们采用了精细化处理和一般化处理两种办法进行整理。三是一些采访性文章，由作者听别人口述而成。对这类文章，我们也参考了一些相关资料和文献，并对历史年代、人物名称、地名村名等进行了核对与勘误。在编写过程中，因为所学有限，难免有疏漏与不足，还望读者见谅并不吝赐教。

编　者

2021 年 12 月

目录
Contents

解放战事

政权建立

征程岁月

旧闻轶事

解放战事

西临郾鄢边区之战[1]

杨海泉[2]

1945年，西华县、临颍县、郾城县、鄢陵县四个县的土匪蜂起，大小杆匪徒乱窜。他们抢劫财物、杀人放火，搞得民不聊生，不少的老百姓逃到外地，流离失所，饿死、冻死者不计其数。再加上国民党第五十五军和第十一师兵匪勾结，四处骚扰，派粮派款，抓兵拉夫，弄得路断人稀，老百姓无法生活。1945年第一次解放后，西临郾鄢边区人民政府成立，在人民解放军第一二八部队司令员李士才的率领下，边区政府迅速开展剿匪灭敌战斗。当时两军对立，势均力敌，但人民解放军巧妙地运用战略战术，化零为整、化整为零，打得国民党和土匪晕头转向，连连失败。

1945年秋天，大雨连绵，夜间天黑如漆。临颍县长张仁甫接到对敌作战的任务后，立即冒雨连夜出发，他带领几个人从奉母村出来向东，衣服湿透了也找不到村庄。后摸到一个小村的草窝里，换了衣服，继续前进。他看四处无动静，就采取了对敌虚虚实实、实实虚虚的战术，立即向敌方发射子弹。夜静枪声格外响亮。敌人听到枪声连天响，摸不着头脑，在逍遥镇西几个村庄住的伪军被吓得四下逃窜，混乱中，他们甚至自己人互相打起来。这时，人民解放军第一二八部队配合县大队猛烈地从后面扫射，匪军伤亡惨重。

1945年10月间，国民党第五十五军的兵力从临颍辐射到漯河、鄢陵一带，一分三路包围第一二八部队根据地逍遥镇，第一二八部队沙河

① 时任一二八部队首长王定烈将军的回忆录《地狱归来》中，对西临郾鄢边区的活动有相关记述，可与本文相雠榷。

② 杨海泉，临颍县人。1921年生，曾任乡长。

支队、鄢扶大队和县、区大队约2000人已趁着夜雨悄悄地从逍遥北门转移走了。伪军不知道消息，只见大门敞开不敢进也不想退，惊慌万分，恐怕人民解放军有埋伏，于是就用机枪、步枪一齐向寨内扫射，后才知是空城计。接着郾城县的伪县大队（俗称麦牛队）1000余人，驻在黑龙潭逼粮要款，搅得老百姓苦不堪言。李士才司令员带领人民解放军和沙河支队，鄢扶大队，县、区大队猛攻速战，吹响了战斗冲锋号，官兵齐上，个个英勇战斗，很迅速地结束了战斗，除捉匪徒300人外，所有匪军全部举枪投降。后由寨河里、坑里捞出500支枪。另外，从麦秸垛里搜出100支枪，人民部队凯旋。1945年冬，国民党第十一师驻扎在逍遥镇内顽抗。李士才司令员接到作战命令后，立即率领所有部队奔赴战场，里三层、外三层包围了三天，直至伪师长赵一达举白旗投降。李士才司令员见情况异常，料知伪军是假投降，将计就计，让赵一达把所有轻重武器架到西石桥上。伪军以为计谋得逞，就用冲锋的办法，大开西门，狼狈逃窜。李士才司令员哪里肯让他们逃脱，立即命令急速追赶，所有武器一齐向伪军猛烈扫射，打得伪军溃不成军，伤亡惨重，大部伪军逃散回家了。

在奉母、焦岗、南坡、固厢、西贾等几次战斗中，人民解放军第一二八部队由司令员李士才、政委邓林和西临郾鄢边区区长王付成带领部队集中火力消灭敌人，打得敌人转不过头来，在几天内令伪军屡战屡败，显出了解放军英勇杀敌的革命精神。最后，伪军们逃窜到淮阳一带，四县境内的杆匪也随之烟消云散。战斗结束后，第一二八部队奉命转移到南方大别山去了，但西临郾鄢边区之战将光耀史册。

选自1998年《漯河文史资料》第七辑

解放漯河　建立新政权

邢富功[①]

1946年重庆和平谈判破裂后，蒋介石领导的国民党政府挑起了新的内战。中国共产党和共产党领导的人民军队针锋相对，展开第三次国内革命。

漯河当时是郾城县的一个重镇和平汉铁路线上的一座名城，解放漯河是中原战场的紧迫任务之一。

1947年12月11日，中国人民解放军陈（赓）谢（富治）兵团第四纵队第十旅奉命由河南方城开进平（北平）汉（汉口）铁路漯河地段，12月13日至16日，击毁了临颍至漯河的铁路线。18日，四纵第十旅三十团奉令从郾城县城西20余里的大新店出发，直驱郾城县城周围，十旅二十八团、二十九团从大新店秘密南渡沙河，逼近漯河南郊。次日晨，二十八团一营攻进牛行街，炸开南寨门进入寨内，二十九团迅速占领了漯河火车站，继而控制了马路街、老街等主要街巷。驻守漯河的国民党整编六十六师第十三旅[②]、第十七交通警察总队所属的两个大队和地方保安团等部，经过两个小时顽抗便被击溃，此战我军俘获国民党官兵2400多人、200余辆汽车和枪支弹药等，并对郾城县城形成了严密包围之势。

1948年元月中旬，陈谢兵团奉令撤离漯河，由华东野战军第六纵队来漯接防。六纵在司令员何以祥、政委丁秋生指挥下，对郾城继续进行围困，同时建立了漯河警备司令部，皮定均任警备司令。1948年3月

① 邢富功，漯河市人，1930年生。1949年参加工作，曾任源汇区政协原副主席、区老促会原会长。

② 已提前龟缩进郾城县城。

13 日，华东野战军六纵奉令调离，国民党军队乘机占领漯河。4 月 9 日华野六纵打回，第二次解放漯河并首次解放了郾城。4 月下旬华野六纵奉令参加徐州会战（淮海战役）[①]，漯河再度落入国民党军队之手。1948 年 5 月 6 日，人民解放军鄂豫陕军区[②]53 支队第三次解放漯河，第二次解放郾城。5 月下旬，53 支队撤离。6 月 3 日，中原野战军第九纵队第二十六旅第四次解放漯河，第三次解放郾城。不久，号称国民党“五大主力”之一的第十八军十一师进犯漯河，我军主动撤离，漯河再次易手。1948 年 8 月 23 日，中原野战军第四纵队第十一、十二旅第五次解放漯河，第四次解放郾城。自此，漯河、郾城人民获得了彻底解放。

漯河在 8 个多月内先后经历五次解放。此间，虽没有形成激烈的阵地战，但争夺和占领这座城市的战斗是十分激烈的，人民解放军也付出了较大代价。

1948 年 8 月 23 日，豫西二地委（驻地方城独树镇，后迁舞阳）决定派齐文川（后任洛阳市委书记、中国第一拖拉机制造厂党委书记等职）、康国蕴（后任平顶山市委书记、驻马店地委书记等职）、王健（后任漯河市委书记、许昌行署副专员等职）、李维之（后任许昌行署副专员）、朱干（后任许昌行署公安处处长）、吕忠文（后任许昌行署经济委员会主任）等 27 名干部来漯河开辟工作，创建人民政权。临行前，陈赓将军对他们说：“你们长期在山区工作，生活比较艰苦，漯河已经解放，亟待建立新的人民政权，你们要把这项工作做好，不能端着金碗要饭吃……”齐文川等人先到叶县城关，一面帮助当地政府工作，一面通过四纵和来往商人了解漯河的情况，做好进入漯河的准备工作。

8 月底，这 27 位同志在齐文川带领下来到漯河，立即着手建立人民政权。经上级批准，他们迅速建起了漯河人民办事处。当时，驻漯河的国民党军政机关和部队虽已溃逃，而潜伏的敌特人员、残留的散兵游勇以及地方上的反动武装，如自称郾城县“剿匪”司令的潘子茂，拥有 200 多人；国民党郾城县书记长闫炳若残部，拥有三个直属大队，计

① 淮海战役于 1948 年 11 月 6 日开始，此时应为六纵转战他地。

② 暂未查到此番号。

300余人；国民党漯河警察局长贺子达，拥有近百名武装人员；国民党第五专署特务大队第五支队权斌残部，拥有百余人；国民党第五绥靖区少将司令王××残部拥有数百人。他们分别活动于郾城县的黑龙潭、召陵，西平县的高桥、人和及市区周围。这些土匪化整为零，由五股变成了数十股，加之溃散的国民党第十四军军官总队的数百人、潜伏下来的国民党特工人员，约计1500余人。他们白天隐藏，夜间活动，偷袭我党、政、军机关，打家劫舍，拦路行凶，杀人放火，刺探情报。这些残匪势力，对新生的人民政权和首批来漯河开辟工作的同志威胁很大。为了预防不测，这些同志只有白天在市区工作，夜晚撤至沙河北或澧河西的农村住宿。为保障新区工作的顺利开展，1948年9月27日，中共豫西二地委和第二军分区决定，向漯河派驻警卫营，以打击国民党残留下来的反动势力，保卫人民政权，保障人民生命财产安全，建立新的秩序。豫西二地委驻漯河办事处派范兴、王健二同志赴舞阳迎接警卫营进驻漯河。1948年9月28日，“漯河人民办事处”正式改名为“漯河市人民民主政府”和“中共漯河市工作委员会”[①]。为便于开展工作，1948年11月20日，将市区划分为四个直辖区。第一区辖牛行街和寨内，下设七个保；第二区辖马路街以南地段，下设六个保；第三区辖老街以北地段，下设五个保；第四区辖铁路以东地段，下设两个保和南市郊的十五个村庄。

警卫营进驻漯河以后，肩负起了保卫新生的人民政权和来漯河开辟工作同志的安全重任，让他们结束了“游击”状态，固定了办公地址，并和四纵驻漯部队、公安机关联合组成“漯河市军事管制委员会”，委员会的成立为彻底摧毁国民党的反动统治、尽快恢复城市的正常秩序、保护人民生命财产及公共财产的安全、巩固新生的人民政权提供了重要保证。

1948年10月至1949年3月，解放军对市区周围的多股国民党残匪进行了彻底清剿，共歼灭匪特工500余人，缴获电台3部、长短枪397

---

① 中共漯河市工作委员会于1948年8月豫西二地委开辟漯河工作时已组建。

支、子弹8000多发、汽车1部。同时，在市区人民广场两次召开大会，动员日伪时期的投敌人员、国民党党员、三青团团员和国民党的军、政、警、宪、特人员登记自首。截至1949年元月，悔过自新的国民党员292人、三青团员58人、旧军政人员298人，收缴长枪34支、短枪6支、子弹1200多发、各种证件30多份、钤记1块、电话1部。解放军还对在五沟营附近猖狂活动的以方怀忠、陈锡林为首的反动武装（计300余人）进行了围歼，缴获机枪4挺、步枪88支、手枪32支、子弹数千发、俘虏80余人。经过这场剿匪斗争，漯河局势初步稳定。

漯河警卫营原属陈谢兵团四纵队十一旅三十二团，营长王竞成、教导员文峰，1947年12月被抽出作为泌阳县大队，后调至方城为分区警卫营。1948年6月，该营又被调到南阳一带剿匪，1948年9月奉命调驻漯河。该营初建时，设一个营部，只有一个连的兵力，共100多人。经过在泌阳、南阳的扩充，进驻漯河时已发展为4个连、500多人。随着革命战争的不断胜利和漯河局势的稳定，该营于1949年3月奉令调离漯河，开赴舞阳（二地委所在地）改编为河南省军区独立十三团。

警卫营在漯河仅驻扎半年多的时间里，在清剿匪特、安定社会秩序、恢复生产经营、协助地方开辟工作、建立人民政权等方面作出了重大贡献。

选自1998年《漯河文史资料》第七辑

解放前夕成立的舞阳地下革命军

杜琴堂口述　胡德周[①]整理

1945年8月，日本宣布投降后，国民党军队一〇四师进驻舞阳县，进攻活动于舞阳南部的河南军区部队。国民党舞阳县政府以及各种反动势力积极进行反共活动，大肆抓捕杀害隐蔽下来的中共党员和革命群众。舞阳全县一片白色恐怖。

舞阳北半部地区也不例外。从1944年起，霸踞舞阳北部地区的皇协军绥靖一师关震亚、尚振华部，在日本投降后，受国民党政府委任，变成了新编第七十五师，关震亚、尚振华任正副师长，控制5000多人枪，仍然占据着舞阳北部沙河沿岸地区，不允许有共产党人存在，不允许有任何革命活动，发现者格杀勿论。北舞渡学校进步青年教师靳正国和郭清芳先后被杀害，不少无辜百姓遭到残杀，舞阳北部暗无天日。但令关震亚、尚振华意想不到的是，在他手下的团长孙建全的家乡——舞阳县章化乡郭庄村，竟有共产党的优秀革命干部在他们的眼皮底下成立了100多人的地下革命军，领头人李靖亚、刘金标、杜琴堂，还直通陈赓、谢富治兵团。这100多人的部队好似插入七十五师心脏的一把尖刀，令尚振华、孙建全愤怒万分，坐立不安。

这100多人的地下革命军是怎么产生的呢？负责组织建立这支军队的人员又是谁呢？他们都开展了哪些活动呢？事情的来龙去脉是这样的：

1947年，春节刚过，天气还没有立即变暖。卢氏县年近20岁的青年李靖亚来到了章化乡军李村他妻子万玲的娘家，以探亲名义住了下

① 胡德周，舞钢市人，大专文化，生于1962年5月，1980年至1984年在北京军区某部服役，县政协文化和文史委主任。转业后曾任舞阳县史志档案办副科级干部。

来。很快，他又来到距离军李村不远处的郭庄村他妻子的姐姐家，姐夫孙廉波同关震亚、尚振华的七十五师团长孙建全是同一个族家。李靖亚有才有识，善交朋友，为人热情。他借着孙廉波的关系，接连拜访了这一带的权威人物，如沙河北杜庄的杜荣箱、梅湾村的张开会、梅湾国民小学校长杜琴堂，当然少不了拜访团长孙建全。来往中，杜琴堂发现李靖亚学问很深，光古文就能背几十篇。两个有知识的热血青年很是谈得拢，国民小学正好缺老师，杜琴堂便邀请李靖亚来学校任教。李靖亚不仅一口答应，还把自己来到舞阳的使命和目的告诉了杜琴堂。原来他是为陈赓部队发展队伍、招兵买马的啊！是干革命的地下共产党呀！杜琴堂思想进步、向往革命、仇恨反动势力，一说要一起干革命，眼前顿时充满了光明，表示坚决和李靖亚一起干。

为了安全起见，杜琴堂建议李靖亚把任教的事情告诉孙廉波，由孙廉波带他去见孙建全，再由孙建全出面给杜琴堂招呼一声，这样就给了孙建全面子，李靖亚当国民小学教师也就更加名正言顺了。从此，杜琴堂就以校长的身份，带着李靖亚走村串户，了解章化、北舞渡一带的民情和地情，了解哪个村有多少条枪，了解七十五师的驻兵与活动情况，为陈赓部队提供了准确可靠的情报。

一天下午，李靖亚收到了他的好朋友刘金标写来的信，说是要到舞阳来，让李靖亚接他。刘金标也是卢氏人，在陈赓部队。李靖亚和杜琴堂趁夜深人静，到老官李沙河埠头，等待着刘金标的到来，急切地想听到他带来的上级指示。但等到天亮，也没有接到刘金标。不久，刘金标来信说明原因，说是去北舞渡一带了。

1947 年 7 月，解放战争进入全国性进攻阶段，根据中共中央、中央军委指示，刘邓大军千里挺进大别山，陈毅、粟裕指挥华东野战军在豫皖苏地区实施战略展开；陈赓、谢富治指挥晋冀鲁豫野战军挺进豫西。8 月，陈谢兵团进入河南。10 月 20 日，中央军委指示陈谢兵团，除一部分在陇海路牵制敌人、一部分向陕南发展外，其余主力越陇海路南下，向南召、方城、舞阳以北展开，歼灭反动武装。李靖亚、杜琴堂收到刘金标的消息，说大军要南下，要解放舞阳，两人商议要在当地成立一支队伍，支援前线，等陈赓部队到来时参加进去。杜琴堂先动员梅湾村有枪的一二十个农户，把枪贡献出来，又动员张丙义、梅书林、叶小舟、杜西卿、张吉周等年轻的小伙子报名参加。杜琴堂由梅湾村开始，不多日就发展到西至叶县马湾、东至舞阳马湾，东西长 20 多里的沙河沿岸村庄，组织起了 100 多人枪的革命队伍。这 100 多人白天见面、晚上分散，互通情况、严明纪律，虽不经集中训练，但每个人心中都有一条准绳、一个理想——那就是以八路军的标准要求自己。刘金标很快也来到梅湾村，同李靖亚一起住在梅湾国民小学，帮助组建军队。

这 100 多人，在李靖亚、刘金标、杜琴堂的组织带领下，各有各的任务，并及时将他们了解掌握的方圆几十里内的情况报告给李靖亚、刘金标。李靖亚、刘金标、杜琴堂也很快将情况上报给陈赓部队，为部队到达舞阳北部创造了有利条件。

李靖亚、刘金标、杜琴堂成立军队的消息，不知怎么传到了驻北舞渡副师长尚振华耳朵里，令尚振华惊恐不安，十分恼怒，马上给孙建全下了指示。孙建全把矛头指向杜琴堂。一天晚上，孙建全的部下会聚在他的家里，商议除掉杜琴堂的事。一个名叫孙老七的学生家长，看到很多人在孙建全家，问干啥哩。回答说，准备打杜琴堂。孙老七问："他犯啥事了？"孙建全说："他赖！"孙老七说："他是老师，您把他打坏了打死了，学生就没人教了！"孙建全说："不打他也行，只要他不组织军队！"孙老七把这话说给杜琴堂。杜琴堂知道了，心里却不管孙建全那一套。他很清楚，孙建全因为同孙廉波是同族，李靖亚同孙廉波是亲戚，他们肯定不会害李靖亚。杜琴堂不害怕。

不料，过了两三天，孙建全派杀手到杜琴堂家。当时，天刚入黑，杜琴堂正要睡觉，几个人猛地敲门，杜琴堂意识到有危险，急忙用铡床把门顶上。杀手没法，只好离去。杜琴堂躲过一劫。第二天早晨，杜琴堂看到门前有一封信，上写："杜琴堂、李靖亚，你们要安分守己，不要胡作乱为，不然，要除掉你们。"

1947 年 11 月 4 日，叶县解放。舞阳县的国民党、政、军人员听说解放军快到舞阳了，乱作一团，有的准备南逃，有的组织反抗。这时尚振华在开封接受了刘茂恩委任他的襄、舞、郾三县指挥官职务，回到北舞渡，整编武装，带领700多反动人员镇守北舞渡，准备抵抗解放军。

其间，陈赓部队已从方城、叶县派小部人员进入舞阳南部，了解情况，发动群众。对于舞阳北部的情况，由于李靖亚、刘金标、杜琴堂经常提供情报，陈赓部队已基本掌握。

12月14日，陈谢部队到达北舞渡，一举打垮了尚振华部。12月17日，解放军一部自叶县追击逃往郾城的反动武装，一部向南解放了舞阳县城，并成立了舞阳县人民民主政府。随后，县政府转移到舞阳南部山区，流动办公。22日，解放军离开北舞渡，尚振华率人趁机反扑北舞渡，抓捕18名解放军战士，随后又将在九街一带俘获的7名解放军战士活埋于沙河滩内。1948年1月8日，解放军分左右两路围击北舞渡，尚振华部被击溃逃跑。1月11日，敌人将抓获的18名解放军战士中的11名枪杀于石墓潭，其余7名被装入麻袋抛入沙河。

这一阶段，是敌我双方在舞阳北部地区殊死搏斗、你来我往、相互拉锯的时期。各种反动势力疯狂向解放军进攻，国民党十一师一部也不时进入舞阳，同地方反动武装勾结，猖狂反扑。

李靖亚、刘金标、杜琴堂组织的一个连的队伍，在解放军进入舞阳后，抓紧活动。他们借助解放军打击尚振华的间隙，带领部队过河到襄城县的霍郾镇，将大户财主赵家的粮仓打开，除分发给当地群众一部分外，其余送到舞阳南部安寨村南的解放军驻地，连队改编为解放军陈谢兵团四纵十一旅三十三团新兵连，李靖亚为连长，刘金标回原部队工作，杜琴堂为连部文书。这支在章化、北舞渡一带秘密组建起来的地下革命军，正式成为人民解放军队的一部分。

1948年春天，李靖亚带部队拉粮向南山时，杜琴堂留在梅湾村继续招兵。一天晚上，天气有些发闷，杜琴堂来到院中，弄了两块石头，放上一块木板，躺在上面，很快进入梦乡。不知道什么时候，一声枪响，惊醒了杜琴堂，子弹从杜琴堂右脸颊冲过去，杜琴堂从板子上滚落在地，晕了过去。两个杀手以为杜琴堂死了，转身就走，杜琴堂认出了他们。第二天，两个杀手得知杜琴堂没有死，吓得不行，一个跑到遂平，一直不敢回家；一个吓得一病不起，不久死去。原来，杀手开枪不准，打在了放板子的石头上，子弹又从石头上飞到杜琴堂头上。

再说李靖亚带部队改编为新兵连以后，一天上午，回到了梅湾村，同杜琴堂来到沙河边，坐到船上，划到中央，这是他们商量工作的老规矩。李靖亚传达了上级的指示，准备将沙河沿岸东西马湾之间散落的500多支枪组织起来，交给大部队。二人正在筹划，抬头一看，刘金标在岸上，他俩靠岸，让刘金标上船。刘金标通知他们，县人民民主政府决定由李靖亚任北舞渡区长，刘金标任区委书记兼武装大队长，杜琴堂任文书，区部设在梅湾。

下午，杜琴堂在郭庄找来孙建全逃跑时留在家里的两匹马，将自己的手枪交给李靖亚，又准备了几颗手榴弹，让他和刘金标一起到县政府领取委任证明，约定当天回来，自己在家筹办区部事宜。可是两天过去了，不见他俩回来，杜琴堂心里着急，赶紧去杜庄，找到杜荣箱，让他去南山找李靖亚、刘金标。杜荣箱急忙赶路，走到孟寨西南坡里，发现两具尸体，衣服已被人扒去，上前一看，正是李靖亚、刘金标。杜荣箱惊恐不已，飞快向南部山区跑去，找到了县政府，才知道是国民党反动残余势力孙一亭中队杀害了李靖亚、刘金标。

当时，由舞阳县城通往襄城县的舞襄公路经过澧河北岸的效集、坡里马村，公路旁是深沟，自南向北、自北向南都要走这条路。效集有寨，寨内有几家商户，生意也很红火，这里常常是土匪杆子光顾的地方。有一次，20多个土匪冒充八路军进村抢了18户农家。1947年农历十一月六日，解放军自叶县到舞阳，曾在效集短暂停留，国民党反动武装也不时进驻这里。1948年，麦子接近黄梢，尚振华反动武装势力孙一亭中队20多人进驻效集。第二天上午，他们趴在寨墙上，忽然发现效集村北坡里有两个骑马的人，正是李靖亚、刘金标，孙一亭中队一面对准他们二人疯狂射击，一面派人出寨追捕。李靖亚、刘金标骑马行进到坡里马村南部，李靖亚不幸中弹受伤，从马上摔落下来；刘金标赶忙下马，搀扶着李靖亚，来到低坡处隐蔽还击。不料敌人从西面绕道截击他俩。李靖亚、刘金标奋力还击，子弹很快打完了，手榴弹也用光了，终因寡不敌众，壮烈牺牲。

敌人杀害李靖亚、刘金标后，顺着澧河向东南方向逃窜，到西平县合水镇附近，被解放军消灭。

杜荣箱到达舞阳南部后，遂即向部队首长汇报李靖亚、刘金标牺牲的消息。第二天，解放军购买两口棺材，将二人遗体安葬。中华人民共和国成立后，1952 年，李靖亚、刘金标的遗骨起运回卢氏家乡安葬，后来被追认为革命烈士。

李靖亚、刘金标牺牲后，杜琴堂万分悲痛，区部也因此没有成立起来。不久，解放军一个连进驻梅湾村，成立了民主村政权，并办了民主小学，杜琴堂从此成为人民教师，并终生从教。

但是，残存在舞阳各地的反动武装势力，不甘心失败，他们还伺机骚扰解放军，杀害解放军战士。就在李靖亚、刘金标牺牲不久，一名受伤掉队的解放军战士被匪徒杀害。1948 年 5 月，逃亡在外的尚振华潜回舞阳北部，同反动县长禹升联一起召集人员开会，妄图重新组织武装力量反攻解放军。一时间，舞阳北部各种反动势力又甚嚣尘上。对此，留驻舞阳的陈赓部队三十三团决定，彻底将其消灭。从 6 月 1 日到 5 日，他们同叶县革命武装独立营共同出击，协助解放军九纵二十六旅七十六团对尚振华以及自叶县逃入舞阳的反动武装进行围剿，打得他们溃败不堪。尚振华逃离舞阳，1951 年被人民政府抓捕镇压。

选自 2010 年《漯河文史资料》第十八辑

第一次解放漯河[①] 战斗纪实

郜治国[②]

1947年，在第三次国内革命战争中，人民解放军从战略防御转入战略进攻。6月30日，刘邓大军强渡黄河，胜利进入大别山地区。为了支援大别山战场，陈赓兵团根据中央军委的命令，于1947年8月22日夜至次日拂晓，以迅雷不及掩耳之势，强渡黄河，与陈毅、粟裕指挥下的华东野战军协同配合，向平汉、陇海两线铁路开展了大规模的破击战，并寻机歼敌。至10月上旬，我陈赓兵团南进千里，歼敌31000人，解放了大片地区。为继续扫清残敌，除集中优势兵力向平汉、陇海铁路聚集，伺机歼灭国民党守军外，并在可能范围内将平汉铁路以西的一些城镇予以解放。从11月28日开始，到12月16日，先后攻克桐柏、确山、宝丰、襄城、泌阳、临颍等十几座县城，并彻底破坏了漯河以北、许昌以南的铁路线。

当时，我所在的十旅，在周希汉旅长的率领下，于12月11日由方城出发，先袭取了叶县，13日进到平汉线的临颍一带，参加刘庄以南、漯河以北地段的破击战，全旅破坏铁路60多里，扒掉铁轨近6000根、

① 1947年12月19日，人民解放军陈赓谢富治兵团经过突袭，俘虏国民党官兵2400人，首次解放漯河。1948年2月下旬，国民党第十八军重新占领漯河。1948年4月9日，陈赓谢富治兵团二次攻占漯河，旋即被国民党军争夺。1948年5月4日，陈谢兵团三次攻占漯河。6月3日，陈谢兵团四次夺取漯河。这一时期，解放军、国民党军在中原地区展开拉锯战，亦称“拉锯时期”。1948年8月23日，陈谢兵团最后一次攻占漯河，使漯河获得最终解放。

漯河解放时期，按照行政区划，归属于郾城县。解放漯河，主要战斗集中在漯河城区的老源汇寨内和火车站附近，以及距离漯河4千米的郾城县城内。

② 原陈（赓）谢（富治）兵团十旅二十八团战士。本文是作者参加1947年12月解放漯河战斗的回忆。

枕木近7万条、电线杆近千根，破坏桥梁10余座。与此同时，旅首长特派侦察员侦察了漯河。获悉漯河为当时敌人后勤大兵站之一，由胡琏兵团之六十六师十三旅约3000人驻守，绝大部分都是非战斗部队，战斗力很弱。经请示上级同意，决定以奇袭的手段予以解放。

漯河是平汉铁路南段一个重要的火车站，又是一个有名的水旱码头，沙河、澧河在这里交汇，粮食、牲畜在这里集散，市内极其繁华热闹，是豫中南一个重镇。现在，它又成了国民党在中原的一个大军需库。解放漯河，不仅是对敌人的沉重一击，对我军来说，还是一次重要的装备更新。

1947年12月18日夜晚，解放漯河的战斗打响了。我军的战斗部署是：二十八团，即红军老二团（我当时在该团二八一营机炮连）由东、南两方进击漯河；二十九团自西向城里进攻；三十团为预备队并负责警戒郾城方向的敌人，部队迅速而隐蔽地悄悄通过了东大街，接近敌人城门时，我二连、三连以闪电般的速度，早已搭上梯子冲了进去，随之机炮连也跟了进去。

突击部队进城后兵分三路：一路沿城墙向右发展；一路沿城墙向左发展；一路顺大街向前发展。一边前进，一边警惕搜索。机炮连为配合作战掩护，也按左、中、右分别跟进，我当时和小炮班一起随中路前进。

当我们利用两边房舍和可以利用的地物在东大街往前运动时，走在前面的一连二排四班在街上抓到一个出来送信的敌兵。这个士兵刚刚被我军俘虏过，才放回来，对我军不虐待俘虏的政策很清楚。因此，也不害怕我们，把敌人当晚的口令、番号、地形和他知道的兵力部署、工事构筑等全部作了交代，并主动带领我军埋伏在敌人驻地大门口，他进去将敌人的队长骗了出来。二排长李之华对这个队长说："到里边去吹集合哨，叫你的士兵全部出来集合站队，武器、弹药都不准带！"就这样，300多个敌人，一枪未放，几分钟时间就被全部解决了。二排的同志除一部分看押俘虏兵外，其余的同志都进营房收缴敌人的武器、弹药。忽然，电话铃声响了，大家正忙着收缴武器没有人接话。隔几分钟，又响了起来，为了防止敌人发觉，李排长让电话机旁的小王去接，一拿起话机，就听到对方骄横的声调："他妈的，你们都死绝了……"声音很大，在场的同志大部分都听到了。小王一听骂人，眼睛睁得溜圆，就要发火，这时李排长一个箭步赶上去。接过话机和对方说："长官，让您久等了，是我在值班，刚才我出去解了个小手……"对方口气缓和下来，问："你们那里情况怎样？"原来是里面守敌打来的电话。李排长说："很平静，什么事也没有。"随又反问了一句："你们那里怎么样？"对方回答："听见有枪声，不知是怎么回事，不过也没有发现什么大的情况，但你们要当心'共匪'扰乱……"我们的战士听了，待挂上电话都捧腹大笑起来。

中国人民解放军四纵十旅不费一枪一弹摸进郾城（漯河）车站，俘虏的大批国民党军

这一夜奇袭战进展得意想不到的顺利，连我们自己也感到出乎预料。有不少敌人还在梦中便已成了我军俘虏；有在打牌、饮酒取乐中被我军对准了枪口，只好乖乖地缴枪投降；也有少数负隅顽抗的，但是我

们的神枪手不等他们拔出武器就迅速地把他们解决了。

战斗仅仅经历了两个多小时，天将拂晓之际，就顺利地解放了平汉线豫中南重镇漯河市，“八一”红旗迎风飘扬在漯河市高大的建筑物上。

这一仗，俘敌2890余人，缴获的武器、弹药及其他军用物资堆积如山，仅库存军用汽车就有200多辆。我们仅仅牺牲了两名同志。战斗后，我们每人都发了一套战利品：斜纹布军衣一套、军毯一条、胶底棉鞋一双、蚊帐一顶、风镜一副、军被一条等。此外，排以上干部都背上了加拿大手提机枪，我们炮兵也有了化学炮等。19日早晨，我们正在吃早餐，从郑州方向飞来了两架敌机，在头顶上盘旋了一圈，就往下漫无目标地投弹轰炸。同时，与漯河一河之隔的郾城县敌军约一营兵力，也企图在飞机支援下涉河攻击。同志们扔下饭碗，不顾敌机扫射，争先恐后地进入预先指定的工事里。从城墙上看到沙河北岸的敌人如蚂蚁似的一大片，前边的敌人已经开始过河了。我军居高临下，敌人的一举一动都看得一清二楚，于是，一声令下，所有的武器一齐向敌群猛烈射击。炮弹在敌人阵地开了花，一颗颗子弹飞向了敌人，敌阵顿时大乱，血肉横飞，成群的敌人趴在地上不动了。敌指挥官咆哮着、驱赶着他们的士兵，强迫他们起来渡河，但还是很多士兵装死躺下不动。就这样，双方枪战了半个多小时，敌人死伤过半，狼狈地退了回去。

21日晚上，我十旅根据上级命令，在漯河附近进行了又一次破击战，共破坏铁路线十几里，铁轨3000根、枕木2万多根、电线杆400余根、桥梁4座。至此，我旅胜利地完成了平汉路破坏铁路任务，使敌人的交通线陷于完全瘫痪状态。

1947年12月25日，在解放漯河一个星期之后，我部奉命离开漯河和兄弟部队一起参加消灭国民党的第五兵团的战斗，一场更加激烈的战斗就要开始了。

选自1998年《漯河文史资料》第七辑

解放军首克漯河即日见闻

郜治国

1947 年 12 月 12 日夜，陈赓兵团十旅打响了第一次解放漯河的战斗，仅用两个多钟头的时间攻克了平汉线重镇——漯河。当时，我在十旅旅长周希汉的指挥下参加了战斗，对漯河解放后当天人民群众的喜悦心情和军爱民民拥军的动人情景记忆犹新。

战斗刚刚结束，旅部首长立即决定：一部分部队提前吃早饭，然后到平汉线上执行破击任务；其余的部队留下，继续清理战场，打扫卫生，维护治安和执勤。早饭后，留在城内的部队分头行动，有的押送俘虏，有的收集战利品及搜索分散或潜逃之敌，有的在大街上贴标语口号和布告，还有的宣传党的政策和“三大纪律八项注意”等。我是留在漯河执行任务的一员，对群众的反映和情绪了解得比较多。

当时（12 月 13 日早晨）太阳刚刚升起，城内城外，大街小巷，男女老少，三个一伙，五个一群，兴高采烈地议论着解放军从天而降的神奇故事。不少人把解放军说成是神乎其神的“天兵天将”，像孙悟空。早饭过后，大街上人越来越多，到处都像赶庙会，看大戏似的挤扛不动，许多人手执小红旗，热烈欢迎解放军，有的人围着从四面八方收集来的战利品观看，有些人惊奇地看着排成四路纵队的押送俘虏队伍。当市民们看到解放军贴的标语《中国土地法大纲》和解放军组成的花鼓宣传队时，倍感新鲜，产生了极大的兴趣。特别是在贴有《中国土地法大纲》的附近，围观的人足足有好几百，来往车辆、行人只得绕道而行。在后边的人看不到布告，就搬来桌子或凳子，站在上面看，有两个青年人没有桌凳，就交替站在对方的肩膀上轮流看。纵然这样，还是有很多人看不到。鉴于这种情况，部队立即派了几个同志，一面维持秩序，一面给大家宣读《大纲》的内容，但这仍然满足不了大家的要求。后来，我们派一位同志到有关部门多要几张《大纲》，把人群分散，分头进行宣讲。累了，我们几个就轮换着讲；渴了，群众主动给我们送来水果、茶水；饿了，群众会送来馍、鸡蛋等。群众听讲十分认真，有的在一个字一个字地记笔记，并且让读得慢一点，生怕漏掉一个字。宣讲时，台下鸦雀无声。经过这样一讲，群众了解了《大纲》的内容，站在我旁边的一位老大爷不时地提出疑问，要我们讲清楚，他听后竖起大拇指说："好！好！太好了，应该这样做。"在回去的路上，他还逢人便说："你们赶快去看一看《大纲》吧，可好啦！"我们的宣传队每到一个地方，群众都争相观看，常常是演了这出演那出，当宣传队演唱到"共产党是人民的大救星，八路军是人民的子弟兵，消灭土匪，打倒地主阶级和土豪劣绅"时，全场热烈欢迎，响起了长时间的掌声。

我们在街上正走着，有一个年轻妇女突然从解放军押送的俘虏中拉出一个俘虏来，一边骂，一边用手打了他一个耳光，随后又从竹篮里拿出一把菜刀来，说："你这个坏蛋，今天老娘非剥你的皮、抽你的筋不可。"要不是押送俘虏的同志上前制止，那个俘虏早被她一刀砍死了。事后方了解到，原来那个俘虏在几天前抢了她家的东西，还强奸了她。她哭得死去活来，要不是丈夫劝说，她早就寻死了。到了日近中午，大街上的人越来越多，各家商店开门营业，市场恢复了往日的繁荣。当他们了解到共产党对私营工商业者的保护政策后，燃放鞭炮，庆贺解放，张贴标语欢迎解放军，表现出极大的热情。到了下午，有三个10岁左右的小孩，身穿露肉的烂衣裤，左手提着一个要饭的破篮子，右手拿了一根打狗棍，在他们四周围着一些小孩和不三不四的家伙。几个战士看到这些人正对这三个孩子进行侮辱，就把他们赶走，然后把那三个孩子叫到驻地，让他们吃饱了饭，换上战士们节省下来的衣服，洗了澡，理了发，还给他们每人两筒罐头和一盒饼干。到了另一个地方，我们遇到一位双目失明、病卧大街无人问的老大爷，几个同志就凑了一些钱给了他，使他很受感动。在另一条街，我们还碰到一个十六七岁的小后生，他说："我知道八路军是我们穷人的队伍。我家中很穷，上不起学，只得给人家帮工，你们什么时候走，我要跟你们一起走，当八路军去。”

天快要黑了，漯河所有戏院及其他公共场所都在醒目处贴出巨幅标语“拥护共产党欢迎八路军”，横批多是“军民一家”。到处张灯结彩，像过节一样热闹。近黄昏时，解放军在火车站的车皮上，把敌人没来得及运走的粮食和物资向缺衣少食的群众发放，领取发放物资的有工人、农民、教员、店员等，还有原在国民党军队当过兵的残疾人员。他们拿上口袋，提着筐子，还有的推着自行车、三轮车或木板车，一群群、一队队兴高采烈地领取了各种物资和粮食。他们深深感激人民解放军。有一位 50 多岁的大爷，领到救济物资后说：“前几天，他们（指国民党兵）把我家仅有的一点粮食抢了个光，家里五六口人已经饿了好几天啦，要不是你们来发粮，我们全家要不了三天就得饿死了！我们穷人把这粮叫‘救命粮’。”接着，他就领我们到拐弯处，指着墙上的一幅“毛主席是咱们穷人的大救星”的标语说：“就是他老人家救了我们全家的命，我要让子孙后代都知道，毛主席是我们一家的大恩人。”一个小学教员说：“国民党坏透了，就因我不是国民党员，他们就把我的职务开除了，使我们全家饿肚子，可恼！可恨！”另一个自称是在国民党“中央军”当过什么“团长”的人，拄着一根拐杖，边走边说：“他妈的，我在抗战中被鬼子打断了一条腿，结果那些王八蛋扔下我不管。我不能工作也不能劳动了，只好靠老婆养活。你们（指解放军）来了，给我们发了救济粮，太感谢你们了。”

在欢乐、热闹的气氛中，漯河人民度过了第一个解放之夜。

选自 1998 年《漯河文史资料》第七辑

雾中大捷——关于漯河首次解放的回忆

勇　锐[①]

1947年12月19日，漯河在面对面看不到人和物的浓雾中，进行了一场无声之战。当人民解放军两个主力团在部分工人、市民带领下，业已俘敌1400人的时候，敌人竟未放响一枪。战斗从早晨7时打到下午3时结束，在浓雾散尽时，人民解放军陈赓、谢富治兵团四纵十旅第二十八团二营攻击敌警备司令部才互有伤亡，从枪响到全歼残敌只用了20分钟。在短短八个小时的战斗中，我军以亡2伤18的微小代价，取得了毙伤敌20余人、俘敌（国民党驻漯河警备司令兼警务第二旅副旅长康守礼少将及以下）2897人的重大胜利，缴获敌两个兵团的后勤基地，各种武器弹药粮秣足可装备12个整编旅26个整编团。这些物资对补充大别山刘邓大军的损耗十分重要，受到中原军区司令员刘伯承、陈毅和政治委员邓小平的表扬。此役使漯河首次获得解放。

漯河雾中大捷之战，笔者参加了战斗全过程。整个战斗共俘敌2897人，缴获汽车、马车近千辆，火车运物资70余车皮，武器弹药堆积如山。

离休后，我多次同许多军师团干部聊天，回忆郾城漯河之战。素材逐渐丰富、认识逐步提高，遂成此文。后又经漯河日报社总编辑杨志有、记者齐放等多次修改、润色，才得以面世。

① 勇锐，抗日战争后期的小八路，曾任旅师文艺报道员、报道组长、军事记者，军队高级机关报刊编辑，陆军师副政治委员等。离休后，参与撰写师团战史。

一、破击铁路，斩断南北大动脉

为配合大别山刘邓大军彻底粉碎蒋军数十万人的围攻，中央军委于1947年12月8日命令华野陈唐兵团和中野陈谢兵团五个纵队发起平汉战役，全歼敌李铁军第五兵团，逼敌大别山部队北援，以改变中原战局朝向有利于我军的态势发展。

12月11日，陈赓四纵十三旅奉命将国民党李铁军第五兵团从宛西、宛东牵引到平汉路以祝王寨为中心的预设战场，秦基伟的第九纵队和孙继先的第三纵队分别从南北两方抑制敌张轸、孙元良兵团异动。陈唐、陈谢主力八纵、四纵和特纵从12月13日起，斩断敌南北机动的铁路大动脉800里，用一周时间掀起破击平汉铁路的热潮。

陈赓主力旅之一第十旅，于11日夜从叶县出发，在漫天风雪中急行军，次日下午奔驰到郾城县境。旅指挥所进驻新店村（大新店镇新店村），当地一位大户地主因害怕时局动荡逃入县城，旅长周希汉就住到这个深宅大院里。副旅长周学义（官至省军区司令，已故）骑着高头大马，把三个主力团从郾城到临颍30千米南北摆开，由补充团、新兵团担任进攻郾城县城和漯河的警戒任务。

寒冬腊月，北风劲吹；大雪飞扬，天寒地冻，滴水成冰。

这年的冬天特别冷。但是，这支部队指战员的高昂斗志，远高于恶劣天气带来的考验，经过一昼夜高寒条件下的远程奔波，指战员们虽然个个累得满身大汗，但完成任务的激情使他们忘却了疲劳。最先到铁路边的是二十九团第八连，这是一个能征善战屡著功勋的连队。

趁着夜色未至，连长曹学海（新中国成立后曾任云南省电力供应公司总经理）下令：“放下背包，跟我干呀！我们八连要立破路第一功！”说完，他从通信员背包上抽下十字镐，率先向铁路路基抡下第一镐。铁锤砸在铁板上溅起火星，镐尖与冰层相撞飞起的是无数的冰星粒，他的虎口被震裂，鲜血直流。几位战士紧随其后挥镐，结果一样虎口流血。政治指导员周耀华（曾任越南解放军顾问，官至云南民族二支队司令，已故）见状，忙喊卫生员进行包扎。破路工作陷入僵局。

随着嗒嗒的马蹄声，两匹骏马疾驰到眼前，从马上跳下两位老红军战士岳从贵营长（1947 年 12 月确山战斗中牺牲）和唐荣华教导员，接着赶到的是团长吴效闵（官至济南军区副司令员，已故）。吴团长身材不高，戴着眼镜，如果不穿军衣，像个中学老师。因指挥有方战功显赫，他在部队颇具权威。吴团长察看过情况，当即下令三营长带部队进村吃饭睡觉，由唐荣华、周耀华带几个人到车站找站长和工人，请教如何破路——他们能用一根根铁轨、枕木把铁路修起来跑火车，拆掉铁轨、枕木应该也不是什么难事。

鹅毛大雪昼夜飞扬，沟壑被填平，高地更高，大地被白色覆盖。火车站的火车一起鸣笛，郾城县城敌军不停射击，不知他们是在吓唬解放军，还是在为自己壮胆。从 13 日起，我军三个团的 7000 官兵，在铁路工人的指导配合下，先撬去道钉、去掉连接夹板，再用木杠齐心协力将铁轨、枕木推下路基——这叫铁路大翻身。他们一次掀掉数十以至百多米，三个昼夜即全部完成破路任务。

陈唐和陈谢三个纵队以摧枯拉朽之势，很快破坏铁路 400 千米，炸毁重要桥梁 13 座，解放县城 6 个，歼敌千余人，使平汉铁路残敌闻之心惊肉跳，惶惶不可终日。原驻守在漯河的整编六十六师第十三旅龟缩进城坚壕深的郾城县城，不敢出城一步。

二、见机行事，拟定“明修栈道，暗度陈仓”作战方案

“陈赓主力有两万之众，专门来消灭他们的。”——社会上到处在传。这个传言虽不确切，但也并非空穴来风。

我军第十旅是红军旅，但陈赓司令员并未赋予第十旅歼灭郾城和漯河之敌的作战任务。

旅长周希汉没有更多的顾虑。他要见机行事，创造奇迹。

1947 年 12 月 12 日，旅长周希汉派侦察连 130 人对郾城及漯河的敌情、社情、地形进行侦察。这批人都是排、连、营干部待遇的精兵强

将，他们换上当地群众的衣服融入了茫茫大雪中。连长带领一排重点活动在郾城南关、北关及城墙、城门和漯河沙河铁路桥。

副连长率两个排在漯河火车站、东关、南关和中山街及西部货场有序穿行。

侦察员们发现，敌正规军通过漯河沙河铁路桥向郾城快速推进，市内地势平坦没有设防，敌军营区分散并占据大量民房。副连长和二排、三排排长押回漯河火车站的货车车长、交警中队一名副班长和绸布店一位老板。九班在漯河西南郊野地里发现20多个十几岁的孩子。原来，这些孩子多数是新四军豫东支队司令员兼政委彭雪枫所部后裔，鉴于这些孩子对漯河之战可能会起到特殊作用，侦察兵将他们于黎明前全部带回。

侦察连长从各班、排汇报的信息和亲自调查研究中，划出两城兵要地志，写出汇报提纲，向司令部首长报告。根据参谋长的指示，作战科制订了作战方案。

由旅长周希汉、副旅长周学义、副政委兼政治部主任雷起云（新中国成立后官至昆明军区副政委，已故）、参谋长胡绵弟（新中国成立后曾任海军榆林基地司令）组成的旅党委常委会，听取了周学义的敌情分析和明攻郾城、暗取漯河的战斗计划报告，众人振奋，一致喊打。

周希汉当过徐向前的作战参谋、陈赓的参谋长，担任第十旅旅长后，曾指挥两三个旅全歼蒋军嫡系整编第三十一旅和六十七旅。他计谋超群、指挥若定，素有“小诸葛”之称。此刻，他胸有成竹地定下了明攻暗取的战斗策略。

明攻指真打郾城县城。以二十八团郭全钧（红军，战斗英雄）的第一营配属旅山炮大队16门山炮，纪光春（红军，战斗英雄，已故）的第三营配属54门迫击炮、20门九二式步兵炮分别对郾城南、北城门进行攻击，炮火猛轰，步兵假打。敌龟缩后全团袭击漯河城区。

暗取指以奇袭战术巧取漯河。以二十九团为主利用夜色先占东关、南关，最好先俘敌一部分，在俘虏带领下不放一枪活捉守敌。三十团在炮火配合下守住漯河沙河铁路路桥及左右河堤，坚决击退敌整编六十六师对漯河的增援。二十八团二营为旅预备队，随时准备攻打敌警备司令部。

具体组织指挥分工：周希汉和参谋长抓全盘；副旅长周学义先攻打郾城，后抓炮兵和三十团的防御；雷起云分管战俘、后勤和缴获的战利品诸项工作。

三、佯攻郾城，敌军惊恐万状

12 月 17 日夜，旅部召开作战会议。胡绵弟宣读作战方案后，团长和大队长知道这是旅长的又一杰作，无有异议。这是一支有高度组织纪律性且战斗力极强的部队，指战员们按照各自的任务积极地做好战前准备，从鞋带到武器装备都达到临战要求。

吴团长是山西太谷人，因能征善战、智勇双全被破格提升，在多次战役中取得骄人战绩，在十旅是个威信很高的团长。此刻在风雪中，他不断叮嘱营长、连长们，一定要把这些可以充当向导的漯河的孩子们看好、招待好，到时候好发挥作用。

12 月 18 日夜，一切照常；西北风使劲吹着，雪花从空中飘落。铁路上的火车头在奔跑吼叫，那车头聚光灯穿透雪幕直射夜空。郾城守军在城楼和城墙的碉堡里发射子弹。他们向解放军警告：不要向我们进攻。在夜幕风雪掩盖下，陈赓所部第十旅的团队静悄悄地进入各自的阵地。

12 月 19 日黎明时分，16 门山炮和 60 多门迫击炮、九二式步兵炮同时在南北城楼炮兵阵地响起。郾城城楼和炮楼在雷鸣电闪中飞上天空。敌人守城官兵猝不及防，有的被击毙，有的在惶恐中东躲西藏乱作一团。解放军十旅红军团一营、三营高呼“冲呀”“杀呀”，在轻、重机枪火力掩护下，部分官兵抬着梯子从硝烟飞雪中向城楼发起佯攻。

一营一连、二连连长徐世海（解放后曾任军分区司令员）、刘泽先（解放后官至军分区司令员）都是红军出身，两个连能攻善守，担任主攻连，二连第一排为突击排。排长郑英（1948 年在宛东战役中牺牲）是抗日战争参加过“百团大战”的老兵。他把一班集中起来说：“卫小堂

（全国战斗英雄，全国首届政协主席团成员），你是纵队双料战斗英雄，连党支部组织委员，全班 14 个人、7 支冲锋枪，我再给你一个机枪班、三挺轻机枪，当好全排第一突击队。记住，只准攻，不准登；只准撤退，不准进城；火力掩护，不能伤亡。这就叫佯攻，懂吗？”卫小堂回答：“这个仗过去没打过。”郑英说：“你只管服从命令，听指挥！”卫小堂是连部的通信员，是个聪明听话的人。他下令：第一战斗小组从南城门左侧攻击；副班长的第二战斗小组从南城门右侧攻击；第三战斗小组由机枪班长杨伟（淮海战役中受伤残疾）统一指挥，支援两个突击组攻城和后撤。攻城和撤退时间在炮火间隙，由连长、排长的号音和哨声来定。

卫小堂的第一班并不孤单，连长、排长们带领战士紧随其后，隐蔽在南关大街两侧或疏散在民房中，防止敌炮火，以备支援一班战斗。营长和教导员各带一个连，在二连的左右两翼实行机动作战。但真正在南关攻城的，实际上只有这个加强班，别的部队是佯攻。团长、营长心知肚明，在这里只不过是虚晃一枪，尔后集中兵力夺取漯河。

四、佯攻官兵，发牢骚仗打得窝囊

在旅团营强大炮火压制下，敌军在城内噤若寒蝉，只能防御不敢反击。卫小堂班抬上梯子从山炮炮弹摧毁的城墙斜坡上，靠梯登城投掷手榴弹，还没有摸到城墙的堞垛，便听到短促紧急的号音，两个战斗小组奉命撤退，连梯子都未抬下来，卫小堂高喊：“一班和机枪班跟我跑步归队！”敌人火力刚刚展开，我十六门山炮开始第二次十分钟集中射击，炮弹的爆炸声响彻夜空，火焰映红白雪驱走黑暗。炮弹的爆炸声刚停，连长命令卫小堂、杨伟发起第二次冲击。

他们抬上梯子在机枪、冲锋枪、步枪掩护下，同第一次攻击的梯子靠在一起，投弹组向 10 多米高的城头猛甩手榴弹，正、副班长带头喊着杀声大步向上攀登。这时，连长命令：撤！第一班没精打采地回到排里。

“这是打的甚仗！”副班长杨国安（淮海战役中牺牲）边用棉帽擦

汗，边说着山西高平话。“我当五年兵，大小仗打过几十次，轻重伤负过三四次，从来没有这次打得这么窝囊！”接着，连长命令：“别废话，一切行动听指挥！杨国安，你是共产党员，给我闭嘴！”第三次炮火轰击和进攻，依然如此这般。在北关，营长让十连连长李步云（后来在淮海战役中牺牲）、十二连连长何明德（后来在淮海战役中牺牲）两位老红军作为突击连长，选择排长张双清（新中国成立后转业地方工作）、孔金华（新中国成立后转业地方工作）各带一个加强班，在北门两侧发起攻击。强大的炮火准备、战斗的方式方法，和一营的卫小堂班如出一辙，如法炮制。将士们越打越没劲头。

战斗的胜败首先是交战双方指挥员智慧的较量。旅长周希汉认定，在我大军压境平汉铁路破路攻城声势浩大的胜利形势下，郾城敌军畏战龟缩城内负隅顽抗以求自保是自然的，误认为我军攻城是要诱敌于野外集中兵力歼灭之，根本不知道我军虚虚实实的战术目的。此时，已是19日晨6时30分，周希汉果断下令：由周副旅长指挥炮兵和三十团迅速占领防御阵地，二十八团撤出战斗到达郾城西南集结待命，二十九团于晨7时向漯河多路发起进攻。二十八团二营继续担任旅总预备队。

在冬日迟到的拂晓，郾城紧张激烈的攻防骤然停止，我军炮火毙伤守城敌军500多人，二十八团一营、三营以零伤亡告捷。

作战参谋洪资善（解放后曾任炮兵副师长）跑过来向坐在指挥所的周旅长报告：风雪停止，浓雾升起。

周希汉向身旁的新华社记者冯牧笑着说：“天助我也！”

五、雾中奔袭，与敌人迎面遭遇

风驻雪止，浓雾骤起，战士们像钻进棉花团中一样，紧跟着那批向导前进。这批孩子对郾城和漯河太熟悉了，闭着眼睛走都不会迷路。指战员们想着如何完成奇袭任务，并不觉得寒冷。只有暴露的面部、双手碰到雾中微微的冰粒才让人感到冷飕飕的。团长吴效闵戴着1000多度的近视眼镜，在大高个警卫员宋天发（新中国成立后曾任云南丘北县检察院检察长）的牵引下，夹在突击营四连二排四班后边快步走着。警卫员是王屋山下的济源县人，二排长马兴武是舞阳人，都是抗日战争时期入伍的老战士，满口河南话，这对夺取漯河瓦解敌军和争取群众支持很有用。

隆冬季节的凌晨，浓雾掩护，一片沉寂。出发前部队要求，每位战士棉鞋外边要套一双草鞋，战斗打响后才可脱掉。

奔袭的速度是惊人的，指战员们仅用十分钟登上河堤，踩着用细沙铺就的冰面，跨过宽阔的沙河，迅速占领东关，做到了鸡犬不惊。有经验的老兵们都知道：面对面都看不清人和物的天气，最怕两个东西，一是声音：说话咳嗽传得又快又远；二是灯光，它能穿透雾层10米。部队出发前，每人口中嚼根草，茶缸瓷碗要包好，手电筒禁止使用。在奇袭中，遇到响声灯光，那肯定是敌人或当地老百姓。解放军官兵像在深不可测的雾海里浮动。10多分钟后，身穿便服的团侦察兵跑步过来向团长报告：东关没有发现敌人。吴效闵向作战参谋张鸿岐（新中国成立后曾任军分区参谋长）下令：团前指在城关与城区之间驻扎，团机关司、政、供、卫驻扎东关，二营加速前进。部队步入东关，马路旁边黑黢黢的房舍映入眼帘。

二营营长赵桂海（解放后曾任重庆警备区司令）是抗日战争太岳军区二级战斗英雄，河北省赵县人，1937年入伍，平原城乡作战经验丰富。他取代团长指挥靠前的位置，同马兴武和四班长时来亮并肩走在突击连的尖兵小组里。刚出东关，几个战士止步报告：前边有敌情！在浓雾中只听到车马辚辚，灯光穿雾射来。

“马兴武，带四班迎上去！”国民党军开小差的多，在当地随时抓壮丁补入部队相当普遍，因此，驻军以当地人居多。这时候河南地方话就吃香了。

时来亮同敌人相距几米，被敌人发现。马兴武突然先发制人地喊道：“口令！”“老子是运输营，从来不懂啥叫口令。”敌人当官的大大咧咧地说：“请问，你们是哪一部分？”“我们是警备司令部纠察队的。”马兴武回答。

说着，敌我已触手可及，浓雾虽仍掩盖着人们的模糊面目，但对话声音清晰可闻。

六、未放一枪，俘敌缴获颇丰

“你是连长吗？”马兴武厉声问。

“不，我是一排排长。”敌军官并未抬头回答，“连长在后边。”“去，把连长喊过来，就说警备司令部纠察队长请他跑步过来！”马兴武1944年毕业于豫西公校，平常就爱摆架子，现在面对敌人，官架子摆得十足。

马车队一字排在大街上，敌连长姗姗来迟。

“我从来没听说警备司令部有个纠察队，这是咋冒出来的呀？”敌连长质问。

“你听到郾城那边的枪炮声了吗？”马兴武沉着应对。

“当然听到了，打得还很凶。”

“所以康司令断然决定，立即成立纠察队，严格盘查所有部队、行人，让敌人无空可钻。”就在他俩对话的同时，营长赵桂海、副营长张祥（解放后曾任军分区司令）带领五连、六连顺着南北街墙根，将敌人运输连团团包围。

“这么说，你们是刚成立的？”

“那是当然。”马兴武边回答边向敌连长靠近，“俺也是例行公事！”当两个人面对面时，敌连长发现马兴武帽子上用红绸布制作的五角星和左臂上的“18GA”的蓝色臂章，大吃一惊：“你们是……”年轻精干的政治指导员时凤岐（解放后曾任成都军区后勤部某部政委）以飞快的动作夺下敌连长的枪，用手枪顶住他的后脑勺，严厉地说：“投降吧！我们是人民解放军！”敌连长吓得浑身颤抖，举起了双手。

此时，只听“哗啦”一声，从大车两侧闪出两排身穿灰色棉衣的战士，用冲锋枪和上了刺刀的步枪对准车上的敌兵，低声命令道：“不准动！”时凤岐、马兴武和时来亮三人用手枪、冲锋枪押解着敌连长，用两支三节高亮度的电筒照明，快速前进。敌连长边走边向每辆车上的敌兵下令：“弟兄们，缴枪吧，保命要紧呀！”五连战士负责收枪，六连战士负责把马灯收起、组织俘虏站队。

二营营长赵桂海和副营长负责审讯敌连长、排长，时凤岐和马兴武负责把 90 名俘虏押送到团前指挥部，交给吴效闵团长，缴获的 63 车弹药、粮秣送到团供给处。

团前指的 10 部总机是通过有线电话随时同三个营长联系的。团长摸清敌情后，认为当务之急是如同二营的方法一样：不战而屈人之兵，不动枪炮全歼敌人。这才是运用毛主席灵活机动的战略战术的高手。

七、略施小计，敌辎重营八百人成俘虏

此刻还不到早晨 8 点钟，吴团长给各营下达战斗命令：傅一宗（一营营长，太岳军区特级战斗英雄，后曾任楚雄军分区司令）沿铁路西侧从南关向北发起进攻，夺取火车站，全歼守敌，缴获敌军武器弹药、粮秣及野战医院医护人员和器械、药品。赵桂海乘胜前进，跟踪全歼敌运输营。岳从贵（三营营长，老红军，原营长方城战斗牺牲后，调来才一个月）由东南方向城内进攻，全歼敌辎重营四个连。

各营动作要细、准、快！要做到神不知鬼不觉，让敌人当了俘虏还不知道是怎么回事。

当一营、二营营长喊“是”放下电话开始行动后，岳营长操着川南腔问团长：“我三个连吃掉敌军四个连，还不准开枪，老子咋个打嘛？”吴团长回答：“你叫教导员周耀华命令三个连长去打，你站在一边就行！”“我说吴眼镜呀吴眼镜，老子到你团第一仗就给我出难题。当年老子同蒋介石主力第五军拼刺刀时，你还在上小学吧？”吴效闵呱嗒一声放下电话耳机。岳从贵喜欢三八式的步枪，不习惯使用美司登、汤姆、卡宾式冲锋枪。至今，营部通信班长还背着三八式步枪跟着他。岳从贵认为，团长会下命令我也会下。

“七连连长，你带全连去把敌人的辎重营给我悄悄干掉！”七连连

长李东海（解放后曾任重庆军分区司令员）是1939年的老兵，高大的个头儿，英俊潇洒。

他对营长说："其实就我一个人就行，你和指导员到敌人营部大操场收俘虏吧！""你给老子吹吧！"教导员周耀华笑了。他比李东海入伍早一年，他当班长、排长时，七连、八连连长李东海、曹学海就是出色的战士、班长；他当指导员、教导员时，李、曹二人又是优秀的连长、排长。此刻，他拉着营长指挥全营去包围敌人的大操场。

李东海穿上佩戴着敌军上尉军衔的官服，挎着手枪，七连一班、四班、七班长提着司登式冲锋枪和卡宾枪跟随其后，威风凛凛地进入敌营部的总机房，并向守机员下达命令：向各连发出紧急通知，全体官兵不准携带武器，立即到营部大操场列队，康司令要校阅。

"你们是……""警备司令部的。""为啥不通过营长……""情况紧急，立即执行！"连长和三位班长的枪逼到守机员面前。

浓雾中，敌人并未真正看清对方，守机员奉命而为。

在连长和一班长带领总机班人员去列队时，四班、七班班长奉命将总机破坏。

敌辎重营指挥部和五个连队在电灯的照明下，跑步集合，聚光灯从多个方向穿过浓雾。

当敌上校营长翘首以待康司令吉普车的到来时，七连、八连、九连和机炮连连长李东海、曹学海、高义兴（解放后曾任志愿军预备师师长）、韩子虔带领连队从场外浓雾中冒出来将敌人团团包围。身材魁梧的营教导员把目瞪口呆的敌营长往旁边一推，站在检阅台上高声说："康司令有事来不了了。我们是中国人民解放军陈谢大军红军旅部队，现在我军正攻打郾城，全歼在漯河的敌人，辎重营800人已全部成为俘虏。我们对你们不杀、不打骂，管吃饭，但是要乖乖听话。现在听我们二十九团三营岳营长的命令。"

八、雾中奇袭，慌乱中敌人已成俘虏

岳从贵是久经沙场、老练成熟的指挥员。

他宣布，七连、八连把俘虏押送团政治处，九连和机炮连打扫战场，将胜利品收集登记送交团供给处，副营长纪志明负责后方勤务，他和教导员押送敌军上校营长向吴团长报捷。美式吉普车大灯穿透浓雾照亮街道，俘虏向东关方向行进。对岳营长来说，不开枪的战斗这是平生第一次，他喜不自禁。

二营营长赵桂海审讯俘虏，弄清敌运输营各连驻地后，命令四连二排长马兴武押送敌连长、排长，分别由四连、五连、六连和机炮连把敌人堵在营房内予以歼灭，绝不允许把武器弹药运往战地。他要求：利用浓雾，快速、隐秘，干脆利索、滴水不漏。按照各自任务，六连连长栗怀喜（淮海战役中重伤返乡）喊了一声“跟我走”，太岳军区民兵战斗英雄刘拴牛（后改名刘力民，解放后曾任北京军区师政委）带领三排紧跟上去。在俘虏带领下，他们穿街过巷，直扑敌运输二连食堂。

因有大雾掩护，刘拴牛带领三排到了门口，敌人还未发觉。一间立着两排木桩的大房子里，摆了三排木质桌椅，几盏汽灯吊在房顶上照明。敌军官兵在埋头吃肉包子喝鸡蛋汤，准备赶车南行运送枪弹物资。刘拴牛走到房中跳上桌子大声喊道：“我们是解放军，你们被包围了，举起手来！”他的山西晋城话多数人未听懂，这时六连 180 多人已冲进来。栗怀喜要俘虏解释。这个兵很听话，他同刘拴牛站在一起说：“共军长官讲只要不抵抗，一概不杀头，对俘虏实行优待政策。”指导员夏森（淮海战役中受伤返乡）是河北人，他从另一间房子里把正在划拳的敌军连长、排长带来，让他们下令全体官兵到门外集合。指导员用四个班把俘虏押走，栗怀喜和刘拴牛带六连去找营长。赵桂海和敌营长在途中同六连相遇。敌运输营不在中山大道，而是杂居在东大街外居民区的几所院落里。在敌营长的带领下，敌三连、四连奉命集体投诚。

在赵桂海带领机炮连押解俘虏返回东关团部时，机智的五连连长郭建华（解放后曾任丽江军分区参谋长）对几个连长说，敌人满桌子的肉包子和大锅的鸡蛋汤，没来得及吃就当了俘虏，现在才 8 点 30 分钟，正是开早饭的时候，营长没下达新的战斗任务，我们何不抓住机会打打牙祭？他的话得到干部战士的拥护。于是，几个步兵连分头进敌军食堂饱餐一顿。

二营利用浓雾掩护，奇袭运输营，俘敌 420 人。

九、未闻枪声，雾海中俘敌近两千人

与此同时，在一营营长、太岳军区特等战斗英雄傅一宗的指挥下，南关和火车站被顺利夺取。三连连长魏云忠、指导员李金桥（解放后曾任云南省军区司令员）都是 1938 年的老兵，河北同乡，个头高大，英勇善战。魏云忠是个麻子脸，脾气很坏。李金桥一表人才，足智多谋。一个 12 岁的乞丐在雾海中把三连带到火车站敌交警大队营房。他们先捉住两个哨兵，带到一旁审讯，弄清敌情。由俘虏带路，魏云忠指挥三个排进入敌人巢穴，敌交警大队 200 多人全部缴械投降。清晨雾浓，敌无戒备，加上该部队系勤杂部队，缺乏战斗力，解放军各营每战均告捷。

李金桥要连长带一排看押俘虏，并指挥二排、三排去夺取附近的敌两座野战医院和医药仓库，乘机夺取最需要的药械和药品。

在敌两个中队长的带领下，他们包围了第一个野战医院，敌军全部被俘。指导员宣布政策后，命令二排排长范克勤、副排长于小水（新中国成立后任昆明第三纺织厂党委书记）带领全排看守医院，不让一个医护人员和敌伤病员逃走。

接着，他们悄无声息地攻占了敌第二座野战医院和附近的医药仓库。李金桥命令仓库主任打开库房，只见各种药品和医疗器械塞满了两间房子。

“有盘尼西林和六〇六吗？”李金桥问。

“你要日本产的还是美国产的？”

“都行，效果相同。”

“不多，只有几箱。”仓库主任去取，李金桥阻止，叫他指一指就行。李金桥给团长、副旅长当过警卫员，对高级药品略知一二。经过清理，两间房子的药械药品全部被收缴。后来，李金桥为此受到纵队司令员和旅、团首长的表扬。

傅一宗营长命令一连连长、太岳军区二级战斗英雄丁振光（解放后曾任某军分区司令员）带领全连歼灭敌汽车连，活捉敌军官和司机，缴获并看守好这些汽车；命令二连连长李广和指挥全连歼灭火车站敌交警守备连，缴获列车车皮及装载物资。两个连在 10 个穷苦孩子的带领下钻进无边无际的雾海中，踏着枕木前进。二连官兵由孩子当向导，正、副连长李广和、李金贵（淮海战役中重伤致残）负责指挥，从车皮附近土木结构的地堡中俘获正在火堆旁吃喝玩乐的敌交警兵，并缴获大量武器弹药，100 多个敌人被押送到东关。

与此同时，丁振光命令一排排长张合锁（解放后曾任某军分区参谋长）带领突击排，进入敌汽车连连部生擒敌连长。丁振光指挥全连将敌人包围，274 人成为俘虏。由于团、营长亲自交代要保护好这批技术兵，因此，一连小心翼翼地把他们送到旅部。

吴效闵团用一个半小时在雾海中俘敌 1988 人，旅首长听后大喜。

十、枪被拿下，敌人以为是换防

雾海中，二十八团团长赵华青（解放后曾任福州军区副司令员）于 19 日早 7 点半，命令一营、三营从漯河西南部、西部投入战斗。二营作为旅预备队，掩护旅政治部、宣传队在中山路开展工作，随时准备执行战斗任务。这支“夜袭常胜军”在向导的带领下，与漯河火车站铁路工人配合，潜入居民区执行战斗任务。

一营的第一号目标是南关旁边的美国救济总署的高大建筑，第二号目标是旁边的军用仓库。营长郭金钧命令二连夺取一号目标，一连、三连攻克二号目标，要兵不血刃，全歼敌人。在向导的带领下，全连迅速包围美国救济总署，连长悄悄命令一排长杨喜珠（淮海战役中牺牲）带特等战斗英雄卫小堂班发起冲击。在浓雾掩护下，当正班长王国安、副班长卫小堂从敌两个哨兵肩上取走卡宾枪时，敌兵还犯迷糊："一炷香还没烧完，换啥哨呀！"他俩把敌兵拉到电灯底下，表明自己身份的时候，这两个兵才哆嗦起来。

经审问得知，敌人有一个警卫连，负责保护全部物资和6个美国人。杨喜珠是1938年入伍的，并且是特等功荣立者，以胆大心细、屡战屡胜著称。他没有向营长、连长报告，命令两个俘虏带路闯入敌连部，活捉正在洗脸的敌连长，威逼敌全连集合，无条件投降。对此突如其来的"天兵"，敌人只有俯首听命。与此同时，有6个高大的美国人也举手出来要求保护。

"我军优待俘虏，只要不抵抗，我们一视同仁！"排长说。

"我们是代表美利坚合众国政府来援救你们中国人的，救济总署有大量二战剩余物资，全部无偿赠送给你们！"美国人用流利的中国话对战士们说。

"美国政府是怎样出钱、出枪、出炮帮助蒋介石打中国人的，我比你清楚，看看解放军的美式武器吧！都是从蒋介石部队缴获的。你们到中国来干什么大家都很清楚，现在不用辩解，快低头认罪吧！"营长进来，命令将俘虏全部带走，送解放大队。连长刘泽先将敌警卫连送交一营、三营及机炮连，把他们作为向导和劝降者。在他们的劝降下，美国救济总署附近，仓库守军全部投降。

郭全钧（解放后曾任达县军分区司令员）营仅用半个小时歼敌4个连，并且缴获大量军用物资。团参谋长王非（曾任昆明军区副参谋长）系原旅司令部训练科长，头脑聪颖、精于谋划，熟稔地形、掌握敌情，是个威信很高的军事干部。他及时地把二十团和郭全钧营的战斗进展、奇特战术及其辉煌战果通报给三营营长纪光春。纪光春指挥全营首先包围敌警备团团部，活捉敌团长刘绀弩。做好思想工作后，由刘团长带领到枪械库、弹药库、重炮库、油料库，命令守军缴枪投降。二十八团一营、三营捷足先登，在还不到9点的时候，完成歼敌任务，俘敌团长以下 952 人，缴获各种武器军用物资。

经参谋长批准后，作战参谋石金录向旅首长汇报了战果。

十一、浓雾散去，漯河已变新天地

旅、团首长和新华社记者迎来了寒冬腊月以来难得的、迟来的太阳，温暖的阳光一点点穿透浓厚的雾气。

上午 9 时许，旅长周希汉要求司令部向纵队司令员报捷。作战参谋请示："歼敌 3000 余人。""不，留点余地，报 2800 人。"当日 10 时，记者冯牧向新华社发出解放漯河的首篇稿件。旅政治部宣传队 30 名男、女队员在队长刘寿华（曾任军分区副政委）的领导下，在向导商店老板的陪同下进入城区繁华大街中山街开展工作，他们张贴标语、文告（《中国土地法大纲》），用歌舞宣传共产党、解放军保护民族工商业的政策。

在阳光照射下，大街两旁的铺面开门营业，一派和平景象。冯牧以导游身份开着吉普车来到南大街，进入一家颇为讲究的餐饮店。他对店主说："来十份冰激凌，要最高级的，我付现钱袁大头。"老板说："这天太冷不合时宜。"冯牧笑道："开洋荤嘛！"他亲自指导开始制作。同时，他要刘寿华去请陈赓、周希汉、周学义前来会餐，他要露一手。

严冬的阳光穿透厚厚的雾层直射市区，寒风袭来把云块撕成碎片，挂在湛蓝色的天幕上，久违的晴日令人欣喜。二十八团二营奉命在中山路从北到南列队执勤，只有他们的荷枪实弹才显出那仍存在的战争气氛。旅（团）司、政、供、卫部门首长带领机关干部和直属分队清查登记各地堆积如山的战利品，共清点出 122 门加榴炮、120 门重迫击炮、105 门榴弹炮、40 门火箭筒、30 枚爆破筒、300 辆十轮卡车、60 辆吉普、55 台履带式牵引车，汽油万余桶，冲锋枪、卡宾枪、步枪和各种弹药数都数不清。

师政治部民运工作队在火车南站发现 80 多个车皮的大米、白面。经副政委兼政治部主任批准，拿出一半分配给漯河的穷人，帮助他们过春节。师团工作队用马车运了一批粮食，去发动贫雇农宣传《中国土地法大纲》，准备开展土地改革运动。

各级供给部门和管理事务人员最忙。

他们惊奇地发现美国救济总署的各种纺织品质量极好，如尼龙、哔叽、毛料等；蒋军被服斜纹人字呢布料堆满多个仓库；武器弹药、军用物资堆积如山；骡马数千匹、马车、胶轮车上千辆，金条、银币、纸币塞满库房。

卫生处和卫生队的医生、卫生员对两座野战医院、技术人才、中西药品、医疗器械和战场救护工具物资赞不绝口。

他们高喊："全部带走！"各种缴获数字通过电话传来，向陈赓司令员和周希汉旅长的耳朵里传，旅长连声叫好。司令员享用着冯牧亲手参与制作的冰激凌，边吃边说："好吃，好吃，好多年没吃过这东西了。"

十二、战斗结束，活捉敌警备司令

傅立志和李志华陪着副旅长通过激战后一片狼藉的一楼、二楼，坐在三楼的沙发上听五连汇报战况。

原来，当天下午 1 点整，漯河中山大街，副团长下令按五连、七连、八连和机炮连顺序由西向东一字展开维持社会秩序，收容散兵游勇，制止抢劫偷盗。1 时 20 分，三排七班成散兵队形等距离站在一座三层楼下执勤，只有班长王引生背着司登式冲锋枪在走动。

突然，三楼的一个窗户里有人向街上的战士开了两枪，击中一名战士的腿部。王引生（曾任十三军司令部参谋长）迅速举枪向敌还击。他高喊："有敌情，全班隐蔽。"背起受伤的战士遁入房舍。顾永武命令五连担任主攻，七连、八连和机炮连包围敌人，准备全歼守敌。在副团长指挥部队时，五连指导员傅立志、副连长李志华带一班、二班从侧翼用冲锋枪击碎玻璃门窗，向室内投入 20 多颗手榴弹，排长李步周炸开大门带三班冲进去。顾永武冲进去后喊道："别都打死，给我抓个活的。"李志华从敌人的尸体中，拉出一个满身是血但并未受伤的中士班长，押到副团长面前。

二排、三排追到二楼，敌我展开激战。

顾永武命令傅立志暂停攻击。敌人退守三楼，一楼、二楼乌烟瘴气。审讯中，敌班长供认："这里是漯河警备司令部，有一个加强连共212人，上司是少将司令康永礼，从西安调来的。刚才雾散时，看到街上站着你们几个人……"顾副团长没等他说完，便向他讲明我军政策，并要这位中士班长上到顶楼把他的话报告给康司令，只给五分钟的考虑时间，要他缴枪投降。

估计这位中士班长刚传完话，顾永武已带领五连、八连冲上三楼。李步周、王引生、王志忠（曾任师副政委）、霍守聚冲在最前面。康守礼司令被我军杀气腾腾的英雄气概所压倒，大喊："大家放下武器。"150人举起手来投降。

至此，漯河之战结束。

十三、大批缴获急需物资送兄弟部队

"警卫员，跑步过去看看发生了什么事？"司令员话音刚落，几名警卫员就持枪冲了过去。

20分钟后，二十八团老红军、太岳军区战斗英雄顾永武（解放后曾任重庆市委书记）带着五连的几个战士，押着敌漯河城防司令康守礼少将走了进来。康守礼对陈赓说："能做陈将军的战俘是敝人的荣幸。我在西安担任绥署教导二旅副旅长时，曾与黄正诚中将晤面，知道贵军的政策。我也是刚被委派到此地担任国军后勤守备司令的。"陈赓司令员刚吩咐人把这个战俘带走，作战参谋就来报告："华野陈唐兵团特纵司令员陈锐霆持陈唐首长亲笔信，要见陈赓首长。"

"人在哪里？"陈赓问。

"在二十八团重炮、汽油缴获场地，由王非参谋长接待。团长来电话请示。"

"战斗刚结束就闻到车、炮、油的味道了，派特纵司令来接收了！"

“不给！是我们缴获的。”周希汉说。

“不给不行啊！陈士榘是华野参谋长兼兵团司令，唐亮是华野政治部主任兼兵团政委，官都比我大呀，这点儿面子要给。”

“你是陈谢大军司令兼前委书记呀！”

“小军小军，实际上是兵团司令。我看这个仗是你大老周（周希汉）、二老周（周学义）打的，陈赓不清楚。车、炮、油我们没用，陈唐特纵急需，成人之美嘛！由二位处理。”陈赓讲完就走了。

旅长周希汉说：“此事由二老周全权处理，有问题打电话和我联系。”说完同冯牧骑马离去。

时针指向14时30分，浓雾已经散尽，温暖的阳光把房顶的冰雪融化，滴滴答答地流下来。大街小巷熙熙攘攘，一派和平的景象，唯一有战争痕迹的是敌警备司令部大楼。天色还早，周副旅长顺便来到五连，鼓励一下战士，看望伤员。

五连是个战功卓著、英雄辈出的红军连，连长任贵邦在几个月前的西上垣村歼敌整编一六五旅，战斗中带领突击班冲击时英勇牺牲。这一仗全连伤亡100多人，后由指导员傅立志（新中国成立后曾任北京农业大学党委书记）指挥部队继续作战，傅立志智勇双全，曾荣立特等功四次，一等功六次，纵队党委授予他“模范政治工作者”荣誉称号。

十四、支援刘邓，部队换新装

漯河之战，缴获敌两个兵团的作战物资。1949年2月部队整编，陈赓任二野四兵团司令员兼政治委员，成立炮兵第四师，但只有山炮团和野炮团，尚缺榴弹炮团。三野司令员陈毅得知后，命令从三野给陈赓一个榴弹炮团，使部队齐装满员。

华野陈唐兵团特纵穿过市区从东关外的公路上凯旋，在从郾城县城旁边通过时，守敌噤若寒蝉。二野的部队羡慕地说：“这机械化部队真威风呀！”十旅周副旅长命令二十九团、三十团撤出城外，休整备战，留下二十八团配合旅团司、政、供、卫机关和政治部动员来的万名民工，把枪炮弹药、被服布匹、粮油医药和胶鞋，车拉马驮昼夜向后方运送。

当时的叶县、南召、鲁山是伏牛山东麓茂密的林区地带，是豫西军区的腹心区域。打过黄河后，二十八团团长、老红军江文英带领一个连组建第一军分区并任司令员，几个月后发展到六个军分区十几个独立团。战士们在这一带歼敌万人，建立了地、县、区、乡、村各级政权，早期的分粮分地和土地改革工作都是从这里开始。这里冬天很冷，夏天不热，从山林中流出的溪水在漯河汇聚成河。战士们说，南召到鲁山，七十二条水不断，一路脚不干。十旅和豫西山区是有感情的，把作战物资放到一个村里，由补充团一个班和民兵看管。当时豫西群众的民谣是："想中央[①]，盼中央，国军来了一扫光（指抢劫）。八路'孬'[②]，八路'坏'，八路来了人人爱。"旅团供给处向首长们建议：我们缴获了这么多的好东西，何不让干部、战士穿得漂亮点，也显示出我红军旅是胜利之师呀！同时，给纵队和十一旅、十二旅、十三旅、二十二旅的干部、战士都做一套，让他们沾沾光，高兴一下子！团首长们一致同意，报旅首长后得到批准。于是，集中漯河的全部缝纫机，给旅首长每人做一件皮大衣，旅团首长每人做两件人字呢加斜插兜绿呢子（样式有别于营连排干部）军服；干部、战士每人做两套斜纹布军衣，发一顶尼龙蚊帐。10多天后，十旅一万多人都穿上了新军衣。

与此同时，陈唐和陈谢两大兵团在南线完成了歼灭李铁军兵团作战任务。平汉战役歼敌两万余人，迫使围剿大别山之敌回援，打通了平汉铁路。

陈唐、陈谢两大兵团有力地配合刘邓大军取得了跃进大别山的胜利。

十旅班师舞阳，旅团供给处人员从漯河运来了崭新的军衣和蚊帐，准备发给每个人迎春节。就在这时，大别山的五个纵队到了宛东和豫西，一见面，旅长周希汉立即下令收缴全部新衣换上原粗布灰军装。

原来，这支部队在大别山被困半年，狼狈得比叫花子还要差三分。

① 指中央军。
② 指国民党对共产党军队的污蔑宣传。

寒冬腊月，大雪纷飞，战士们脚上穿着草鞋，下身是破旧的单裤，上身是破旧的蚊帐布裹着稻草取暖，头发很长，差不多有几个月没有洗脸了。武器虽然是美式的，但是缺乏弹药，仅有迫击炮60门。不要说和华野部队比，就是和陈赓的第四纵队比，他们也不能比。

旅长兼党委书记周希汉召开旅党委全会宣布：一切缴获要归公。从漯河运到后方的全部武器弹药、车辆马匹、被服布料如数上交，山炮大队准备拿出三个连队，各团直属炮兵连也准备调到兄弟部队！

十五、部队账本，没有出现丝毫差错

中原军区召开高级干部会议，陈赓带着几个旅长进入会场。军区副司令员兼华东野战军司令员、政治委员陈毅笑着问周希汉旅长："周希汉同志，听说你在漯河发财大大的，是吗？"周希汉马上回答："一切缴获要归公，我们全部上交了！"他说完看着陈赓，希望能得到支持。

陈赓望着邓政委。

"你们做得对，有全局观念，应该表扬！"邓政委说。

大家都知道，从邓政委口中吐出个"好"字很难，他的标准很高，周希汉一颗悬着的心终于落了地。

二十九团按规定把漯河之战全部缴获的战利品上交或支援大别山下来的兄弟部队后，曾受到纵队表扬。在叶县的张官营镇祠堂里还留了一马车钞票。郝处长带王希文、夏德胜（新中国成立后曾任开远商业局长）去查看，是一车被秸秆掩盖的国民党中央银行的银圆券、港币和美元，供给处长亲自把钱拉回团里请示如何处理。

团长、政委、副团长、副政委、参谋长、主任开会研究，多数人主张缴获归公如实上报。团长吴效闵说："战利品上交已过二十几天，现在交有被上级兴师问罪之嫌，到时候说不清道不明，这钱留下来作为慰问伤员烈士之用。有人追查，我吴效闵一人承担全部责任，由供给处出一人清点并充当保管员。"

供给处长郝鸿钧选择1938年入伍的河北藁城兵、已是正连职会计王希文来办这件事，装备五头骡子、十条皮口袋驮运，配备五名驭手兼警卫战士。这么多钱也是王会计首次看到，深感责任重大。他靠一双手、一个算盘、二十个账本，夜以继日不辞辛劳地数、计、捆扎，井井有条，分文不错，从 1948 年初干到 1949 年底进入广西南宁市郊才告结束。

这时团长早已升任副师长兼司令部参谋长，新任团长傅一宗原为一营营长，政委张谦原为县委书记，对此事并不知晓。

新任供给处长对王希文说："你已升任财务股长，这些钱就跟着进军队伍走吧！"14 天跑了 2000 多华里，傅一宗团攻占蒙自县城和飞机场歼敌四个营，缴获飞机两架，大炮 20 多门，金条、金砖、银圆、半开（云南省银币）三大仓库，计敌第八兵团两个军七个师的全部军费 60 万银圆。这些钱全部交由财务股长王希文负责保管。

财务股长王希文恪尽职守，于 1950 年初将 60 万银圆和 200 万钞票如数交给二野四兵团财务部长，并在交接清单上签字盖章。部队进驻昆明市担任警备任务，王希文升任副处长。

选自 2012 年《漯河文史资料》第十九辑

临颍解放纪实

陈守信[①]

1947年12月13日（农历十一月初二），临颍第一次解放，县长张警钟弃城而逃。1948年2月22日（农历正月十三），解放军暂时撤离，国民党又占据临颍县城，委派闫应时为县长。在这两个多月的时间里，有几项大事叙述如下，以飨读者。

一、陈赓兵团解放临颍

1. 扒铁路。1947年12月12日，临颍形势紧张，机关人员疏散，学校停课放假。当时我在城内南街完小教书，我们三个同乡也离开学校回台陈躲避战事。睡到凌晨（13日），"轰隆"一声巨响，人们都被震醒。我穿上衣服来到村头，打听情况。天还很黑，只见有三四个人影在街上小声议论着什么。我上前想问个究竟，但他们也说不出来是咋回事儿。这时从街上向东一看，村东一片火海，不像房屋失火。我们几人又来到村外顺着平汉铁路线一看，从北到南全是火光，谁也说不清是什么火，不多久，看见从火光照射的影子中过来一个人，原来是我们学校的李鸣瑞。他家住在铁路东紧靠铁路沿的小谌庄，和台陈相距一二里路。他低声说："八路军来啦，叫俺庄的青壮年都上铁路啦，和当兵的共同扒铁路哩，乱哄哄的，有的拧螺丝，有的抬道木，把道木横一层、竖一层，垛得腰来高，泼上汽油，用火点着道木（那时没有水泥枕木），再把铁轨抬到火上，两端趴上几十个人用力向下压。下边是大火烧着，上边加上人力加压，铁轨很快就变弯了，然后再拖一根，继续烧火加压。"我问他：

① 陈守信，临颍县人，解放前任临颍南街完全小学教员。

“八路军穿制服没有？有徽章没有？”他说：“都穿的灰色制服，戴的有徽章，上面写的是什么解放军。”他接着说：“我假装解手哩，走下了铁路，就向这边走来了，看看台陈有八路军没有。”我们听后，才知道原来是解放军扒铁路、烧道木，阻止国民党军事运输，是解放战争的重要行动。

2. 县城解放实况。吃早饭时，我遇到从城内跑回台陈的一个自卫队班长路 ××。他和台陈村有亲戚，他说：“昨天夜晚，我们班的任务是守卫西门，晚 8 点以前，我让副班长带着弟兄们去县政府集合，我一个人看守西城门的电话。他们走后我即把电线掐啦。我当过新四军的兵，我懂得八路军的规矩，电话一掐，带的枪一交，我算立功啦……”他说着说着，话头一转，面向着我说：“你怕啥！你当个小学教员，将来安定就绪了，还是也要办学的，不要怕！”接着又说：“早饭后咱俩进城吧！”我说：“我正想进城看看哩，我家城乡都有人！”

饭后，我俩如约而往，一路进城。翻过铁路时，只见路基上剩下的是石子，铁轨弯得像牛梭一样，被扔到铁路濠里或路边旁，很是难看，一堆堆未烧尽的道木有的还在冒烟。我说：“扒得怪可惜哩！”他马上接着话茬说：“打虎先掰牙呀，这一扒，国民党蒋介石就运不成兵啦！”走到新垒的城西门口，到处凄凄惨惨，硝烟弥漫。四下望去，只见屋子倒塌着，城门歪倒着，周围还冒着烟，街上没有行人，门店也关着，毫无生气。据说，12 日下午，伪县长听到解放军即将攻打临颍县城的消息后，即率领自卫队弃城而逃，城内根本没有打仗。陈赓部队进城后，随即又进军鲁山，城内没有解放军，也没有国民党的自卫队，暂时成了空白区。以后的十几天里，土匪横行，到处杀人越货，贴条要款，一片混乱。

二、陈毅大军驻扎临颍

混乱局面持续了十来天，弄得人心惶惶。正在人们恐慌之际，大街上贴出了“安民告示”，大意是为了保护人民安全，城关区政府成立……后面署名是区长糜家松，副区长鞠丹枫。因两个姓名特殊，我记忆得很清。

1. 小型群众会上糜区长讲话。“安民告示”贴出的当天或第二天，在城隍庙门前月台前开会，到会群众有四五十人，我也参加了。先由临颍东五里头李纪山（当过冯玉祥部下的团长，当时是农民）发言，他讲的主要意思是：八路军来啦，没事儿不要找事儿，有事儿不要怕事儿，真有事情可找他李纪山。接着糜区长讲话，他身穿黄绿色棉军装，很年轻，好像青年学生，山东口音。他讲的大意是：孙中山先生倡导的“耕者有其田”，蒋介石统治中国20多年，没有实现。今天八路军来了，逐步就要实现“耕者有其田”。今天区政府已经成立，区政府是为人民办事的，人民当家作主了，要有仇报仇，有冤申冤。

2. 城关军民庆贺解放联欢晚会。混乱期间，国民党县政府被摧垮了，甲长、保长仍各尽其责。一天，甲长通知开晚会，要求带灯笼，会场在西北大操场。我也参加了这个文艺晚会，会上表演文艺节目的有别老四等十几家，节目有狮子、旱船等。当首帕巷街的旱船表演时，跟旱船化装的有一个老婆，耳朵上挂两个大炮，她走到舞台前，立正站着，喊了一声“报告”，先说明是某街的表演项目，接着她编了一个顺口溜，夸八路军，盼八路军，盼来八路军，穷人好翻身等。顺口溜说完，观众鼓掌欢迎，都说：“陈发成不简单，编得怪好哩！”表演后正式开会，舞台门向西，群众在正面，鸣炮打的是真枪，轻机枪朝西北角“抗日胜利纪念塔”方向连打一阵子。主席台上还站着三四个农民打扮的代表，参加开会的群众说他们是“穷人头”。一会儿，有一位穿军装、披军棉衣的军人讲话，他说：“蒋介石不甘心失败，还要垂死挣扎，用飞机来我县扫射轰炸。大家不要怕，可以挖防空洞，劳逸结合嘛，飞机来了老子跳进防空洞，飞机走了老子跳上来，继续干活……”他讲着比着手势，看见他是一个臂膀，群众说：“这个人是个功臣，官位不会小了。”开完会，提灯游行，走着走着不少人顺便回家了。

3. 联欢晚会的第二天。联欢晚会第二天下午，十字街附近住户在西会馆开群众会，主持人是韦区长。到会的群众是第二保居民，也有地方绅士付敬斋参加，大多数是老太太，我也参加了。参加会的人大部分带有小凳子。韦区长讲的是，昨天晚上是全城的联欢大会，大家庆贺胜利，但是国民党反动派不甘心失败，还要捣乱，夜里就出了两宗事：第一宗是马号街有一个穿军服的人，强奸妇女，这就是国民党的败兵乘机捣乱；第二宗是二保的李保长，被坏人枪杀。大家都知道李保长对人不错。区长讲着问群众，李保长对人怎么样？很多老太太说，人是好人，不知是谁那么狠心。区长说，这就是捣乱，大家要提高警惕，揭发坏人。讲完以后，又拉了些家常，散会了。

4. 陈毅驻扎临颍情况。农历十一月初十前后，陈毅大军来到临颍。陈毅住在城东任庄任长路家中（任的妻子丁焕英写有回忆录）。在临颍北大街路东设有作战指挥部，有的说是司令部，门口未挂牌子。当时临街住了一户姓程的，我俩是同学。据他说，门口常停几辆吉普车，好像常在这里开会。还有一件事，这院有一个青年卫士（通讯员），里院开会时，这个通讯员在我同学家屋中谈家常。他很注意小婴儿，不让哭叫，说里边正开会，照顾好小孩，不要哭。有一次趁没人开会，我的同学到里院北屋看看，见屋里除了开会用的大长方形案子和大长靠椅外，这个屋的山墙、后墙全是用白布遮盖着，里边是什么也不知道，可能是地图。从以上三方面分析，这个院是陈毅大军的司令部。另外，东五里头村王瀛争讲他家住着一个肖主任，说是政治部主任，也不断来城内开会。

三、国民党委派阎应时县长占据临颍

1948 年 2 月（农历正月十三），乡亲们正准备迎接解放之后的第一个灯节，城内已开始玩高跷、玩狮子舞，新制的红色旌旗（上下幅）上面还有“庆贺胜利”四个大字。此时陈毅大军已暂离开临颍，城关区区长耿凤亭还不断在街走动，一切都很平静。正在街上玩狮子时，观众看见过来一二十个武装军人，仔细看不像八路军，而是反动派的军队来了。不一会儿，又来了些杂牌队伍，说是第五行署的保安团。接着人们传开了，说是国民党给临颍派了个县长，叫阎应时。这一天，他们又占据了临颍。

两个多月后，八路军二次解放临颍，打跑了闫应时。

选自 1998 年《漯河文史资料》第七辑

忆临颍解放前后

李子安①

（一）螳臂当车垂死挣扎

1947年深秋，辽沈、平津两大战役刚刚结束，蒋家政权已面临灭顶之灾，国民党河南省主席刘茂恩仓皇中召开了“剿匪戡乱”紧急会议。会场上下人心惶惶，暴露了国民党政府的所谓“剿匪戡乱”已是虚张声势了。

会议上，色厉内荏的刘茂恩做了三项布置：一是修筑林寨，疏散仓库中的公粮，做好坚壁清野的作战准备。二是成立机动队，组织各乡壮丁集中训练，维持地方治安。三是成立护路队②，分段保护公路、铁路，保证畅通无阻，并要求与会县长迅速返回，立即行动。当时的临颍县长张警钟会后迫不及待地兼程返回临颍，立即在县政府东院少年团纪念堂召开了各乡镇长紧急会议，传达了“剿匪戡乱”的命令。

（二）临颍第一次解放

1947年初冬，中国人民解放军以秋风扫落叶之势，进军河南。国民党兵溃不成军，拼命南逃。平汉铁路上，一列列军用火车自北向南疾驰而过，车上满载着平津、辽沈战役下来的伤员。我县的国民党地方军政人员也到了“风声鹤唳，草木皆兵”的程度。农历十一月初一，人民解放军先头部队从西边过来，到达了纡城、王曲，同时，县东边的鄢陵、

① 李子安（缺）。

② 抽调各保年满18岁至35岁的壮丁，由保内筹备枪弹伙食到镇公所整编成护路队。队长由国民兵团委任。

西华也有解放军活动。我县上至县政府，下至各乡镇，人人惊慌失措，惴惴不安。不要说建筑林寨，加强防御，连派车疏散各仓库公粮的事情也无心顾及了。

夜幕降临，人民解放军如潮而至。午夜 12 点，破坏了临颍至商桥段平汉铁路，把道木、钢轨全部翻到沟里。黎明，商桥解放，接着临颍也解放了。国民兵团所属自卫队、机动队、护路队以及政警队、警察局，一触即溃，全部瓦解。县长张警钟弃城逃跑，原临颍县保安团长刘 ×× 和县银行经理郭 ×× 被活捉枪决。

当人民解放大军入城时，人民群众热烈欢迎，拍手庆贺，人民政权——农会，在党和政府的领导下很快建立，“打土豪、分田地”“土地回老家，合理又合法”的标语贴满大街小巷，接着，老盐店的仓库也打开了，贫苦农民领到粮食后，劲头更大，全城呈现出一片欢乐景象。

东街地主宋秉钧不服气，在把没收他的财物分给贫苦农民时，他气急败坏地说：“× 他奶奶，中央军[1]来了再给你们算账。”随即被人民政府镇压于西北大操场。从此，地富豪绅威风扫地，再也不敢乱说乱动了。

（三）战略转移　政权撤离

人民政权刚刚建立，还未得到巩固，临颍国民党兵团残部，勾结十一师向县城反攻。他们所到之处，抓兵抓夫，闹得鸡犬不宁。解放军出于战略需要，暂时撤出县城，基层组织在党和政府的指示下或撤离或隐蔽，全城处于混乱的无政府状态。

人民政权撤离后，国民党编余军官阎应时接任临颍县县长，反动政权死灰复燃。由于反动地主的告密，东街贫苦农民胡六被铡害，西街贫农代表薛蓬辰被枪杀。临刑时薛蓬辰高呼：“乡亲们，同志们！我为大家死，你们都知道，你们一定要为我报仇！”在场的群众非常难过，几乎哭出声来。

① 指国民党的军队。

不久，十一师南撤，县政府的反动团队失去靠山，他们特别害怕解放军突然袭击，白天进城肆虐，夜晚撤出躲藏。这样一来，给盗匪提供了活动的机会，晚上大股土匪进城抢劫，小股土匪贴条子勒索，一时间县城盗匪猖獗。

（四）贴条勒索与公开抢劫

1947年的冬天，鼓楼前的布摊兼钱桌[①]商户陈保柱的大门上第一次被贴了条子，上面写着：“陈保柱经理：只因寒冬，军服无着，请将你的洋布借给十匹，现金借给二亿，限期十天送齐。地点，小南门南边，以电灯为号。时间，夜十二点。说合人陈学亭。”一张条子如闷雷击顶。使陈保柱惊恐万状，痛不欲生。

街坊亲友十分同情陈保柱的遭遇，纷纷前来安慰，并分析城内商户情况，一致认为：陈保柱在商户中经济实力是微不足道的，土匪咋也找不着你，这事不知是谁给你开玩笑的。陈保柱听后十分欣慰，但愿大家所说是事实。十天很快过去了，陈保柱虽说得到安慰，但内心总是惴惴不安，所以每天早上总要看看门上有无新的情况发生。

怕处有鬼，越怕鬼越找上门来，第二次的条子又贴上了。上面写着：“陈保柱小子不识抬举，洋布十匹现款二亿为何不送？再限三天，按原地点交齐，以划火柴为号。否则杀你全家满堂红！”

陈保柱吓得六神无主，方寸大乱。每天痛哭流涕，求亲告友，存货存粮全部卖掉也凑不齐那么多钱，狠心把仅有的一头骡子也卖了，勉强凑了一亿五千元，送交给匪徒。土匪已知陈保柱倾家荡产，才不再追逼了。

从此贴条之风遍及全城。南街银家胡同农民崔余庆的门上也贴上了条子，上写着“银洋二百元，现钞三亿。接头地点，小南门外，以划火柴为号。”崔余庆见到后胆战心惊，怕与土匪打交道，但又不敢不去。他总想着礼多人不怪，就迎合土匪的需要买了大烟老海和上等糕点、好

① 经营银圆换货币、货币换银圆，大钞换小钞、小钞换大钞等业务，收取一部分手续费。

纸烟等，于定期的午夜前往等候。那天夜里，风大天冷，崔余庆却出了一身冷汗，一直等到天亮也没见土匪的踪影。究竟是咋回事？崔余庆惊疑参半。无奈，他万分忧虑地回家哭了一阵。

不久后的一天早晨，崔余庆大门上又贴上了催款的条子，要他当夜在大河桥东头桥上见面。午夜的大河桥上静得怕人，崔余庆又整整冻了一夜，还是没见匪徒，是土匪落网，还是有人恶作剧？一直是个不解之谜。

紧接着，鱼市街顺兴烟行经理也被贴了条子。因为他生意大，声誉高，条子上写着银洋三百元，现款五亿。李明轩自量倾家荡产也难以凑齐，就当机立断，停止营业，关门逃跑了。

（五）高楷林勇斗匪徒

1947 年底及后来，临颍城内除贴条勒索外，又出现股匪进城抢劫。各街商民为保卫自己的生命财产，自动组织了打更队，分段巡逻，没有武器就用长矛大刀。一处有警，各处支援。但毕竟是临时组织，没有抵抗能力。一天深夜，两股土匪不约而同进城抢劫，一股进西门，一股进北门。当在大十字街相遇时，双方产生冲突，还开了枪。进西门的股匪冲进鱼市街百货商店冯耀亭家，进行武力威胁。有的说割耳朵，有的说割鼻子，冯耀亭经不起恫吓，把珍藏的财物、商品都报了出来，土匪扛的扛、抬的抬，满载而去。

进北街的股匪向高楷林诊所猛冲。高楷林有勇有谋，早有准备，就和学徒苏明纲、外甥金榜紧闭大门，上房抵抗。当土匪上前砸门时，一阵破瓦砸了下来，土匪受了重伤，向北逃窜。天明时到处砖瓦，满地血迹。高楷林情知土匪不会罢休，就收拾值钱财物携眷逃离了。

先后被抢砸的还有首帕巷的行商高玉蔚、南大街的钱桌吴清标和文明街东头的二七包子铺老郑等多起，全城商民整天处于惶惶不安之中。

（六）临颍第二次解放

国民党临颍县政府死灰复燃，地方团队进行了整编，警察局也开始了活动。但是各乡镇，除了城市集镇能维持现状外，其他边远地区被解放军和人民武装摧垮后，再也没人干了。国民党县政府狗急跳墙，不择手段，把乡镇政权交给土匪执掌（商桥镇长王德盈就是名匪），使土匪进一步公开化、合法化，给全县人民造成了沉重灾难。广大群众无日不盼望着解放军早日到来，再一次解放临颍，建立自己当家作主的人民政权。

1948 年春，我军分区配合西、临、郾地方武装，以优势兵力攻打临颍县城，各路大军直逼城下。一天下午 5 点，敌我双方在西关接触，发生激战，步枪声、机枪声响成一片，接着四面八方都响起了枪声。午夜，我军发动猛攻，国民党县政府、地方团队如丧家之犬，拼命向西南逃窜。黎明，临颍县城解放了。

当军分区部队和西、临、郾县大队入城时，成千上万群众热烈欢呼，夹道相迎，盛况空前，临颍县人民获得了彻底解放。

不久，城关区长召开了全区国民党军政人员座谈会（在南街三青团西屋），阐述中国共产党的统战政策，要求大家为建设社会主义新中国立功赎罪！

从此，全县人民在中共临颍县委的领导下，彻底翻了身，当了主人，过上了安居乐业的生活。

选自 1998 年《漯河文史资料》第七辑

临颍县自卫大队被歼记

杨海泉

1947 年 11 月，人民解放军向临颍发起猛烈进攻。在县城西门外，只听“轰”的一声炮响，枪声四起，开始了解放临颍的战斗。国民党临颍县自卫大队早已是惊弓之鸟，毫无战斗力，听到枪声，更是摸不着头脑，仓皇而逃。县城获得了解放。

当时，国民党临颍县县长兼自卫大队队长张警钟不甘心灭亡，带领弃城而逃的县自卫大队 300 多人跑到东部县边沿地区继续扩充势力、派粮派款，垂死挣扎。就在他们自以为得逞之时，解放军部队从北往南出动，绕县边境穷追猛打，追得他们如丧家之犬，惶惶不可终日。

一天傍晚，自卫队来到三家店乡吴庄村，逼迫老百姓做饭，还翻箱倒柜，闹得鸡犬不宁。一个多小时后，就在他们准备吃饭的时候，忽然听到吴庄西北角响了两枪，有人喊道：“赶紧跑呀！八路军过来啦！”这些乌合之众一听到“八路”二字，立即乱了阵脚，不知道往哪里跑好，惊慌中就临时跑到吴庄东头集合，准备集体逃跑。大队长张警钟，看到匪众个个垂头丧气，就壮胆说：“兄弟们不要怕，八路军很快就要失败了，蒋委员长一定能打回来的，我们马上往东去，将来会有办法的。”大队副郭义平也强装精神，穿着新灰面皮大衣，戴着墨色眼镜，骑着一匹白色大马，在匪徒们面前扭来扭去，显示他所谓战斗的勇气。天黑以后，自卫队跟随张警钟逃到了吴庄村东面的邢庄。

解放军迅即到达吴庄村，立即向老百姓宣布了人民军队的“三大纪律、八项注意”，村民们很受感动，纷纷给解放军烧茶、做饭、拿烟、煮鸡蛋，热烈拥护解放军。当天晚上 10 点钟，解放军休息片刻就向东进发，进入洪山庙，包围了邢庄。匪徒们被连绵不断的枪声惊醒，四处乱窜，有的把枪扔到坑里，或插进麦秸垛里，或塞在烟叶堆里，有的举枪投降，有的跪地求饶，有的拼命逃跑。

经过短时间的战斗，解放军活捉了大队副郭义平，大队长张警钟换便装潜逃，其他几个头目逃到高宗寨，隐入寨内，后又逃往别处。此时，国民党县自卫大队的骨干力量基本上被打垮。战斗结束后，解放军在邢庄成立临时贫民接受站，接受邢庄、高宗寨、前杨、寨后王等附近村庄参加县自卫大队的人员登记，要他们改过自新。

邢庄之战彻底粉碎了敌人的自卫阴谋，但他们的残余势力仍不甘心灭亡，大队长张警钟换便衣逃到县城后，重新组织余部，妄图东山再起，但脚步未稳，解放军就彻底把他们消灭在临颍县城。至此，县自卫大队全部被歼。

选自1998年《漯河文史资料》第七辑

繁城的两次解放

马福贵[①]

我家住在繁城回族镇西的马井村。1947年，我14岁，在繁城完小念书。学校设在山陕会馆内，山陕会馆原是山陕二省的商人凑钱建的。

抗战胜利以后，繁城镇公所又开始办公，城里边是师管区，镇公所有30来支枪，师管区有国民党正规军百十号人，都是抓的新兵。

有一天镇公所的狗腿子背着枪、敲着锣，到处贴告示，要老百姓都去修城墙。我也被迫参加了修城墙，没少受气。那镇公所的狗腿子，肩上挎着枪，手里掂根棍，见了老百姓就龇牙咧嘴地活像庙里的恶鬼。师管区的兵更坏，张口就骂，抬手就打，老百姓恨得咬牙，纷纷议论道："修城墙也没用了，老蒋的江山快到头了。"

繁城是座古城，城池和许昌一样大，因汉朝末年，献帝在这里禅位于曹丕而闻名。城墙原来有些破败，经过这次复修，城墙有三丈多高，四门都是砖石结构的高大箭楼，双层城门都用铁叶子包裹着，六丈多宽的护城河，挖了两丈多深，从西北角引颍河水入护城河，形成一道水寨，城墙脚下修了许多地堡暗道。在繁华的新街南北两头，又修了两个栅栏，盖有箭楼，叫城内城。

1947年冬天，那天做纪念周，背诵过《总理遗训》之后，校长石春台说："同学们，八路军要打过来了。从今天起，你们不要叫我石校长，要称我为刘老师。"我们一听很奇怪，八路是干什么的？把校长吓得连姓名都改了，同学们也跟着害怕起来。到现在才明白修城墙原来是防八路的，八路军到底啥样子呢？一天下午，同学们正在提心吊胆地议论打起仗来怎么办？突然从外边传来消息说："西门外抓住一个八路军探子。"

① 马福贵（缺）。

我们都争着往外跑，非要看看八路什么样子不可，老师拦也拦不住。我和同学范东海一气跑到西门时，有人说在西南傅庄，我们又跑到傅庄，看见村西头很多人围在一起，乱哄哄的。我们从人缝里钻了进去，见一个年轻人被绑在柳树上，光着头，穿着便衣，有几个当兵的正在问他："你是不是八路探子？""不是。"那年轻人回答。"不是为什么腰里别着手榴弹？""防身用的。"再往下问，就不回答了，气得那几个当兵的跳脚骂，解下皮带劈头盖脸地打了起来，一会儿工夫打得那人满脸是血。

那年轻人抬起头来，嘴里骂着："狗日的，别逞能，你们横行不了几天啦！"围观的人们看不过，几个老人说："老总！别打了，积点阴德吧！"我们不敢看了，回去的路上听很多人说："八路军真英豪。"后来听说，那天夜里年轻人被放走了。

公历12月的一天，从西面开来1000多名保安团。听校长说，是从宝丰、鲁山等县开来的，要帮助守繁城。他们进城后，立即戒严，四门紧闭，禁止通行。街上的巡逻队荷枪实弹，如临大敌。

学校里除了校长和教导主任外，有钱的教师都离校躲了起来。课上不成了，又回不了家，我们只能在城里闲逛。许多财主早就逃跑了，没能跑掉的就像热锅上的蚂蚁，在城内到处乱窜，急得要死。

那天傍晚，下了一场大雪，齐膝深，我们一群回不了家的学生，早早地上床睡觉，后半夜，我们被炮声惊醒，房子被震得直落土，大家急忙爬起来跑到院子里，看见石校长和教导主任刘建堂，吓得直筛糠。他哆嗦着给我们说："八路军攻城了，你们别……别怕，这炮是国……国军在示威哩！"他的话刚落，突然响了两下清脆的枪声，紧接着火光一闪，枪声大作，像狂风一样，分不出什么点数。不知谁喊了一声："快找地方躲躲吧！"我和一个同学藏在石碑座边，那里没有雪，也比较安全，我们连冻带吓，缩成一团，牙齿直打架。

天快亮时，枪声渐稀，远处传来军号声，大概八路军进城了。我突然发现校门大开着，就问那同学："打仗哩，还开着大门干啥？"那同学说："你不懂，老师说了，打仗时不兴关门。"我问："那是咋啦？"他说："要是关着门，说明里边有防备，会招来进攻，开着门，人家就不会攻了。”要说这办法还真行，外面打得那样凶，学校里却平安无事。

天亮了，枪声不响了。外面情况如何？谁也不敢出去看，同学们前院跑后院，后院跑前院，谁也想不出好办法。

上午八九点钟时，我正在五年级教室门口站着，从校门外来了几个军人，穿着黄军装，打着绑腿，胸前戴着长方形布胸章，白底黑字，上边写着“中国人民解放军”。最前面的军人有40来岁，没带枪，穿着大衣，手里拄着一根棍子。他们来到我们跟前，很和气地打招呼：“同学们别害怕，我们是人民解放军，就是原先的八路军，是共产党、毛主席领导的队伍，到你们学校看看。”说着又问校长在哪里？校长又不知躲到哪里去了，我们都不敢答话，他们就到处走走看看。

我们虽然不敢走近，但也舍不得离开，悄悄地跟在后面想看个究竟。他们先看东面几间教室、校长室、教导处，都没有多停。走到戏楼西边钟楼底下那间屋子门口停了下来，那里是童子军团部，墙上挂着青天白日旗，还有蒋介石的画像，装在玻璃镜框里。那领头的军人大步走进屋里，我看得很清楚，他用拐棍指着蒋介石的画像说：“这个狗头，还在这里神气个啥子？”举起拐棍“叭”的一声，镜框被打得粉碎，画像落在地上。

他转身出门，临走时向我们招手说：“小朋友，再见！”解放军走后，师生们一齐拥进童子军团部，争着看那张画像，昨天提到他，全体都要向他立正的蒋委员长，今天被抛在地上，脸上堆着碎玻璃渣，额头上还留了个泥鞋印。

解放军走后，同学们胆子大起来，说解放军并不可怕，然后就想出去看热闹。于是我们三三两两出了校门，到街上一看，嘿！好多解放军正和老百姓一道扫雪哩！军民有说有笑，亲如一家人。看到这些，我们更放心了。

我们先到戏楼门口，那里枪炮堆得像柴禾垛，长的、短的，还有小炮、手榴弹、子弹箱，一摞一摞堆有一人多高，部队正忙着点数呢。我们没见过这么多的洋玩意，都想摸摸。刚一伸手，“喂！别摸，有危险！”哨兵端着上了刺刀的大枪阻止我们。听老乡们说，这些枪炮都是保安队投降时交来的。

我拉住一个同学说："这里不让摸，咱到北栅栏门看看去。"到了北栅栏门箭楼上，看见几摊血迹，还丢了几顶蓝军帽。正看着，北城墙上"叭叭"打了几枪，我们赶快往下跑，北门紧关着，解放军从城墙垛口往北打枪，许昌战斗还没有结束。

我们顺着新街往南跑，到了老王家药铺门前，那里站着很多人，像是开会哩。我们挤了进去，见一位解放军，30多岁，穿了一身褪色的军装，腰里挂着小手枪，正在讲话。听讲的老百姓不断鼓掌叫好。他操着南方口音，记得大意是：地球上本来是没有人的，人是由猿猴变化来的，人本来是没有阶级的，为了活命，防御野兽袭击，不得不结成群。这种原始人群，为了争夺食物、地盘，经常发生战斗，战败的人就成了俘虏，就当奴隶，像牲口一样供人使用。奴隶生产的东西归奴隶主所有，于是就出现了阶级和私有制。我们中国几千年来，随着生产力的发展，经历了奴隶社会、封建社会，到今天的半封建、半殖民地社会，都是人剥削人、人压迫人的社会，都是广大人民受苦、受难、拼命劳动，生产的东西供剥削阶级享乐。这里有一条祸根，那就是私有制，历代剥削者为了自己的享乐，一贯用武力来保护私有制。剥削阶级好比一个人，他左手端了一碗饭，右手拿着一把刀，谁要抢他的饭碗，他就用刀砍死谁。现在这个人就是蒋介石，他是大地主、大资本家的总代表。我们穷人要想有饭吃、过上好日子，非打倒蒋介石不可。

听讲的人群振臂高呼："打倒国民党反动派！打倒蒋介石！"我们也跟着喊。他最后讲："让我们在共产党领导下，推翻蒋家王朝，夺过刀把子，挖掉私有根，建立人民自己当家作主的新中国。"

他的讲话不断被掌声和口号声打断，老百姓都说讲得好！讲得太好了！当时我虽能听懂，但并不理解，后来参了军，上军校学习时才知道，当时那位首长讲的是社会发展史。那首长的口才、风度，真叫人佩服，他举的那个例子既形象，又深刻，使我终生难忘。

首长讲完话，另外几个解放军领着呼口号："打倒蒋宋孔陈四大家族！实行耕者有其田！保护民族工商业！"最后军队为大家唱歌，记得歌词是:“谁养活谁呀？大家来看一看，地主不劳动，粮食堆成山……”

散会以后，他们用石灰水在墙上写上标语：打倒蒋家王朝！中国共产党万岁！毛主席万岁！标语落款都是“刘邓大军”宣。

1948年元旦，解放军和老百姓一起开庆祝大会，会上的文娱节目有繁城后岗、凹里王等村的狮子会，解放军的高跷队，还有很多女兵，从申凤梅的越调剧团借来了戏装，他们在大街上扭着唱着:“解放区的天是明朗的天，解放区的人民好喜欢，民主政府爱人民呀，共产党的恩情说不完呀，呀呼嗨嗨一个呀嗨。”他们还演出了一出活报剧：一个战士扮成蒋介石，剃着光头，穿着一身黄呢军装，戴着墨色眼镜，白手套，拄根文明棍，嘴里叼着纸烟，一摇三摆地前面走，后面是扮演工、农、兵、学、商的人，他们手举三角旗扭着秧歌，扭一阵围着那蒋介石斗一阵，大家唱道:“蒋介石，你这坏东西，多年的抗战你不出力，如今抗日战争我们得胜利，你又来打内战进攻解放区。你这个坏东西！你这个坏东西。”那蒋介石被斗得手抱光头，无处躲藏。惹得群众哄堂大笑。

各生意商行门前都张贴标语，鸣放鞭炮，游行的群众举着小旗高呼:“庆祝繁城解放！共产党万岁！毛主席万岁！”

热烈的庆祝活动搞了一天，几天后解放军开走了，繁城一时无人管理，成了空白区。土匪趁机活跃起来了，日本人在时曾打着抗日游击队旗号的人，如今又扛起了反共救国的招牌，几天之内冒出了周继武、赵运卿、寇子靖、谭青云等好几个土匪司令，另外还有个什么唐司令，各自拉了一帮人，最多的有上千人。这里边也不全是土匪，有不少是被迫参加的。土匪规定繁城方圆几十里凡是有枪的都要参加，不然就要命。我村有几户中农，家里有枪，本来是防土匪用的，结果反而被迫当了土匪。这几个人后来在镇反时吃了大亏。

土匪司令拉起队伍，第一件事就是搞枪，他们派人四处打听，谁在打仗时拾到了枪和子弹都得交出来，不交就要命，有的农户被逼得家破人亡。

没有政权，社会大乱，城里的生意没法做。西门里有几家粮坊，一麻袋中央票买不到一斗麦子。店铺购物须用银圆或铜子，有的店铺怕土匪贴条子，干脆关门。

匪首赵运卿贴出告示，说他是国军委任的剿匪司令，纠合了几支杂牌队伍约万余人，开进许昌向各乡派粮款，搞得民不聊生。申凤梅的戏班原来在南栅栏门一个大院里，每天演场夜戏，基本上能过得去，社会秩序一乱没人看戏了，戏班吃饭成了大问题。乡下没戏台，申凤梅没办法，只好去找城西周范庄的范戏主。范戏主是个开明绅士，为人很好，整天跑着给戏班想办法，跑得袜子底都磨烂了。

由于范戏主的联系，戏班能够到乡下唱地摊戏，勉强度日。那一天晚上，我们南面的前樊庄有戏，我跑去看，戏场设在打麦场里，上边吊着一盏灯照明，灯下放了一张方桌，算是戏台，旁边有几条长凳坐着乐师，锣鼓响起，申凤梅就站在桌上清唱。我记得她唱的是“狐狸仙闹书馆”。到半夜，戏唱完了，就由村上管事人领着，范戏主拿着口袋，挨门挨户收粮食了，没有粮食的就给点红薯。戏班就这样熬到第二次解放，真是难为了范戏主！

1948 年，我党派到繁城一带开展工作的吕区长，带着通讯员姚国昌（双路杨村人）去扶沟开会，途经繁城北红石桥附近，遭到一帮匪徒的袭击，不幸牺牲，土匪将他二人埋在一个坑内。直到 1949 年春天，政府才找到他们的尸体，挖出来后，已分不清谁是吕区长谁是通讯员了，就将两具尸体都葬在双路杨村姚国昌家的老坟内。

1948 年农历四月初十，陈策附近的岗杨有庙会，申凤梅的戏班在会上演出，看戏的人很多，台下还有很多做生意的小贩，会场很热闹。这时来了几个土匪，挎着盒子枪，在人群中乱窜，匪徒们看见一个姑娘长得很漂亮，一个土匪上去拉住就走，那姑娘大喊救命，几个土匪不由分说，一齐上前把她往坡里拉。正在危急时，突然有人喊了声：“八路军来啦！”人们看去，只见从西北角来了大军，当时会场就炸了。做生意的小商贩都亮出了武器，原来是解放军化了装在赶庙会呢！他们三下五除二，抓住了土匪。匪首叫郭狗筋，4 月 13 日在会场边上被解放军枪决。繁城又一次得到解放。

土匪司令赵运卿，在许昌被解放军包围，前后不到一天，即被全歼。赵运卿只身从东门逃出，向许昌东北的三里桥逃跑，结果被我军炮兵发现，一发炮弹落在他身旁把他炸了个稀巴烂。战后，他家人把烂尸捡了捡，用布袋背回繁城老家掩埋了。

二次解放繁城的部队是陈粟大军。解放军兵不血刃就进了城，老百姓高兴得不得了。部队驻下后，就派人分头下乡宣传政策，筹集粮食。那天有一排人来到我们马井村，当时地方有土匪，地主的武器还没有收缴，部队进村后，先是不断对天放枪，用以震慑敌人，然后人员分成两组，一组刷写标语，内容和刘邓大军相同，只是落款为“陈粟大军华山部队”。另一组到农户访问，了解情况，准备借粮。

借粮对象都是富裕户，是强制性的，但同时又向他们说明粮为暂借，等到麦收交公粮时顶数。借粮的同志进富裕户家后，先问家中人口，再看粮食屯，根据实际情况核定借粮数量。

有两位战士到我家，看看存粮有300斤左右，说要借200斤。父亲怕留少了挨饿，不愿出那么多，又怕解放军不答应，要我去交涉。我见过几次解放军，心里不害怕，就把他们请到屋里，给他们讲：“我们家是自种自吃，没用过人，是受欺负的农民。”他两个是南方人，听不懂我的话，我就指指脚底说：“我家是受人脚踩的人家。”他们懂了，说：“以后就好了！你们再也不会受压迫啦！粮食么，给你们留一半，借走一半。”我很高兴，他们给开了一张借条，记准粮数，落款是“陈粟大军华山部队”。

我们把粮食送往繁城，路过村东头住的财主吴茂堂家，见战士正从他家猪圈里往外挖粮食，有好几千斤。吴家谎称是刘邓大军存的粮食。一个领头的战士一听，淡淡地笑了笑说：“既是刘邓存的粮食，那就不用打条子了，有人来问时，就说陈粟大军华山部队分掉了。”几千斤粮食，部队拉走了一半，一半分给了贫苦农民。这年夏征，借条都顶了公粮任务数。老百姓非常满意，都说：“解放军说话真算数，这才是我们穷苦人的军队。”

选自1998年《漯河文史资料》第七辑

解放繁城的经过

巩守志[①]

解放前繁城归许昌、临颍两县管辖，各设立镇公所和完小，简称北镇、南镇、北小、南小。1947 年农历十一月初一晚上繁城解放，后划归临颍，改为繁城回族镇。

1947 年农历十一月初一上午，从镇北边捉住三个可疑的人，说是共产党的探子，在他们的腰中还搜出有手榴弹。后由北镇镇长贾阁卿会同南镇镇长和地方士绅巩荣甫共同研究是杀是放，最后决定放，下午即将三人放走。接着，襄县县长廉明伦（临颍人）带着保安队来到繁城，廉住到姚官亭家（因姚系襄县人）。到了晚上约 12 点以后，从西北来了八路军，鸣枪进入繁城，廉带人出东门逃跑。八路军发现敌人东逃，即组织力量追击，追至东门外刘庄，将其打散。保安队丢下枪支很多，村民刘其昌拾到轻机枪一挺，村上其他人拾到步枪者也很多。到天明后，八路军又到南北二校察看。在北校，他们给大家讲了八路军的政策，要大家等候开学，安心读书；到了南校，学生已经离校回家，只有几位老师，其中巩秀杰身着绿色大衣，疑惑他是国民党的军人，把他带到史木山家中，后又转到清真寺和马凤阁等处，查清证明是南小教员，予以释放。未隔几天，又来了一批八路军，听说东刘庄围剿廉明伦之事，即到该村召开群众大会，要求他们交出所拾到的枪支。群众纷纷响应，将拾到的枪支都交了出来，刘其昌从井中捞出的轻机枪也交了。

繁城在解放前有一个讨饭的人，年纪约 40 左右，终日在街上讨饭，每到一家门口，只喊声："找点吃吃吧！"此人巩宝珠、巩尚节、巩秀杰都见过他，都知道此人，特别是巩秀杰和他很熟，经常给他拿馍盛饭。

① 巩守志，临颍县人，曾在临颍车站学校任教。

可在繁城解放后，大军走的时候，巩秀杰见他骑着马，随大军而行，见了巩秀杰还说了声“再见！”原来他是八路军的地下工作者，所以，在繁城解放时，哪家是地主，谁该扫地出门，以及后来的剿匪反霸、土改，八路军已了如指掌，无一差错。

选自1998年《漯河文史资料》第七辑

人民解放军对郾城实行大围困

邢富功

中国人民解放军陈（赓）谢（富治）兵团第四纵队第十旅，1947年12月中旬奉命抵达漯河，准备解放漯河。

漯河系平汉线上的重镇，当时由国民党整编六十六师第十三旅和第十七交通警察总队所属的两个大队及地方保安团固守。12月18日人民解放军采用“明攻郾城，暗取漯河”之策，经过两个小时的激烈战斗，漯河镇于19日晨获得了解放。国民党军队从漯河镇退缩到郾城城内，人民解放军对郾城连续进行数次强攻，未克。

面对敌郾城守军的顽抗，我人民解放军停止攻城，转而进行严密的封锁和围困，历时长达52天[①]。在此期间，国民党军队垂死挣扎，多次试图突围，都被人民解放军以强大的火力击退。敌人眼见突围不成，便多次使用大炮向漯河市区三角坑以东跃进里以南的居民区狂射，造成平民百姓无辜伤亡。

围困期间，双方小的交火天天不断，有时形成很激烈的战斗。到1948年元月14日，郾城城内的敌军已弹尽粮绝，药品奇缺，只有依靠他们飞机的空投来勉强维持。起初，每隔两三天空投一次，不久，便改为每日下午进行空投，空投飞机每次三五架不等，最多时有七架，在郾城县城上空用降落伞空投，很多人站在外边看空投经过。国民党空军的空投飞机如果飞得低一些，便会受到我人民解放军的炮击，飞得高了又投不准。所以空投的物品每次都落于城外，此时两军便展开了争抢，每

① 范子文在《解放战争时期被围困在郾城的国民党十三旅》一文中回忆为87天。人民解放军开封前线政治部印《捷报》：“我军解放开封！生俘六十六师参谋长游凌云、十三旅旅长张杰以下官兵近两万人。”

次在争抢空投物资中都要发生战斗。

当时郾城城区有平民两万余人，国民党根本不管他们的死活，许多人家缺米断炊，相当多的人家饥寒交迫，一天吃不上一顿饭。就这样，敌军还强迫他们出力修工事。当时，我二姑一家居住郾城南街，全家老少七口人，一天吃不上一斤粮，想找点野菜、树皮充饥都很困难。郾城人民在饥寒交迫中盼望着、期待着早日翻身得解放。

选自 1998 年《漯河文史资料》第七辑

解放战争时期被围困在郾城的国民党十三旅

范子文①

1947年，我在郾城模范中心校任教，12月13日夜，我解放大军陈谢兵团周希汉旅展开了漯河以北地段平汉铁路破击战。当夜，炮声隆隆，声闻数十里。第二天，全城人心惶惶，有钱有势者纷纷外逃。我校教职员工25人大多逃走，只余我、王冠生、杨冠宇、吴××（炊事员）四人留校，我们住在校务处东间。

12月18日，在陈赓兵团大军压境之际，国民党十三旅、交警队等自漯河仓皇逃进郾城，龟缩起来（漯河于当夜解放）。我校校务处西套间为敌营长居住，校务处西南排房为万连长、徐排长、王排长、×排长和士兵们居住。平时，我们不断往来，从他们的言谈中，了解到十三旅内部生活、战斗等许多情况。从十三旅退进城（1947年12月18日，阴历十一月初七）到溃败（1948年3月15日，阴历二月初五）的87天时间里，我一直在郾城内。被困后期，我又不断到街上或他处走动观察，当时情景，至今思之，记忆犹新。

现就当时耳闻目睹，结合杨天祥（伪郾城保安团中队长）、庞连生（住小南街，十三旅北邻）等人提供的一些材料，就国民党十三旅困守郾城情况叙述如次。不妥之处，还请知情者批评指正！

（一）解放大军压境　敌军龟缩郾城

1947年7月，蒋介石发动了内战。当年秋，国民党华中战区总指挥白崇禧指挥了33个旅的兵力，围攻我大别山区刘邓大军。为了牵制和

① 范子文，郾城区人，1921年生，1949年参加工作，曾任郾城一中，孟庙、商桥、李集等乡镇高、初中教师。已离休。

分散敌人力量，中共中央军委命令陈赓兵团从 12 月 8 日起，协同华东野战军，在平汉、陇海两铁路线地区，展开了大规模的破击战。

12 月 13 日，陈谢兵团十旅在周希汉旅长指挥下，彻底破坏了漯河以北、许昌以南的铁路线。当时漯河和郾城由国民党胡琏兵团之六十六师十三旅 7000 余人、十七交警总队 1000 余人和郾城县保安团（麦牛队、自卫队）数百人共 8000 余人防守。交警队防守火车站，保安团警戒马路街一带，十三旅驻漯河寨内及郾城城关。

12 月 18 日，我大军压境，敌人惊恐万状，弃甲曳兵，在无处逃窜的情况下，均麇集郾城，以为郾城有沙河天然之险，固若金汤，可以避免兵力分散被歼，固守待援，再也不敢出战。

（二）蒋军嫡系部队　依作忠实爪牙

十三旅原为蒋介石的七十四军十三师，属嫡系正规部队，后压缩编制改为十三旅。其编制及武器装备比较正规齐全。

旅部：

旅长——张杰（少将）

副旅长 1 人

参谋长（旅级）1 人

参谋主任（团级）1 人，参谋若干人

副官处主任 1 人，副官若干人

军需处主任 1 人，军需若干人

军械处主任 1 人，其他若干人

军法处主任 1 人，其他若干人

医务处主任 1 人，其他人员若干，下属担架队、抢救队、医务所（医院）。

旅部下属：

1. 三个步兵团（三十七、三十八、三十九，也称一、二、三团）。

每团三营，每营四连（三个步兵连，一个机枪连）。

每连三排，一文书上士，每排三班。

每班16人。

武器配备：每排3挺轻机枪，每班2支冲锋枪（正、副班长带），其余为步枪（机枪连除外）。

2. 山炮营，营长（中校）1人，副营长1人，其他若干人。

山炮5门：2门设于模范中心学校后操场，3门设于召陵中学后（今二中大坑北）。观测所设于城头，电话相通。

3. 士兵营。

4. 特务连（手枪连、警卫连）。

5. 通讯连。

6. 电台。

交通警察总队，退守郾城的为十七总队，全国当时共编为18个总队。其编制、人员及武器装备：

总队长（少将）——赵子强（湖南人）。

副总队长——潘际平（湖南人）。

总队队副——葛文亭（河北人）。

督察长——沈××。

交通警察总队下属：

1. 三个大队（大队长为上校），每大队4个连（3个步兵连，每人步枪1支；1个机炮连，有重机枪6挺，迫击炮4门）。

2. 特务中队，队长（少校），每中队3个排，共160人，每排3个班，每班有轻机枪1挺，冲锋枪5支，其余全配美国卡宾步枪。

3. 炮兵中队，中队长。

副中队长佟心建，1951年被镇压。

计有迫击炮6门、火箭筒18挺，无步枪。

4. 运输中队。

5. 通讯队。

6. 卫生队。

（三）划分区域管辖　鄌城城内称霸

为了对群众控制防范，便于管理、作战，十三旅将城内范围（含东、北、小南关）划分为三个地区，令各团管辖。一团，十字街—观音堂—北关；二团，东关—东街—东后街—小南街；三团，南后街—大南街—西街—新街西（参看下图）。

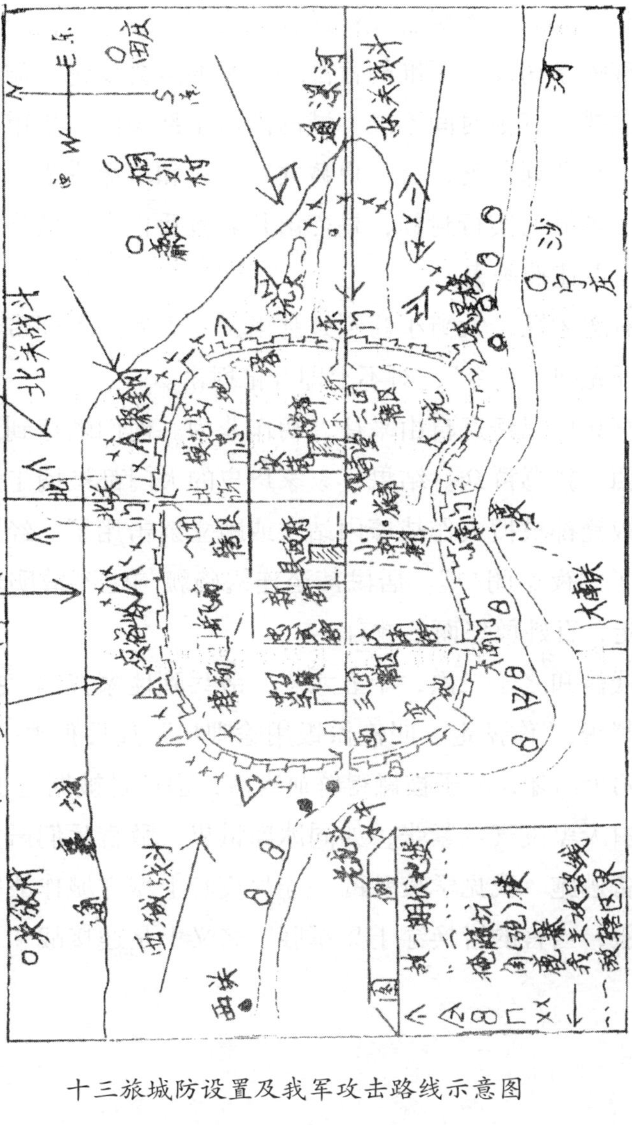

十三旅城防设置及我军攻击路线示意图

十三旅旅部住小南街大槐树对面路东“高升旅舍”，旅下直属各部门，住旅部周围。旅部为城内最高统治机构，不管大小地方行政机关，老百姓等都必须无条件地听从旅部指挥。十三旅不依靠交警队、保安团，并限制他们只许规规矩矩，不能乱走乱动。令交警队住东街至东后街一带，县保安团住县政府及东后街东头保安团部。

各团士兵住各团所辖地区。各团负责守城作战，督促群众对军队平时和战时物资的供应。对辖区内所辖各住户实行严格审查，外来居住人员，必须有人担保，无保者即被送监狱拘留。并规定：任何人不准随便出门，不准探亲访友，不准胡言乱语，不准聚会议论。群众吃水，只准早晨上井去挑，其他时间不准。城内商店全部关门，集市贸易停止。各保甲实行五户联保制度，有一户藏共产党人和革命进步人士，其他各户皆受株连。各城门实行封锁，昼夜由几名枪兵把守，城外人不准进，有随便进入者即逮捕杀害。

各团有巡逻队，大街小巷到处乱窜，白天遇到人即带走拘留，夜晚见有人，即先问“口令”，对不上即开枪射击。

但敌官兵可以任意自由来往，胡作非为。他们随意到老百姓家找家具、拿东西、打骂群众。结果，家家户户的大门都被摘走作防御工事用了，桌椅板凳都被搜去作战壕内站立或跪立射击用了。经此洗劫，全城真正形成了“夜不闭户”。居民甚至连锅碗瓢勺也不敢明着放，敌兵一见也要拿走，百姓敢怒而不敢言。

西街钱昌和之子二黑，十五六岁，敌兵到他家找锅，掂住就走。二黑上前阻拦说：“你掂走，叫俺做饭用啥哩！”敌兵狠狠一脚把他踩倒，被磕掉了两个门牙，鼻子被碰得鲜血直流，锅还是被掂走了。

全城白天黑夜气氛紧张，如同冰凉世界，敌官兵们虽加强工事，但也随时准备逃跑。我见学校驻的一连兵夜晚上城守城作战时，个个带着枪支、被服，当官的皆换穿士兵军服，名义上是迎接战斗，实际上是准备逃跑。

（四）仓皇大修工事　妄想守城自保

1. 城墙。郾城城垣从 1946 年 7 月内战爆发后，县政府为了防共，即在原来半截砖城墙（1939 年扒去上半截，留下部）的基础上，进行修复，修的部分全用夯土，泥垛成垛儿；四个城门洞上又盖起了简易的城楼（小南门原来未毁如旧）；城垣四角除东南角魁星楼为砖瓦结构的仿古尖顶建筑完好未作修复外，其他三角炮楼内部重新架起粗棍，棚以木板，炮楼砖壁上对外凿许多枪眼。城上重新运土垫平，周围成了通道。每隔 50 米，盖起了只容一人的简易小屋——枪棚，一是可作掩蔽体，二是便于对外射击。

2. 城外。北关和东关，因面临平原，作为防御工事重点，南城、西城西门以南，紧靠沙河，城墙为天险工事。

外城壕加深至 3 米，妄想阻止我军越过，并便于自己躲避。自西城西门北，环城壕和北关、东关外至东城沙河北岸，挖深 2 米、宽 1 米的战壕，战壕外要塞处设 8 个伏地堡，作为城垣的一道防线。从堡内挖引沟至环城战沟，由战沟再挖引道至城壕，城壕又挖隧道透过城墙下至城内。这样，堡、沟、壕、城内连成一体，进退自如，敌人以为构筑如此坚固的防御工事，就可以安全无虞了。

（五）布置防守武器　现出纸老虎形

十三旅为蒋介石的嫡系正规部队，蒋军的主力，因而武器配备比较齐全。龟缩郾城后，为了准备顽抗，他们防御工事的各种武器分布，上下左右，面面俱到。

1. 城外所有伏地堡均配重机枪 1 挺，轻机枪 2 挺，手榴弹若干。

2. 城上四角炮楼，各设重机枪 1 挺，所有枪棚各设轻机枪 1 挺。

3. 步枪、手榴弹分布于城垛口。

4. 城墙垛至城壕沿儿，斜拉长铁丝，上挂油灯或油蘸的棉花团，供作战时照明，便于对外射击。

5. 山炮营 5 门山炮，架于城内北部，观测站设于城头。

6. 迫击炮排开，布于内城墙脚下。

（六）我军连续攻城　敌军负隅顽抗

为了牵制敌人，消灭敌人有生力量，人民解放军在北城、东城、西城连续发起三次猛烈的攻击。

第一次，北城（含北关）战斗。1948 年 1 月 11 日（阴历 1947 年腊月初一），夜幕降临，漆黑一团，我军在北城发起了猛烈攻城战。攻击的重点是北关北头左右的伏地堡和北城外前沿阵地，东西战线有二三里长。敌人两道防线，一道是城外伏地堡和壕沟，一道是城墙。敌一团长亲临北门城楼坐镇指挥，全团敌兵城上城下、城内城外广为分布，各工事武器配备齐全，团指挥所与各火力点电话相通。一处吃紧，他处支援；本团不敌，外团相助。城墙外斜拉的铁丝上，灯火全亮。我军全面出击，三五成群，英勇奋战，前仆后继，直扑敌人前沿阵地和伏地堡。顿时枪声大作，炮声隆隆，震天动地。敌人机枪盲目扫射，步枪无目的地乱放。城内炮兵虽虚张声势不断向我发炮，但由于我军战线较长，人员分散，光线不好，找不到准确目标，只能乱放，发挥不了威力。

北城战斗，我军处在明处，敌人在暗中顽抗，我军为主动出击，敌人为被动地还击；我们英勇奋力拼杀，敌军龟缩一团，我军运用了运动战、游击战，让敌人难以捉摸。为了消耗敌人火力，我们采用声东击西、虚张声势的办法，结果使敌人再衰三竭。战斗的后半夜，东路、北关东聚奎岗地堡被我军突破，消灭了堡内的敌兵，获得了重机枪等武器。我军又凭借堡前竖立的高 1.5 米的石碑（《修聚奎岗碑记》）继续和敌人战斗（十三旅北窜后，我去看，石碑上有无数的弹痕）。中路，我军越过战沟，攻到北关十字街（今郾城交通局西边十字街口），逼近城北门。西路，即北关西，我军越过了战壕，直到城壕边。

战斗持续了将近一夜，翌日清晨，东方欲晓，我军撤回（当时住城北五里庙、八里庙一带村庄）。

北城战斗，我军官兵牺牲 140 余人（大都在城壕外沿）。当时后方医院在黑龙潭，伤员由担架队送到医院去了。

第二次，东关战斗。东关，北部从城门至东头为大坑，水宽而深，东头直通漯河大道，面临平地，南部距沙河较近，为开阔地带。东关街道长，房舍多，南部过道多，且敌人在南部布防较差。我军对东关地形做了详细侦察和分析后，为了不让敌人有喘息的机会，更多地消耗敌人的有生力量，遂于北关战斗后的第二天晚上，我军向东关发起了强大的攻势，进攻的重点放在于我有利的一里多长的东关南部。

战斗打响后，东城头天空一片通红，余光照在校院里。步枪、机关枪、迫击炮在东城响成一片，召陵中学操场，敌军设的三门山炮，无精打采地想发挥它的威力，炮弹发射后，经过我校上空，呼啸声依稀可闻。我校后操场的两门山炮不时发射，城头飞城外的枪炮声交织在一起，无法分辨。解放军有一种枪，子弹从城外打过来，在空中爆炸，威力很大，几乎一夜没停，我总觉得是在头上响的。

敌军的巡逻队到处可见，街内的居民谁也不敢走动，老百姓都躲在家中的地窖内，担心着炮弹的袭击。我们在地窖里一夜没有睡着，既不敢谈话，又不敢出门。

东关战斗，我们只在城内听到枪炮声，城外战斗情况究竟如何？翌日，听敌王、徐排长在校务处谈的情况，得知：

1. 黄昏时分，八路军自漯河方向顺沙河水北岸（以堤作掩护）来到东关以南地带。

2. 八路军分几路越过战沟，攻势很猛，向东关扑来，很快占领了东关东、中部，接着直逼东城门，重机枪对东门上下连续射击。

3. 十三旅守城士兵集中火力压住了我重机枪，我军机枪手英勇牺牲（战后，十三旅强迫东街群众往城东关掩埋战士遗体时，据李保亭说，他见到这位战士左手受伤，被用布缠着，牺牲在路北大槐树旁）。

4. 敌二团长亲临东门城楼坐镇指挥。

5. 城东南角魁星楼，有两名解放军战士已经利用云梯登上城头。魁星楼里住着一班敌军，敌兵发现后报告班长，我军战士的进攻又被敌人压了下去。

6. 在东关东头路南，国民党军建的碉堡被我军占领后，在上面设了指挥所，一夜打了子弹 32 箱（我所听到的空中炸枪）。

7. 我军少数兵力以迅雷不及掩耳之势，深入东关，因后方空虚，东关外的后路被国民党军队封锁，以致不能继续扩大战果，翌日天明，我军被迫撤到县立中学（原东岳庙）。

8. 待到下午，解放军战士据守县立中学。十三旅命令东街住的交警队以火箭炮对县立中学轰炸，我军有所伤亡，被迫缴械（当时群众反映有一连解放军投降了。第二天，我到东街安巷口去看，实际只有三四十名身穿黄色军服的解放军战士被几个国民党士兵押着送往十三旅旅部去了。以后，我见这些战士被分配到敌军各连，和敌军共同生活、操练。十三旅逃跑后，战士们下落不明）。

北关战斗，我军攻击的重点是敌人的前沿阵地，战线东西拉得较长，且没有重炮支援，仅靠步枪、手榴弹、迫击炮进攻。敌人城外有伏地堡，城上居高临下，射击机会较多，因而我军损失较重。东关战斗，我军攻击重点是东关—东城门，乘胜进入东关以后，街道虽较长，但民房鳞次栉比，以此作掩蔽体，进退方便，因而损失较小。两者相比，北关战斗最为激烈，东关次之。

第三次，西城战斗。1948 年 1 月 13 日夜（阴历 1947 年腊月初三），我军发起了西城战斗。西城，西门以南紧靠沙河，以北是开阔的麦田，城壕干涸，敌工事较简单。西城门至城西北角仅一里多远。敌人的布防是：城西北角炮楼楼下有伏地堡一座，西门外河岸有隐蔽体工事一处，加上西门城楼三处皆备有重武器，城墙上枪棚、城垛口，散布着零星的轻武器。城楼上敌三团长亲临指挥。我军摸清了敌人情况后，采取游击式的单线进攻，把重点放在距离城西门北（伏地堡、炮楼）较远的中间地区。这样可以远离敌人较强的火力，避免不应有的伤亡。同时，我军尽量迫近敌人，使其山炮、迫击炮发挥不了多大作用。

西城战斗也持续了一夜，但枪声时断时续，炮声不多。翌晨天将黎明，我军转移撤去。

战后两个多月，我曾访问距我村四里地的李集乡老官田村的张文凯，他在攻西城时任解放军连长（忘记属哪一部），抬云梯、爬城墙数次，敌人伤亡很大。

（七）大力缩小城防　民舍林木遭殃

当时郾城周围的形势是，临颍 12 月 4 日解放，舞阳 12 月 17 日解放，漯河 12 月 18 日解放，城外各乡镇均为我军所占，郾城县城处于孤立无援的地步。龟缩在城内的十三旅等，进退维谷，仍作垂死挣扎，苟延残喘，固守待援，因而：

1. 缩小城防。我军几次攻城皆在夜里，并采取了灵活的战略战术，敌人最害怕的是夜战、运动战、游击战。为了固守作战，敌军在城外各处极力缩小防守范围，强行拆除民房，计：①东关东头拆 410 间；②小南关住户有 10 来家 54 间；③大南门外有两家油坊 16 间；④大南门的关帝庙瓦房 12 间及周围院墙；⑤北关十字街以北 106 间，仅天爷庙为敌军驻军所在，未拆。总计 598 间。房扒后，群众被迫在敌军的监视下搬进城内亲戚朋友家住，旅部不予安置。炊具、破家具、衣服自用，其他梁檩、椽子、门窗被敌军强行作工事用或当柴烧了。

2. 毁林建砦。敌军惶恐万状，以为我军还会大规模攻城，他们贼头贼脑地从城中钻出来，一边探听解放军的消息，一边砍伐群众的树木，但又不敢走得太远，就在城外较近的村庄，如廉庄、桐刘（东部）、杨根庄、姜庄、楼疙瘩、碾盘张（北）、下坡杨、宋庄、西关（西）等各村，大肆砍伐林木（正南不敢过沙河，恐怕跑不回来）。砍伐后，树干被拉回作柴烧，从城东南角起→东关→城东→北关→城西北角→西门，在作战工事外沿用树枝建起了围城大半周的鹿砦。城西门以南紧靠沙河，依托天然屏障，未建。

除建设鹿砦外，又增修地堡 6 处：其中大南门外 1 处，小南关 1 处，城西北角 1 处，西门外北边 1 处，东关大坑北 1 处，魁星楼北 1 处。堡与堡之间保持适当距离，以便火力相接，构成强大的火力网，冀以阻挡我军的进攻。

（八）迫害无辜良民　枪杀革命战士

十三旅被困城内时，城门始终紧闭，杜绝人们来往，严查有共产党嫌疑或违背军纪的平民，一经发现，即行杀害。

在十三旅进城戒严后的第五日，有一名30岁上下之妇女，提一竹篮，自称往城内走亲戚。值岗者在城门不问青红皂白，反缚其手送往旅部，后被诬以共产党侦察人员惨遭杀害。

南后街乔子义，于1948年元月的一天，被敌军抓去到大南关一带砍柴，遇到原乡邻关系的陈××，陈××因久居城外，不能回家，焦急万分，托乔子义想办法回城内。乔子义于翌日借住在他家，借敌军两个炊事员的上下军衣，乘出去砍柴之机，给陈××穿上，混进城来。借军衣之事，不久被暴露，张杰即将陈××、乔子义和两个炊事员（被抓去的壮丁）一起押到旅部对门住户的房子里。两天后，张杰命令将乔子义和两个炊事员一起枪毙在县政府大门西边。那天，我在学校听说衙门口枪毙人了，即跑去看，只见三具尸体头朝西在那里趴着。当场有人议论说："这孩儿（指子义）出看押屋时，还给他娘说，叫给他送衣裳去哩，他以为是往监狱里送他去哩！"陈××，众保获释。

在东关战斗中，由于我军失利，被俘的数十名战士送往旅部后，转押于郾城监狱。我们的战士英勇不屈，在狱中和敌人展开了顽强的斗争，有连排长4人（共产党员，山东人）。开展绝食斗争，当敌人把稀米粥送进监狱时，他们"嘭"的一声把饭桶踢倒。敌人恼羞成怒，于当夜晚将我4名干部押进天爷庙分别反缚在石碑上，用冲锋枪射杀。临刑前，他们怒斥敌人并高呼"中国共产党万岁！"

（九）百姓痛苦万分　敌军得援盼蒋

十三旅被困的近三个月里，前期群众在生活上还能应付，平时积的粮食慢慢吃光后，没人管、没人问。当官的各顾自己，哪里管老百姓死活？进入围城中后期，已是1948年阴历正月至二月间，群众生活真正没办法，即使有钱也无处买粮。很多群众钱粮皆无，真正是"上天无路，入地无门”，只有坐以待毙。群众没吃过蔬菜，出正月，有人偷偷到城内荒地剜些野菜，被敌兵看见了持枪撵回；吃树叶吧——树早已被砍伐光了。因而病死者有之，饿死者有之，街上不断听到哭泣声，掩埋尸体也不准出城。模范中心学校西南住户樊书坤，以拉人力车为生，困城时拉不成了，一家老少 4 口人吃的没有，最后煮皮带等东西吃，结果全家除一个 5 岁的小孩外，皆被饿死。

我的同学姬彦卿，住邓拐街，家有老少 6 口，他在困城的情况下，吃烧皆无，被逼得自杀身亡，他父母也相继饿死。

吃的没有，烧的也成问题。困城几个月，城中百姓万余人，一天得两三万斤柴，往哪里找柴？拾没处拾，又不准出城，敌军可以到城外砍树伐木，百姓得自想办法。无奈，只有把窗户、床、家具、书籍等毁去烧掉，一家人只能睡在地上。

可敌军情况就不一样了。他们吃的是军粮，烧的是老百姓的房料、远村砍伐的树木。中、后期，蒋介石天天派两三架飞机给他们空投武器弹药、大米、饼干和罐头。空投地点多在城西北大操场、东北角空地，东南大坑边、西南空地等。空投后，敌兵蜂拥而至，或扛或抬，送往旅部，再分到各团转发各连。老百姓是不能随便去取的。当时旅部规定：空投物资，必须上交，有匿藏不交者，一经查出，按军法处理。因而百姓一粒大米也吃不成，形成“敌军粮食满囤，百姓粒米皆无”的局面。

空投给群众带来了巨大的灾难。大米包（每包 50 斤，麻袋双层装）从天空投下来是一片，群众没见过，怪稀罕，不由得要去看看，初下来看着很慢，一点点儿，及至下空，“呼”地一声，如砸住你，跑也跑不了。空投虽有地点，但飞机往往投得不准，有时你在屋里，也会落在房顶上，即使是瓦房也会被砸透，不幸时或许落在你头上。据查，全城群众被砸伤的十数人，砸死的数人。我在东后街亲眼见到一位妇女在街边站，正好奇地看空投的米包，结果米包恰好砸到她头上，顿时死去。

敌军吃的靠空投，烧的不能运来。困城中后期，他们第二次（第一次为修鹿砦）到城外更远的村庄砍伐树木，如城东的白庙、五里庙北边的三里庙、卢庄、英张、许洼、小陈庄、小李庄，沙河南的大南关、杨冢、毛庄、宁庄、大吴庄、西河等。但他们仍不敢随便去，先化装到城外远村探听情况，看有没有解放军。他们更不敢独行，驱使群众走前面或与群众并行。树木砍伐了，迫使群众或抬或背运回。因此，城外5里地以内的村庄，都变得光秃秃的，再也找不到树木了。

（十）向蒋谎报战绩 无耻树碑立传

我军几次攻打郾城之后，即挥师南下，配合刘邓大军作战去了。

十三旅自以为守城有功，恬不知耻，弹冠相庆，开会庆祝，并向蒋介石谎报战绩。为了纪念这一“胜利”，张杰于1948年2月下旬在城内西北角岳飞庙西邻建一座墓，前立有高2米、宽0.8米纪念碑，上面竖行镌刻着碑文。

碑文先叙述了守城将士战斗的时间，奋不顾身的战斗情况、功绩，接着写出了为党国捐躯将士的姓名、籍贯和死难人数。计战斗死亡的有30人，因空投而被砸死的有22人，共52人。

（十一）仓皇窜往汴梁 被我军击溃逃散

1948年春，解放战争进入战略反攻阶段，蒋介石虽节节败退，但仍作垂死挣扎，为死守开封，即调困守在郾城的十三旅到开封，妄想顽抗到底。十三旅一到开封，即被我大军击溃，残部由张杰带领退守龙亭。这时张杰已成瓮中之鳖，欲战不能，待援无望，旋被消灭。张杰化装成炊事员逃跑。抗美援朝（1950—1953年）时期，他隐姓埋名混进中国人民志愿军，转业后到湖北原籍×处仓库工作。肃反时被人揭发，同伪郾城县长邓振华一起押回郾城，邓执行枪决，张杰因系少将，被省人民政府送劳改处进行劳改。在即将释放的前一个月，因脑溢血死去，从而结束了他的一生。

后 记

（一）关于我军攻打北关、东关的部队和时间问题，现录有关材料供参考。

1.“1948 年 1 月，二野四纵受命南进，三野三纵进驻漯河，在郾城东关、北关发起两次攻城战斗，未克，遂麾军南下，郾漯一带形成‘拉锯’局面。”《郾城文史资料 · 郾漯解放的经过》(第三期)

2.“1948 年 1 月，华东三野三纵队，北关、东关两次战役牺牲百余人，此后离去。”（新《郾城县志》）

（二）关于交警队的前身及驻郾的部分。

“交警队，是蒋介石的一支特务武装部队。它的前身是军统局设立的别动军。日本投降后，别动军扩充，改名为交警总队，全国共建立 18 个总队，总局设南京。原别动军第六纵队与第一纵队在漯河合并，改编为交警第五总队。总队长为少将，大队长是上校，余类推。”《漯河文史资料 · 漯河市民国年间军政大事纪略》（四期）。“1947 年 11 月，国民党十三旅 7000 余人和十七交通警察总队 1000 余人抵漯布防。”(《漯河地方志通讯 · 漯河志大事记》第 3 页）

（三）关于十三旅人员编制的问题。

国民党军队人员，有“吃空名”习惯，当官的可以造假名上报，多领饷，不算犯法。例如，一个步兵连，按编制 160 人，但也可能只有 130 人，如报有 160 人，仍可领 160 人的饷，吃 30 个人的空名。我在模范中心学校时看见驻扎的一连步兵，他们站队时我仔细观察过，一连三列纵队，每纵队前为排长，扛着轻机关枪，其余为步枪，连长带手枪，共 121 人（余下文书上士 1 人留守，除外）。

选自 1998 年《漯河文史资料》第七辑

解放战争时期
舞阳县国民党反动势力的垂死挣扎

胡德周

1947 年 7 月，全国解放战争开始进入反攻。为配合西北野战军和挺进中原主力作战，8 月下旬，陈（赓）谢（富治）兵团由晋南强渡黄河开辟豫西根据地。12 月 17 日，四纵二十二旅攻克舞阳县城。在此前后，国民党舞阳县统治阶级及其反动武装，竭力进行反革命武装反抗和垂死挣扎，活动十分猖獗。他们根据当时舞阳党组织薄弱、干部力量不足的历史状况，疯狂进行反革命破坏，扰乱社会秩序，袭击人民政府，杀害革命人员及人民群众。据不完全统计，以国民党舞阳县自卫总队为主的反动武装，共袭击区人民政府达七次之多，袭击乡村政权不下百余次，杀害革命人员 300 余名，群众 500 余名，拉走群众牲畜 300 多头，抢劫、奸淫人数无法可计，对党和人民造成了很大的危害。

在剿灭土匪、开辟舞阳党组织的工作过程中，中国人民解放军和群众革命武装在共产党的领导下，经过了多次清剿与激战。从 1947 年 12 月至 1949 年春，先后由陈赓兵团的十旅、十一旅、十三旅及九纵队的部分武装战斗在这里打响，建立和巩固了这一地区党的组织和民主政权。到 1948 年秋，开始采取以政治瓦解为主、配合军事的政治工作在全县掀起，至年底，活动在舞阳县的反动势力及游杂武装被彻底瓦解，只有零星匪徒潜伏于边境地带。

一、舞阳解放前期国民党反动组织的活动与瓦解

早在 1945 年 10 月间，活动于舞阳县南部的新四军五师部队和中共

舞阳县委、县政府及工作人员，转移离开舞阳，从此，舞阳县党组织的活动中断两年多。国民党舞阳县地方党政军各机构官吏与爪牙趁机纷纷回县，继续进行反革命活动。国民党五战区司令长官部从漯河派政工员董公敢到舞阳组织军政处、县政府、县党部、三青团，负责开展清查共产党和新四军留守疏散人员的“清乡”活动，疯狂搜捕党的工作人员及革命群众。

盘踞在舞阳的地方武装，原日伪军、皇协军等都变为国民党反动武装。曾经两次被蒋介石及其中央军事委员会“招安加封”为暂编七十五师的关震亚、尚振华师[①]（活动在北舞渡地区）及国民党舞阳县保安团等武装势力，在抗战胜利不久即分化为三部分：一部分为县党部干事长胡灿宇控制的保安团指挥部，下有县长高宗襄为首的国民兵团、卢宏宇保安团、闫升堂的特务大队；一部分是禹升联的中央别动军纵队；一部分是关震亚、尚振华的七十五师。

1946 年 9 月，国民党舞阳县又成立了新任县长郭博宜为指挥的县自卫总队。辖有常备队训练大队等三个大队，这个自卫总队自 1947 年 5 月起相继由朱绍云、禹升联控制，与 1947 年元月尚振华在舞阳北部成立的襄、舞、郾三县边区指挥部南北呼应，直到 1948 年 4 月尚振华、禹升联被彻底摧垮。

1947 年 8 月陈谢兵团进入河南以后，国民党省保安司令部严令各县组织防共联合武装，实行“坚壁清野”。指明县长为自卫队总队长，要求“城存与存、城亡与亡”。舞阳县国民党统治阶层也慌忙建立临时组织推行种种措施，加强各区乡镇的武装力量与联络。

国民党县政府先于 1947 年夏组织成立了城防建修委员会，由地方封建士绅头子孙孟山任主任委员。各机关主要头目等要员参加，乡镇成立分会；指定专人负责各城门的修建，城墙加宽加高，城壕加深加宽。

① 关震亚部在 1944 年日军侵占舞阳后为许昌绥靖公署新编第一师，又是襄、舞、叶、许、临、郾六县的军事指挥官。1945 年 4 月被蒋介石秘密委以暂编七十五师师长。抗战胜利后，刘峙的第五战区司令部由老河口进驻漯河后，关震亚先后于 9 月、10 月重被蒋介石及其军事委员会“加封”为该师师长，归刘峙指挥。副师长尚振华。关尚二人统治着舞阳的大部武装力量，人枪达 50000 多。

全县征用民工5000多人，向民间征派砖块40万块石灰2万多斤。东西城门刚刚修起，南北城门却未动工，县城即告解放。9月，又组织各乡镇代表会主席和参议员选举成立了30多人的地方自治协进会，国民党县教育馆长王海楼任主任委员。这个协进会的职能与目的是协助县政府推行民主宪政，加强自身的团结和力量。

为了在全县全面组织起防共网络，舞阳县国民党统治者在各乡村疯狂搜集民枪，组织武装，抢修城垣、碉堡及中心寨，组织中心寨守护队，各乡普遍成立了刀矛队。从北至南把全县划分为三个防剿区，委派主任，成立机动大队，妄图强迫各乡村民把牲畜、民户粮食等物资完全集中于中心寨，彻底实施"坚壁清野"。其主要武装分布为：舞阳北部北舞渡一带即澧河以北地区为三县指挥官尚振华所据守。县长朱绍云直接指挥县自卫总队及警察局武装和三个防剿区属各乡加强中队，据守县城，以三里河以南地区为防管区。

第一联防指挥部设北舞渡，指挥官（联防主任）尚振华，辖定陵、樊陵、潸和、三民等乡镇。第二联防指挥部设孟寨，指挥官孟琢如，辖孟寨、和合、澧泉、吴城等乡镇。第三联防指挥部设城南关，指挥官李子贞，辖尚武、詹山、大同、城厢等乡镇。这些反动势力在各乡村层层建立武装，经常以查户口、严密保甲等事宜诬蔑共产党，欺压群众。

国民党舞阳县党部机构早已名存实亡失去了领导作用。从1945年8月日军投降后，党部仅负责地方调查死难的人数及财产的损失等项事务。自1946年到1947年上半年，上级党部三令五申指示要与县城共存亡，竭力健全下层组织强迫吸收农民、工人、妇女入党，要求达到每保一个区分部。但由于其自身的腐朽，广大群众已对国民党完全失掉了信心，没有人肯参加，各区党部也因权力之争和经费困难而四分五散。

1947年11月4日，叶县被陈谢兵团解放，国民党舞阳县党、政、军人员开始乱作一团，准备由郾城漯河乘铁路南逃，把一些物资和档案卷宗运往县城东北的九街乡间。12月10日，县长朱绍云接到国民党省府令让其成立所谓"戡乱动员委员会"，指定由参议会议长任主任委员，地方党团、士绅和武装势力成员组成，集中全县军政力量，加强统一，挽救局面。朱绍云急忙找到参议长王海楼商量对策，可这时王海楼与县党部书记王仿愚正要起身逃离舞阳，13 日即到了郑州。其他各主要人员都相继逃离了县城，只好临时推举党部宣传委员李春晖负责筹备，但终未结果。12 月 13 日陈谢兵团配合陈（毅）粟（裕）大军平汉路破击战开始后，派驻县城不久的国民党六十六军十三旅也很快退守郾城县城。

在舞阳县城将要解放前夕，县长朱绍云带领保安团长卢宏宇和孟宪生、李振宇、李子厚、吴锡九等武装人员逃至东南方向舞边区安寨曹集一带，在解放军跟踪追剿下溃为二股，朱绍云随警察局长李振宇由西平义封、油坊张逃往郾城，企图与国民党省政府联络。在解放军到达县城时，守在这里的自卫总队武装人员仅于北门放了一阵子空枪后即仓皇南逃。

卢宏宇率残部窜入舞阳南部山区隐蔽，1947 年农历腊月初窜扰县城，到处杀人掳掠，旋即被解放军追击，向北逃窜，妄图与尚振华部合流。到姜店一带被包围击溃，中队长李义恩被抓获。孟庆浩、孟庆若二匪率部潜伏到县境东北；吴锡九北溃与尚振华合流，被编为大队长。卢宏宇、卢子久潜伏南山地区，后因解放军追剿无法活动，将残余交给赵祥卿率领，赵与夏金才、刘位勋二匪合流，暗地活动。卢宏宇逃往驻马店。

襄、舞、郾三县指挥部的尚振华部据守襄舞边区负隅顽抗，经解放军二次追剿，全部溃散，吴锡九逃往驻马店，尚振华化装逃往开封。

二、县城解放后反动势力的猖狂进攻与瓦解

舞阳县城解放以后，陈谢兵团十一旅炮兵大队副政委郑津任舞阳县人民民主政府县长。开始在舞阳地区进行党的组织建设，发展革命力量剿灭反动武装。当时的舞阳县完全是处于游击环境之中，敌我之间形成拉锯状态，斗争非常尖锐。县政府只有饲养员、警卫员各一人。另由十一旅各连抽调 90 余人组成县武装大队，力量薄弱，武器装备不完善，干部极其缺乏，在农村几乎没有占领阵地，大部分村级政权仍被地主恶霸所掌握，群众没有被广泛发动。从 1948 年 2 月中共舞阳县委成立以后，县委、县政府在中共豫陕鄂七地委、七专署、七分区的领导下，依

托南山武功、尹集、八台一带向北开展，以“占领山区，巩固阵地逐步前进”为主要工作方针，到 1948 年 8 月，这种敌我争夺的动荡局面才基本结束。县政府先后在武功接官厅、柏庄、卸甲店、官庄办公。

在复杂的剿匪斗争中，于舞阳解放前夕就活动在舞阳南部地区的十一旅三十三团部队一营、三营，在团长崔政三的率领下，协助县大队及其他部队，剿灭大量土匪建立了基层政权。在武功以指导员杜俊德为首的工作队，开展以发动群众、团结群众为试点的工作，镇压了作恶多端的地痞流氓董毛等恶霸。到 1949 年 3 月上旬渡江南下为止，他们同在西、遂、方、叶等地开辟工作的该团主力一起，在敌人主力不断骚扰、地方土匪武装和地霸不断夹击的情况下，坚持了斗争，为剿灭这一地区的反动武装势力做了大量工作。

1948 年元月，被赶出舞阳县境的国民党县长朱绍云由漯河潜入县东北地区及吴城以南所属油坊张一带活动，勾结留县残余，组织武装；召见吴城镇长朱毓秀，令其联络各保甲人员，建立保甲政权，并委吴肖卿为绥靖大队长，收容附近股匪。农历正月初，吴锡九由驻马店潜回，二吴合流，改称机动大队。此间国民党十一师进犯舞阳时，吴锡九充当向导，经吴城一带窜进县城，随即被解放军击退。吴锡九携枪隐蔽。朱绍云在舞阳无法藏身，从此逃往驻马店、信阳地区不再回舞。

残留在县境内的匪徒各踞一方，吴锡九、吴肖卿潜踞吴城一带；冻春轩、孟庆浩、魏焕亭踞县东北九街一带；夏金才、赵祥卿踞南山地区。他们猖狂至极，肆意抢劫烧杀奸淫掳掠，先后数次偷袭人民区乡政府，杀害干部战士及革命群众。仅夏金才一伙 1949 年 9 月被捉住止，共残杀人命 500 余。夏亲手杀害过 42 人，应为贺、夏茂德杀害 20 余人。其手段毒辣惨绝人寰。

1948 年农历正月初九，吴锡九、吴肖卿、王文娜率 50 余人，利用吴城区队副队长李权正为内应，袭击吴城区人民政府。区队长李均全、村长李生等五人和李均全家属全部被杀，李权正率 40 余人枪投吴，被委以中队长，从此他们更为嚣张。3 月 22 日，又同国民党十一师、西平吕建坤突击团包围吴城附近我方征粮队，匪首吴肖卿拉走解放军战士一名，交吕建坤，公粮被抢。

1948 年 3 月 25 日，解放军进击吴城，围击匪首，吴锡九被抓获，其残余分崩离析。

3 月中下旬，尚振华潜回舞阳东北地区。4 月初，禹升联带着国民党省政府委任状，改名夏焕亭，与秘书李合亭化装为群众，手推土车到九街河口找到尚振华，禹升联被委为舞阳县长，尚振华为自卫总队长。禹、尚二人策动地方军政人员重新组织武装，建立武装大队。冻春轩为第一大队长，孟庆浩为第二大队长，赵光耀为第三大队长等。另委朱敏秀、李维周、李珠秀、何玉先、郭元顺、郭殿卿等分别为乡长，以李卓甫为首、以河口为重点建立情报总站，组织各乡、保甲情报网，他们以澧河为屏障，在夹河一带勾结郾、舞、叶反动武装。4 月下旬，在禹、尚二人指挥下，冻春轩率史书礼、董德川、张皮脸、史相云、田容斋、王友堂、魏焕亭、魏木子、胡顺、赵元顺、董子厚、王庆一等共有 200 余人武装，从康渡渡河配合刘玉山、万书芳、郭元顺等从鹿店渡河，先后两次袭击沙北县北舞渡区政府，停留五天，杀村干约 10 人、群众 50 余人，逮捕百余人，拉走牲畜百余头。25 日，禹、尚在大新店、李湾召集人员准备反捕，被解放军围击溃逃。26 日，冻春轩勾结敌十一师便衣团窜到古城活动，探听消息，27 日被击溃。此后，冻春轩在县东北一带，吴肖卿在吴城一带，夏金才、赵祥卿在南山地区各自潜踞。

同月，沙北县大张区政府（11 月与北舞渡区划归舞阳）遭到国民党十一师 300 余人的袭击，中队长卜庆祥、指导员李顺，战士张丙申、张庆华、郭金榜、李迎春、张黑子、张玉坤、李小毛，区干部张子长光荣牺牲。

早已活动在舞阳南部地区的夏金才匪众，从国民党保安团于 1947 年 11 月至 12 月间被打散后，夏金才带 20 余人逃跑后纠集到百余人。这股土匪常常利用复杂的地形和群众不敢揭发为契机，夜聚明散，在遂平、西平、舞阳的边境地区与解放军周旋。1948 年 4 月 16 日，匪首夏金才、夏金玉得匪徒尹套、尹永安等人的密报，连夜从灯台架出发，偷袭尹集区公所，打死区分队长谢全，队员白发清、王坤荣、徐心发、乔田及三十三团队员毛孩、李全正等7人，区长李文普脱险。6月间，在遂平庙尔岗被围击，未散，后三十三团给了他们致命打击，余20多人逃散。夏金才以西平大老财于全珍为靠山，以瓦寨为巢，潜伏于灯台架、大栗树一带，9月初又被敌十一师及新三师编为一部。1948年10月下旬，县大队配合豫西二分区部追歼夏部，在石灰窑一带，打死中队长袁恒德以下4名，俘7名，遂将逃跑之敌追击到沙河店一带。

三、国民党舞阳县反动人员的垂死挣扎

1948年6月初，豫陕鄂七地委、七专署、七分区改为豫西二地委、二专署、二分区。根据二地委指示，舞阳县的剿匪工作开始由单一的军事进攻转变为结合政治宣传而开展。8月，全县政治宣传全面展开，仅当月，全县开大小宣传会1200余次，参加群众25万余人，写墙皮标语16450条，演剧13次，出黑板报281块。群众的革命觉悟得到广泛提高，全县掀起了轰轰烈烈的剿匪、揭匪、劝匪运动。在强大政治攻势及有力的军事剿灭环境中，活动在县境内的股匪势力全部被瓦解，只有零星的散匪潜踞活动。然而，潜逃于外地的国民党舞阳县反动军政人员仍不死心，继续垂死挣扎，妄图重返乡里，并丧心病狂地指使其爪牙破坏与进攻人民政权，杀害革命干部。

同年7月间，禹升联、尚振华逃到汉口，早已潜逃这里的国民党舞阳县原党政军各机构大员、地方士绅等30多人，在孙孟山、刘馨吾、焦景青的发起组织下，为禹、尚二人举行了所谓的欢迎宴会，王仿思、刘馨吾积极发言，对他们在县里反抗解放军表示慰问，众人一致要求其以更大的决心早日还乡，继续反共。同时，要求禹升联县长给大伙发放身份证，以便在汉口安身，为将来还乡做准备。

8月初，国民党河南省主席、绥靖主任张轸在信阳召集所属各县头面人物，召开总体战备会，要求军事、政治、经济配合一体，对付解放军，并嘱实权交县长一人统揽，会期8天。舞阳禹升联、尚振华、王海楼等参加。随后，张轸以省主席名义扩充力量，成立第五绥靖区第四保

安旅，9 月事成。省高参鲍汝礼为旅长，禹升联为副旅长，尚振华为第八团长。委鲍汝礼为遂平县长、李树芬为舞阳县长，人枪以遂平、舞阳的自卫队为主，分头点编，土匪赵祥卿被尚振华编为八团二营长。这些反动武装以驻马店、界牌为巢据地，活动于西、遂边境，直到年底被解放军击溃。此间，国民党十一师曾在漯、西之间，五十八师在西、遂之间，十师在遂平、驻马店之间活动，与鲍尚等相呼应，原留在舞阳境内的残匪先后被吸引到尚振华那里，成了他们的靠山，冻春轩、夏金才等更加猖狂地进行反革命活动。

1948 年 9 月 12 日晚，冻春轩率匪众由黑龙庙出发，经大宋庄渡河至殷庄，袭击我十一区政府，区长李文普、副区长张福新等 7 人被俘，冻春轩将正副区长送西平师灵尚匪部，其余 5 人被活埋，将财物抢劫一空后窜至胡岗。

农历八月十五日，在禹升联、尚振华指使下，夏金才、孟庆浩、魏焕亭等率匪部又袭击吴城区政府，失败后逃到河口、胡岗、九街、魏岗等地隐蔽，不久被解放军围剿，四处逃散。

这些反动土匪武装倚仗其主子，时不时窜回县境进行破坏，妄想着有朝一日重返乡里再掌天下，以王仿愚、王海楼、焦景青、尚振华、李树芬为首的国民党舞阳党政头目，在外惶惶不可终日，临近末日还垂死挣扎。12 月，他们纠集逃亡驻马店的反动分子王仙衢以商民名义，伙同李子厚、李蕴文、宗世绅、孟宪若、解青宇、臧宇安等举行所谓宴会，商量设法组织回县收复失地。

但他们的反动企图终将不能得逞。1948 年 9 月，中共豫西二地委、二专署、二分区由方城独树迁到舞阳县境后，中共舞阳县委、县人民政府遵照二地委指示，更加广泛深入地加强政治攻势，发动人民群众、扩大和发展武装力量，剿灭土匪。到同年 11 月 12 日，地委、专署、分区机关及县委、县政府人员进驻舞阳县城后①，先后建立健全了县区乡各

① 在进驻县城之前，为开辟税源，加强城内工商管理，5 月 16 日，县政府决定在城内设立一税务机关——事务所。由县大队从六区派一个班任警戒，但因敌人骚扰，不能正常开展，工作时断时续。

级政权机关，除13个区政权外，公安局、工商局、邮政等政府的职能部门相继建立。干部发展到22人，全县开始了全面的正规化工作，城市管理及商业、工业、金融、教育等行业得到了恢复发展。县委、县政府遵照二地委关于新收复区、边沿区工作的有关指示精神，在着重抓好剿匪、开展政治攻势的同时，团结争取和保护了各方面有识之士，知识分子纷纷回县，一些士坤、地主、商人及匪属都向党靠拢过来，全县社会秩序、政治形势一片大好，从11月16日县城482户商户全部开门营业，仅当月增加74户，到次年元月中旬，发展到829户。政府还积极向贫民及工商业、运输行业等贷款767900元，得到了群众的极大信赖与欢迎。各行各业的人们踊跃缴纳支前物资，到12月下旬，全县建起了5个粮食储备仓库，共储各类粮食1845129.5斤、柴草881338斤。

全县相继建立村立完小85处，初小112个，县城县中一座，完小三个、初小四个，共有学生18725名。

从1947年12月到1948年底，党的武装力量得到迅速发展，县武装大队由开始的94人一个连，发展到两个连。全县区队、大队到12月20日成立大队机关时，人员发展到827人，党员有70人。

面对这样的形势，逃跑在外的国民党舞阳县各种反动分子，实感无力挽回他们的败局，也深深认识到了人民政权的巨大威力，在党的正确政策的感召下，大部纷纷回县登记自首。原舞阳县国民兵团团长张哲超等也于1948年11月24日自动回县登记，交了枪支。残留在外的反动人员也随着全国解放战争的不断胜利和中华人民共和国的成立，落入法网。

本文资料来源：

县公安局敌伪卷宗

346卷　宗士绅回忆1947—1948年舞阳的形势

340卷　王仿愚口供

372卷　舞阳解放前后反动势力的活动与转变情形

430 卷　　陈立人回忆材料

县法院卷宗

442 卷　　关震亚口供

104 卷　　王海楼口供

县党史办 B23 卷　　　尚振华自传

另外，作者还查阅了县档案馆 1948—1949 年县委、县政府永久、长期卷，共参考 59 卷。

选自 1993 年《漯河文史资料》第五辑

北舞渡解放始末

田全德[①]

北舞渡是舞阳县北部重镇，解放前关震亚、尚振华长期盘踞此镇，建立反动武装，向人民派粮派款，抓丁拉夫，欺压人民，镇压人民的反抗。开始他们是国民党的地方武装，1944 年春，日寇侵占舞阳后，他们投降日寇，其反动武装变成了皇协军绥靖第一师，关震亚任师长，尚振华任副师长。日寇投降后，他们摇身一变，又成了国民党陆军暂编第七十五师，仍由关、尚分别任正副师长。1947 年秋，为了抵抗人民解放军，舞阳县自卫总队将全县划分为三个联防区。第三联防区指挥部设在北舞渡，指挥官尚振华，辖定陵、三民、樊陵三个乡镇，指挥部设自卫中队，各乡镇成立加强中队。

尚振华为了更顽固地与人民为敌，1947 年 9 月赴省会开封活动，国民党河南省政府主席兼保安司令刘茂恩委任尚振华为郾、舞、襄边区联防指挥官，郾城王兆林、襄县刘凤基为副指挥官。尚振华遂将县第三联防指挥部之自卫队，改编成三县边区联防指挥部特务第一中队；又从各乡镇抽调一部分人、枪编为特务第二中队，将三个乡镇的加强中队编为第一大队的一、二、三中队，把北舞渡警察分局编为第四中队。第一大队大队长刘玉山。当时国民党军某部教导队驻北舞渡一个支队 200 余人，支队长张振邦与尚振华合流，被编为第二大队。尚振华共有匪徒约 700 余人。

为了抵抗人民解放军的进攻，尚振华除加强其反动武装力量外，还强迫农民带干粮加高加固北舞渡寨墙，并在群众中实行“五户连坐”，

① 田全德，舞阳县人，1931 年生，1949 年参加工作，曾任中共舞阳县委办公室主任、县人大常委会主任。

五户中发现“嫌疑分子”而未报告者，株连同罪。他们到处设卡，在北舞渡各个寨门设岗，盘查行人，凡他们认为是“嫌疑分子”的，就抓去严刑拷打，甚至杀害。张文英曾任过尚振华皇协军营长，因北舞渡发现革命标语，尚振华认为张文英等十余人可疑，将其全部枪杀并活埋于北舞渡南地。张文英之妻向尚振华哭诉为张文英求饶，也被尚振华枪杀。尚振华匪部在九街渡口查扣七名“嫌疑分子”，押送至北舞渡，尚振华令其卫士队将他们活埋于沙河滩内。另外，被尚振华匪部以“嫌疑分子”“八路军探子”为名枪杀、活埋者不在少数。

尚振华匪部恶贯满盈、罄竹难书，群众恨之入骨，所以，不管尚振华修多高多固的寨墙，不管他怎样加强其反动武装，也不管他如何疯狂镇压人民，都逃脱不了灭亡的命运。

1947 年农历十一月初三（公历 12 月 14 日），解放军第一次解放北舞渡。当天，尚振华得知解放军到来，即命第二大队掩护其逃窜，在穿心阁处与解放军相遇，稍作抵抗即南逃沟陈、邵店、刘集一带，然后又转逃至北舞渡西老岗李潜伏。

1947 年农历十一月十三日（公历 12 月 24 日），解放军撤离北舞渡，尚振华又率匪徒回北舞渡，一方面整顿匪众，一方面商讨扩编匪徒队伍，搜编民枪，继续顽抗。

1947 年农历十一月二十八日（公历 1948 年 1 月 8 日），解放军第二次进攻北舞渡。当时尚振华的兵力布置是：把武器最好的第二大队，放在北舞渡东门外郑庄，以便里外策应。特务第二中队布置在北舞渡西胡庄，第一大队第一中队布置在河北街，特务第一中队一部及第一大队二、三、四中队在北舞渡寨内守寨，特务第一中队之另一部分便衣队、卫士队随尚振华逃往李吉村，控制渡口，企图北逃。守寨之敌由参谋主任张哲超指挥。

1948 年 1 月 8 日早晨，解放军首先围歼尚匪第二大队，战斗不及十分钟，就把该部全部歼灭，大队长张振邦被击毙。接着，我军又攻打北舞渡寨，守寨之敌听到枪声乱作一团，溃不成军，有的弃械逃走，大部分被歼。河北街之敌也被解放军渡河歼灭，张哲超率残部出寨西逃。慌乱中听说尚振华逃到老岗李，张哲超即率残敌逃往老岗李中心寨，而尚振华不在老岗李，仍在李吉。张哲超到老岗李立足未稳，解放军即冒雾追到。张哲超看匪徒一片混乱，无作战能力，即令缴械。他本人藏于农民的红薯窖内。解放军把敌消灭后，返回北舞渡。张哲超于次日化装逃到姜店乡塘河村，稍停后即逃往汉口。尚振华得知其匪徒被消灭，遂将所带之敌遣散，只身逃往开封。至此，北舞渡之敌被全部消灭，北舞渡宣告解放。

选自 1998 年《漯河文史资料》第七辑

郾城的四次解放和八次战斗

孟凡坤[①]

郾城——这个历史名城，在豫中平原有着很高的战略地位，是历代兵家必争之地。正因为这样，在天翻地覆的人民解放战争中，在郾城人民期盼解放、将要翻身的道路上，却显得曲曲折折、坎坎坷坷……中国共产党和他领导的人民子弟兵，为了郾城的解放经历了四次重大反复，付出了不小的代价。这既显示了国民党反动派的垂死挣扎之心，也显示出郾城人民在共产党领导下的对敌斗争是“魔高一尺，道高一丈”的格局。尽管郾城经历了四次解放之艰辛，这充分说明了，正义终究要战胜邪恶，新生终究要战胜腐朽，光明终究要取代黑暗，人民一定能取得胜利。

就在人民解放战争进入关键的时刻，中国共产党为夺取革命的彻底胜利，把革命进行到底，实现挺进大别山、夺取中原的战略计划，作出了由刘伯承、邓小平、陈毅、粟裕、陈赓、谢富治牵制歼灭国民党南线之敌的方略，东由华东野战军、西由西北野战军从两翼钳制，构成“布袋”之势，全线推进，使国民党南线160多个旅的兵力全部处于挨打的布阵之中。处在中原之中的郾城自然而然地就成了战略上的要冲。

1947年9月初，由陈赓、谢富治率领的晋冀鲁豫野战军太岳兵团的两个纵队和一军，在晋南和豫北交界处强渡黄河，向豫西地区挺进。9月7日，由陈毅、粟裕率领的华东野战军主力由东侧挺进豫皖苏地区。为了迎接陈谢大军的到来，早日解放郾城，郾城党组织派出党小组组织委员王绍曾前往联络大军。8月底至9月初，陈谢大军解放灵宝后，王绍曾与陈谢大军二野四纵政治部主任刘有光接上了头。按照指示，王绍

① 孟凡坤，河南省郾城县人，生于1958年。曾任《青海日报》记者、中共郾城县委对台办主任，县政协第二、第三届委员。

曾把郾城党小组改为郾城特别支部，归四纵直接指挥，并做好迎接解放郾城的一切准备。这样一来，郾城地下党和部队接上了关系，郾城的解放事业就有了方向和依靠。为了夺取郾城这个战略要地，尽早解放苦难中的郾城人民，人民解放军各路部队经历了千辛万苦，付出了不小代价，进行了八次较大规模的战斗。

第一次战斗发生于 1947 年 12 月 18 日。陈赓、谢富治兵团四纵十旅奉命开进平汉铁路临颍至漯河地段，开展全线攻击战，解放了郑州、许昌、漯河、驻马店等沿线城市 20 多座，歼敌 4.5 万人。在取得重大突破后，根据郾城侦察到的敌军在郾城、漯河的布防情况，果断采取了先克漯河再攻郾城的战斗部署。

当时，驻守郾城的守敌为国民党第六十九师十三旅，7000 余人，加上第十七交警总队所属两个大队 1000 余人，地方保安团数百人，共计兵力 8000 余人。其布防情况是：十三旅驻守漯河寨内和郾城县城，交警队防守郾城火车站，保安团警戒于火车站以西的马路街一带。

12 月 18 日午后，驻扎在大新店一带的三十团挺进到了郾城外围，监控了十三旅及交警队，掩护二十八、二十九两个团渡过沙河，直插漯河。19 日凌晨，部队从南东两个方向逼近漯河市区，形成“口袋”之势后，二十八团点燃了 100 多公斤的炸药包，炸开了南寨门，解放军冒着滚滚浓烟冲进寨内。二十九团从东侧进攻，攻占了火车站和商业区，仅用了两个多小时就解放了漯河。此次战役，掳敌兵 2800 多人，缴获军用汽车 200 辆、榴弹炮数 10 门、汽油 1 万余桶、胶鞋及棉鞋 60 万双等大批军用物资。此次战斗，解放军以“避实击虚”的战略，解放了漯河，围困住郾城守敌，使之陷于瘫痪状态。

第二次战斗发生于 1948 年 1 月。陈赓、谢富治兵团四纵十旅奉命转移，华东野战军三纵进驻漯河，建立了漯河警备司令部，任命皮定均为警备司令，同时建立了郾城县临时民主政府，机关暂设漯河镇，张申出任县长。此时驻守郾城的国民党十三旅及交警十七总队所属两个大队的 7000 余人进退维谷，弹尽粮绝，他们靠飞机投掷的一些弹药和粮食维持生命，并强拆民房、砍伐树木、抓丁拉夫、修筑工事等。惊慌失措的十三旅旅长张杰在一夜间命令部队把佩戴着的原部队番号“6608”颠倒为“8099”，可见他的惊恐之态。此时，华东野战军三纵对郾城东关、北关发起两次进攻。虽未攻克，但已使敌人慌乱不堪。接着，部队遵照毛主席关于“不以占领城市为主要目的，而以歼灭敌人有生力量为主”的作战方针，旋即撤离战场。2月上旬，国民党主力十一师进驻郾城与十三旅集结，准备西去解洛阳之围，使郾城一带又形成了敌我双方的拉锯状态。

第三次战斗是1948年4月9日，中原解放军某部攻占漯河，继而攻占郾城，这是郾城的第一次解放。为集中兵力歼灭其有生力量，解放军又主动撤离了郾城。

第四次战斗发生在1948年5月4日，中原解放军又攻占漯河，6日又占领郾城，这是郾城的第二次解放。

第五次战斗发生于1948年5月16日，郾商西县大队和水西支队在县委书记冯明高和副书记柴凯的指挥下，奋力捣毁了郾城东北的最后一个反动据点——河状寨，活捉了一贯与共产党为敌、罪恶累累的国民党下堤乡乡长、顽匪张彧如等，解放了郾城东部全境，开辟了漯河至周口、西华、商水的水陆交通线。

第六次战斗发生于1948年6月1日，华东野战军为配合宛东战役，阻击南援之敌，在郾城的西南小曹村与国民党整编第十八军十一师展开了一场激烈的战斗。

1948年5月下旬，刘邓大军主力组织了宛东战役，准备歼灭南阳东援之敌张轸兵团，华野部队则在漯河、郾城以南地区阻击驻扎在郾城的国民党王牌部队十一师南援。这场战斗就发生在距大刘店仅二里之遥的小曹村的阵地。十一师为夺得这个四周有丈余的寨墙水壕、村东南有柏树坟的有利阵地，推进部队南援，出动轻重机枪，装甲坦克，疯狂与我军争夺。华东野战军陈（士榘）唐（亮）兵团所属的某团（团长石一宸，政委王良思，参谋长方晓）把在小曹阻击敌人南下的任务交给了三营，方晓参谋长亲临三营指挥作战。

当第二阵敌军炮火隆隆作响时，敌兵的八辆坦克向小曹爬来，紧跟着是汽车装载的大批敌兵。坦克向我阵地越来越接近时，墙东南角阵地埋伏在战壕里的八连八班战士突然跳了出来，在乙级战斗英雄李华的带领下，匍匐到敌人坦克一二十米的地方，一排手榴弹扔了出去，在第一辆坦克四周爆炸，这辆坦克一头栽进了战壕里，长伸的炮筒插进泥土不动了。这时，八班两名战士爬上敌坦克活捉坦克里的敌人，紧跟在后的两辆坦克向着两战士猛烈射击，李华这位打坦克老英雄手掂加拿大手枪，急忙跳上头一辆坦克对准第二辆坦克的瞭望孔一梭子打出去，其他战士用手榴弹炸断了坦克的履带，这辆坦克立马休克了。跟上来的三辆坦克一见这阵势，连忙调头逃窜，在小曹东北阵地上扑过来的三辆坦克，也一辆不剩地被报销了。这场战斗从5月28日开始，到6月2日结束，共歼敌1000多人，俘获了许多战利品，阻止了敌人的南援行动。

第七次战斗发生在1948年6月3日，陈赓兵团九纵二十六旅在郾城西二十里的李湾村，与盘踞在这里的国民党方城、叶县、舞阳三县自卫总队激烈交战，俘获三县自卫队80%的兵力400余人，毙伤数十人，并生擒了三县自卫队总指挥刘某及叶县县长胡东才等匪首。此次战斗，铲除了国民党在郾城的所有散匪，为郾城的彻底解放扫清了道路，该部队于当日下午挥戈东进，第三次解放了郾城。

1948年6月中旬，国民党十一师又重返郾城进剿问十镇，企图吃掉新建立的民主政府，新县委根据形势撤离到舞阳西部。由于淮海战役国民党大败，十一师弃城而逃。国民党兵败如山倒，众多部队被困济南城，黄维兵团也被困在安徽宿县西南双堆集内，十一师企图向其靠拢，在离开漯河途中被解放军聚而歼之。到8月23日，郾城漯河结束了几经反复的“拉锯”局面，最后获得彻底解放。

郾城解放的道路十分曲折坎坷，比起其他兄弟县市走上解放的道路略长、时间略晚。但由于郾城所处战略地位之重要，在支持刘邓大军挺进大别山和陈毅、粟裕大军逐鹿中原的战斗中，中共郾城县委为我军提供了很多有价值的情报，使我军“知己知彼，百战百胜”，对击退国民党部队对中原解放区的进攻，对打倒蒋介石、解放全中国的伟大的渡江战役做出了不可磨灭的贡献！

选自2012年《漯河文史资料》第十九辑

漯河五次、郾城四次解放经过

李　辉[①]

1947年是解放战争的第二个年头。英勇无敌的中国人民解放军，在毛主席和中央军委的英明领导下，在华北、华东、西北战场向蒋家王朝发起了猛烈进攻。为了实现党中央和中央军委在大别山建立革命根据地，进而实现“经略中原”的战略目的，作了“两翼牵制，三军配合”的具体部署。两翼牵制是：华东解放军山东兵团在胶东地区把敌军引到渤海之滨；西北解放军出击榆林，把敌军拖向沙漠边缘。三军配合是：刘伯承、邓小平领导的中原解放军，陈赓、谢富治领导的陈谢兵团，陈毅、粟裕领导的华东解放军先后打入外线，扩大解放区，实施中间突破、互相配合、互为犄角、经略中原的伟大战略反攻计划。

在这一伟大战略计划的指导下，于1947年8月7日，刘邓大军向中原突击，实现了千里跃进、长驱挺进大别山区。至8月底，完成了在大别山开辟新解放区的任务，以秋风扫落叶之势横扫了中原地区国民党政权、地方上的保安团队、反动地主武装；同时又广泛发动群众，实行减租减息，得到广大人民的热烈拥护。大别山革命根据地东摄南京，西逼武汉，南制长江，北扼黄河，直接威胁着国民党统治的心腹地区和蒋介石政权的统治核心——南京。

三路大军形成了“品”字形阵势，纵横驰骋于江淮河汉之间，歼灭、调动和吸引了大批国民党军队，打乱了国民党军队的战略计划。国民党南线全部军队160多个旅中的90个旅，被中国人民解放军死死钉在中原，陷入了极端被动的困境，惶惶不可终日。这就为我军大量歼灭

① 李辉，1945年生，河南西华县人。1968年毕业于河南大学。曾任教师、编辑、郾城县广播电视局局长等。

敌人，收复失地，创立和扩大革命根据地创造了极为有利的条件。

正当刘邓大军创立大别山革命根据地的同时，陈粟、陈谢两军也向国民党军队发动了猛烈进攻。8月下旬，由陈赓、谢富治率领的陈谢兵团（又称晋冀鲁豫解放军太岳兵团）两个纵队和一个军，在晋南和豫西北交界处强渡黄河，向豫西地区挺进。9月7日，由陈毅、粟裕率领的华东野战军在粉碎了国民党的山东“重点进攻”之后，也跃马跨过陇海铁路，进至豫皖苏地区。

为了迎接陈谢大军的到来，早日解救出生活在“水、旱、黄、汤”中的郾漯地区的劳苦大众，郾城党组织翘首以盼，并为大军的到来做好了充分的准备。当时，郾城党组织驻大刘镇大陈村的崇义中学党小组组长王炜（又名王率南、王肇祥，镇平人），是当年春季奉豫皖苏军区的指示来郾城恢复和发展党组织的，他以教师的身份作掩护进入崇义中学开展革命工作。到了秋季，王炜同志的爱人董玮（又名杨开文，中共党员）也来到崇义中学，他们和原来在校的地下党员蔡永令（又名蔡大鹏、蔡寿鹏）、蔡百川（又名蔡松令）、张东白（又名东方白）、张智敏、张佩琴、张星光、张国鑫、张铸九、郁文、杨德山（西平人，曾任漯河中心县委书记）、贺剑秋（又名贺杰岑、贺子俊）等，于1946年间建立了中共郾城党小组，王炜任党小组长，鄂豫皖军区派来的王树德（又名王绍曾）任组织委员，蔡永令任军事委员。当陈谢大军挺进豫西的时候，郾城党小组即派王树德前往豫西进行联络。8月底至9月初，陈谢大军解放灵宝，王树德化装只身前往，与陈谢大军政治部主任刘有光接上了头，政治部指示王树德将郾城党小组改名为“郾城特别支部”，直接归四纵领导，并做好解放郾城的准备工作。

王树德回到郾城后，立即向郾城党小组作了汇报，郾城党小组即刻易名为“郾城特别支部（简称郾城特支）”。王炜任特支书记，王树德任组织委员，蔡永令任军事委员，董玮参加支委。郾城特支派王树德常驻漯河车站，通过郾城保安团中队长杨天祥、宁俊川等人了解敌人兵力及布防情况，搜集情报，以待解放大军到来作为内应。同时特支又派以张东白为组长，蔡百川、贺剑秋为组员的工作小组前往小曹学校教书，借以搜集敌方的政治、经济情报。

12月13日，华东野战军、陈谢兵团为配合大别山区刘邓大军粉碎敌人的重点清剿，发起了对平汉、陇海铁路的强大破击战。陈谢兵团十旅旅长周希汉、政委廖冠贤率部向临颍、郾城实施破击。十旅二十八团、二十九团、三十团到来后，迅速开展了破击铁路行动。广大官兵扒枕木、割电线、炸桥梁、打据点。至16日，已破击了漯河以北、临颍以南的铁路线50多华里，炸毁桥梁数座，割去沿路电线2000多斤。至30日，华东野战军及陈谢兵团已破击了平汉线上的郑州至信阳段、陇海线上的开封至郑州段上的全部铁路，同时歼敌45000多人。在进行破击作战的过程中，陈谢兵团十旅二十八团在团长赵华青、政委张明的指挥下，还对驻守郾城的国民党守军进行了一次牵制性攻击。当时，郾城及漯河守敌为国民党六十九师十三旅7000多人，第十七交警总队两个大队1000多人，还有地方保安团数百人。敌人的布防情况是：十三旅驻扎在郾城县城及漯河寨内，交警总队防守郾城车站，保安团防守车站以西马路街两侧的防线。根据敌人的布防，二十八团遂决定一营袭击郾城北关、三营对南关进行侦察性攻击。战斗于12月14日黄昏打响。战斗打响后，敌十三旅惊恐万状，唯恐被歼，除以少数兵力置于漯河外，其余兵力都龟缩至郾城，企图守城待援。我部一营在进攻北关时，遇到了敌人顽强的抵抗。双方进行了激烈的战斗，枪炮声不绝于耳，城墙上、寨壕边横七竖八躺着敌人的尸体。我方亦有很大伤亡，久攻不下，遂主动撤出了战斗。

在初战郾城、掌握敌情之后，我部决定先克漯河，再攻郾城。漯河地处中原腹地，是平汉铁路线上的重镇之一，也是著名的水旱码头和物资集散地，商业集中，交通便利，打下漯河，不仅能占据战略要地，还能及时为我军补充大批急需的军用物资。为了配合这次战斗，中共郾城特支遂派组织委员王树德奔走在郾城与漯河之间，了解敌情，搜集情报。在漯河牛行街居住的我地下党员李铁（又名李省三）、李令华（化名丁一、秋枫），打入保安团内部，和保安团中队长杨天祥、宁俊川（二人皆为空冢郭人）接上了头，进行策反活动。杨天祥、宁俊川二人由于受蔡永令的影响比较大，又经过王树德、李铁做工作，保安团虽然没有倒向我们一边，但促成了他们采取“不予抵抗，放开道路”的态度。

陈谢兵团十旅审时度势，果断采取了“明攻郾城，暗取漯河”的策略。于12月18日午后，令团长卢显杨、政委梁天喜率部由大新店出击，多路直奔郾城，给敌军造成我军强夺郾城的印象。又令二十八团、二十九团于同日夜，由大新店、十五里店附近出发，暗渡沙河，以迅雷不及掩耳之势包抄漯河。当时沙河河面结了厚冰，河面上可行牛车，大军过河无需乘船，“天时、地利、人和”皆我拥有。入夜，二十八团、二十九团同时到达沙河岸边，他们先在冰面上铺了层沙子，以防滑倒。夜空中，雪雾弥漫，能见度极低，我军神不知、鬼不觉地渡过了沙河。拂晓前，从东、南两个方向迫近郾城车站。由于保安团采取了“放开道路，不予抵抗”的合作态度，我军不费一枪一弹就将车站占领。二十八团一营在营长阚其普、教导员张字庆的率领下，一举攻进了牛行街。一名正在妓院鬼混的国民党上尉军官被我军抓获后，还以为是自己人错抓了他，说：“不要误会，不要误会，有话好说。兄弟们要钱花，请说个数，我这里有的是！”解放军战士听后厉声对他说：“睁开眼仔细看看，我们是谁！”当他看到“中国人民解放军”的胸章时，吓得立时跪到地上叩头哀求饶命。这时，一营突击连爆破组冲到南寨门，见寨门关得紧紧的，爆破组就点燃了100多公斤的炸药，“轰隆”一声巨响，南寨门被炸塌了，突击连的战士冒着滚滚浓烟，向寨内猛冲，寨内的敌人没一点反应，当我军冲进敌人的一个院子时，有一排的敌人还正在睡觉，当他们听到室外的枪响时才大梦初醒，惊慌失措的敌人像炸窝的蚂蚱一样乱钻乱拱，有的刚去拿枪支，有的还在提裤子，他们就是这样被我军一堆堆地活捉了。与此同时，二十九团在团长吴效敏、政委刘德裕的率领下，由我内应人员配合，首先占领了车站，继而占领了马路街等商业区。守卫漯河十三旅的部分残兵败将，连忙抱头鼠窜，仓皇渡过沙河西逃，和驻守在郾城十三旅的主力合兵一处，坚守郾城。这时天才发亮。

这次战斗，从拂晓前我军炸开南寨门开始算起，我军仅用了两个小时。据战后统计，我军仅阵亡2人、伤18人，却俘敌2400多人；缴获敌兵站军用物资计有汽车200多辆、榴弹炮弹一批、汽油万余桶；胶鞋、棉鞋60万双和其他大批军需物资。我军首次解放漯河告捷。

1948年1月，陈粟大军六纵进驻漯河并在漯河建立了郾城县临时政府和漯河警备司令部，张申任郾城县临时政府县长，皮定均任漯河警备司令。龟缩在郾城的敌十三旅进退维谷，垂死挣扎。在此期间，敌十三旅在城内拆去民房500多间，又拉夫筑城，企图苟延残喘，固守待援。十三旅尤怕解放军的运动战、游击战和夜战，为了开阔视野，制造“断带”悲剧，将环城四周五里之内的所有树木全部砍伐，形成“开阔区”，便于守防。我华野六纵在郾城北关、东关发起两次攻城战斗，均未克城，牺牲100多人。先烈的遗骨现在还埋葬在郾城烈士陵园，园内苍松翠柏，四季常青，园内的纪念碑上有朱德同志的亲笔题词：“人民英雄永垂不朽。”每到清明节，当地前来扫墓的人络绎不绝，缅怀先烈。华野六纵撤出战斗，遂挥师南下，配合刘邓大军作战。

2月，国民党的主力十一师南来，与十三旅同住郾漯地区。十一师军纪极坏，到处抢劫民财，骚扰百姓，群众中流传着“不怕日本人烧杀，就怕十一师驻扎”，可见十一师的劣迹了。在敌强我弱的情况下，中共郾城前敌特别支部采取了相应的对策：特支书记王炜及董玮、王树德、贺剑秋转移到鲁山一带活动，郾城县的革命斗争暂由留在本地的张东白、蔡永令同志负责。到了下旬，敌十三旅离开郾城，十一师也前去洛阳，郾漯一带遂成了“拉锯”局面。

4月9日，我豫陕鄂军区部队向漯河发动了进攻，再次解放了漯河，继而解放了郾城。为了集中兵力歼灭敌人的有生力量，我豫陕鄂军区部队又主动撤出，迅速转移。

5月4日，豫陕鄂军区部队三克漯河，旋又撤离，于6日再克郾城，并根据豫陕鄂七地委关于开辟郾漯工作的决定建立了中共郾城县委、郾城县人民政府。冯泰振同志任中共郾城县委书记兼县长，机关暂住舞阳县上澧河店一带（因当时冯是随部队流动的，没有固定住地）。

5月下旬，国民党十一师占领郾城、漯河，郾漯再陷敌手。

6 月 3 日，为配合华东野战军南下参加中原作战，我中原解放军九纵二十六旅在郾城西 20 里处李湾附近同国民党部队展开了激烈战斗。在旅长向守志、政委余洪远率领下，歼灭国民党方城、叶县、舞阳三县自卫总队官兵 500 余人，俘虏 400 余人、毙伤数十人，并活捉了三县自卫队指挥官刘某和叶县县长胡东才。我军乘胜追击，于当日下午收复郾城，守敌南逃，终于 4 日再克漯河。这是郾城的第三次解放、漯河的第四次解放。

8 月 23 日，我陈谢大军光复郾城、漯河地区。郾漯地区经过反复的“拉锯”，终于获得彻底的解放，结束了国民党反动派在这个地区的黑暗统治。郾漯大地人民欢呼同庆，载歌载舞，欢呼自己当家做了主人。

选自 1998 年《漯河文史资料》第七辑

陈赓兵团在漯河

刘西森[①]

1947年6月，解放战争已整整进行了一年，人民解放军歼灭国民党军112万人，迫使敌人由全面进攻转为重点进攻。党中央根据战局的发展，决定把战争引向蒋管区。刘邓、陈粟、陈谢三路大军根据党中央决定，挺进中原。8月22日夜至23日，陈赓、谢富治率八万大军渡过黄河天险，以破釜沉舟的决心和勇气实行战略展开，发动陇西战役，进击陕南，开辟豫陕鄂根据地，先后建立了包括舞阳、郾城在内的七个地委和专署。年底，陈谢兵团参加平汉路破击作战，攻克军事重镇漯河，解放了郾城、舞阳、临颍等地。1949年2月，参加淮海战役胜利归来的陈谢部队集结于漯河周围，在此整编为中国人民解放军第二野战军第四兵团，并在漯河召开英模表彰大会，于3月8日誓师，由漯河南下作战。陈谢部队直接解放了漯河这片土地，为此作出了巨大的牺牲。漯河人民至今仍对他们极为怀念。

开辟新解放区，建立舞阳沙北县民主政府

陈谢集团渡过黄河后，在潼关、陕州、洛阳之间连续作战，先后占领了嵩县、伊川、横水镇、洛宁等地，仅半个月，就歼敌30000余人，控制了从新安到潼关间的广大地区。之后，陈谢根据蒋介石飞抵西安调集15个旅的重兵从潼关、洛阳间两面夹击的紧张局势，决定避实击

① 刘西森，郾城人，生于1952年6月，1982年毕业于中山大学历史系。曾任许昌地委党史办干部，漯河市委党史办科长，市史志档案局副局长，中共漯河市委党校副校长，副研究员。

虚，转师南下东进。从1947年11月1日至5日，连克临汝、郏县、登封、鲁山、宝丰、叶县、南召和方城，打开了豫西的局面。这一行动调动了国民党驻洛阳李铁军第五兵团的南下尾追。11月8日，陈赓在南召店召开前委会议，制订了一部兵力执行“豫西牵牛”，主力则在伏牛山东麓、平汉路以西广大地区展开，开辟新区，发动群众建立根据地的计划。11月29日，四纵十一旅政委胡荣贵、副旅长刘丰等在方城县独树镇建立了以方城为中心，包括南阳、唐河、泌阳、叶县、舞阳、郾城、社旗等地在内的豫陕鄂七地委、七专署、七分区，地委书记、分区政委胡荣贵，副书记宋川、范华，专员王晓舟，分区司令员刘丰，副司令员芦显扬。

1947年12月17日，四纵二十二旅攻克舞阳县城，舞阳首次获得解放。次日，当地军民在县城西街民众教育馆大院召开庆祝大会，宣布舞阳县民主政府成立，郑津任县长。稍后，在中共豫陕鄂七地委的领导下建立了中共舞阳县委，王子伟任副书记，主持县委工作。县委和县政府相继建立了尚店、柏庄、保和、城关、武功、梁八台等区民主政权。此外，十一旅三十三团到舞阳帮助开辟工作，建立政权，组建县区武装，每个区干队一般发展到30至50人。这些地方武装在剿匪、支前、保卫政权、巩固根据地等方面都发挥了重要作用。

在成立豫陕鄂七地委之前，即建立五地委、专署、军分区，下辖鲁山、宝丰、临汝、郏县、禹县、襄城等地。后来，为使解放区向平汉路沿线推进，1947年11月，五地委、五专署在郾城、舞阳、临颍、襄城、许昌五县的交界结合区域设立沙北县，建立县委、县民主政府，王鹤洲任书记，宋显民任县长，管辖范湖、纣城、麦岭、繁城、北舞渡、台王、大张等区政权。县委、县政府机关一度驻裴城及其附近。至1947年底，陈谢集团已广泛开辟伏牛山以东、平汉路以西，包括舞阳、郾城、临颍诸县农村广大地区的新解放区。四兵团所属各部经过就地整编、组编，干部经过调整、配备，兵源得到很大补充，战斗力进一步加强。

在破击平汉线中一举解放漯河

刘邓、陈粟、陈谢三路大军纵横驰骋于江淮河汉之间，对蒋介石政权构成了极大的威胁。为了夺回大别山这一战略要地，蒋介石集中了14个整编师33个旅的优势兵力，于1947年11月27日开始了对大别山解放军的“重点清剿”。

为策应刘邓主力坚持大别山的斗争，调动分散大别山的敌人，彻底粉碎其围攻计划，中央军委于11月28日电令陈赓配合华东野战军向平汉、陇海两铁路展开大规模破击作战，并寻机歼敌。陈赓司令员率部立即向平汉线开进，经由襄城、叶县、舞阳、泌阳一线东下豫中平原，进逼临颍至驻马店间平汉路西侧，指挥所设舞阳县北舞渡镇。12月14日，九纵二十六旅第七十六团攻占临颍繁城镇，歼鲁山、襄城之保安团800余人。是日夜晚，十旅破击大石桥以南、漯河以北铁路50余里，二十七旅协助许昌以北华野部队破击许昌南北段铁路，攻占临颍县城及大石桥车站。在连续三天之内仅二十七旅就破坏铁路55里，搬走铁轨5058根，烧毁道木68393根，电杆10034根，炸毁桥梁12座。沿线

中国人民解放四纵十旅破击平汉线破毁的漯河沙河铁路大桥

农民积极参战，许昌、临颍农民有 7000 多人自动协助部队破路。至 16 日，许昌以南、漯河以北的铁路被彻底破坏，蒋介石赖以发动内战的输血管被轧得粉碎。

在破击战取得胜利，漯河车站铁路大桥被炸毁，铁轨被炸飞，国民党政府军队列车停运的状况下，陈赓司令员决定乘胜攻克漯河。漯河是平汉铁路线上的大站之一，军事地位甚为重要，也是国民党军队的主要后勤兵站，囤积有大批军需物品。漯河西北数里为郾城县城，两地隔沙河相望，近在咫尺，可以互为依托。中共郾城前敌特支在侦察漯河后向部队提供情报，国民党军第六十九师第十三旅、第十七交警总队所属两个大队和地方保安团共 7000 余人，唯恐被歼，仅以少数兵力置于漯河，将主要兵力据守郾城，企图固守待援。

12 月 17 日夜，陈赓司令员令十旅周希汉旅长率部执行攻克漯河的任务。18 日午后，集结在郾城西 30 里大新店一带的十旅三十三团奉命出发，在团长芦显扬、政委梁天喜率领下进至郾城外围，执行警戒，监视郾城之敌。十旅二十八、二十九团则于夜间亦由大新店出发向南秘密

中国人民解放军攻克漯河缴获的大批军用物资

渡过冰封的沙河，然后挥师向东，冒着天寒地冻的恶劣气候，流过澧河，克服风雪弥漫、能见度极差的困难，于19日拂晓前出其不意地从东、南两个方向逼近漯河，构成攻击之势。二十八团在团长赵华青指挥下，一营率先进入牛行街，突击连炸开南门，一举冲锋，全团随即进入寨内。与此同时，二十九团在团长吴效敏、政委刘德裕率领下，从东面发起攻击，胜利占领车站。

这次战斗，从炸开南门到全部占领漯河重镇，仅用两个小时，十旅阵亡2人，伤18人，而俘敌2400余人，缴获敌兵站物资有汽车200辆，汽油10000余桶，胶鞋、棉鞋60余万双，榴弹炮弹甚多和一大批其他军用物资。

漯河的解放，使当地人民看到了光明和希望。郾城、西平一带70余村农民1500多人，赶着900多辆大车，帮助解放军往返搬运缴获物资，很多知识青年和农民纷纷要求参加解放军。社会秩序很快恢复，各商号正常开业。在中山街，一位老先生看见解放军战士给几个贫苦妇女和孩子送去棉衣和粮食，激动得流下了眼泪。他指着部队宣传队写的标语中的“毛泽东”三个大字说:“老百姓从今天起就要过上新生活了，这都是你们、都是这位先生给我们的呀！”

1947年12月19日漯河解放后市面秩序迅速恢复

组建第四兵团

1949 年 1 月 14 日，陈赓率领参加淮海战役并立下显赫战功的部队怀着重返故地的欣喜之情赶到漯河集结。司令部设在寨内福音堂。漯河人民热烈欢迎。当年四纵侦察科副科长程甲锐在日记中写道：“今日部队进入市区，群众热烈欢迎，其情之盛，难以形容，对解放军战士是一明显教育。国民党军队来时人民逃之夭夭，商店纷纷关闭；我军过时，唯恐其情不至，其礼不周，歌声、鼓声、呼声、号声响彻云霄，实乃军民同乐也！”陈赓司令员等首长一到漯河，便开始了整编部队、组建第四兵团的紧张工作。

1947 年 12 月攻克漯河后陈赓司令员在缴获的吉普车旁留影

1949 年 1 月，为适应渡江作战的需要，遵照中央军委命令，决定以中原野战军第四纵队、第九纵队豫西地方部队一部及淮河战役中起义的国民党军廖运周师组建中国人民解放军第二野战军第四兵团。2 月 1 日，第四兵团于漯河宣告成立。陈赓任司令员兼政治委员，郭天民任副司令员兼参谋长，刘志坚任副政委兼政治部主任，胡荣贵任政治部副主任。兵团辖第十三、十四、十五三个军。十三军军长周希汉，政委刘有光，辖第三十七、三十八、三十九师；十四军军长李成芳，政委雷荣天，辖第四十、四十一、四十二师；十五军军长秦基伟，政委谷景生，辖第四十三、四十四、四十五师。以原四纵的司令部、政治部、后勤部为兵团的司、政、后机关。另外，成立榴弹炮团、工兵团、汽车团、警卫团，均属兵团领导。

攻克漯河后华野前线记者在郾城车站留影

第四兵团组建之后，陈赓司令员等带领部队一方面做好淮海战役中的战术总结，一方面以更大精力投入渡江作战的准备工作中。如：准备渡江作战的地图和无线电指挥器材；收集白崇禧及长江防线情报；制订准备渡江及南方水网地带的战斗训练计划；制订渡江作战之后适应南方气候环境的防暑、防水土不服，保障人马健康的计划等。这些充分的准备工作在后来的渡江及其战斗中发挥下巨大的作用。

召开英模表彰大会

陈谢兵团是一支作风顽强、英勇善战、具有光荣革命历史的部队。他于 1947 年 8 月从太岳区渡河南下，转战豫陕鄂，决战淮海，为解放中原、歼灭国民党主力部队屡建奇功，同时也作出了英勇的牺牲、付出了很大的代价。为对转战豫西和淮海战役中英勇牺牲的同志进行悼念，并在军中评功记功，使英雄、模范受到奖励，2月5日至7日，四纵在漯河召开南征后第一次战斗英雄、模范工作者大会。到会的除900多名英雄模范外，豫西解放区及漯河市党政军民各领导机关、各分区及各县机关人民团体，均派代表远道赶来参加。

2月5日凌晨，漯河市就卷入了拥军祝贺的热潮。从清晨起，五里长的大街上便挤满了举着旗帜、鲜花和鞭炮的群众。中午，当服装整齐、喜气洋洋的英雄们由军乐和耀目的红旗引入大街时，满街群众挤得水泄不通，人们争先恐后地给英雄们敬酒、献花，拿着一包包的慰劳品塞在英雄们的口袋和背包里面。英雄们进入会场后，从各地来的慰问团和参观团，高举着旗帜前来祝贺。群众成群结队地抬着各色礼物涌到主席台前。有一位老渔民担来了一大担鲤鱼，这是他为了向大会祝贺，特地连夜从沙河里打来的。一位平汉铁路的老工人，腿已残疾了，但他请人用小车把他推来参加盛会。各界人民送来的礼物，堆得像小山一样，站在后面的群众挤不到前边来，就把礼物投向四面的英雄。霎时，毛巾、纸烟、食物等慰劳品，像蝴蝶似的在会场的天空飞舞。英雄们感动极了，许多人欢呼起来："感谢人民对我们的热爱，我们要用解放全中国的胜利报答你们。"到会的群众也喊着："感谢你们消灭了国民党十八军，给漯河人民报了仇。"

陈谢兵团四纵战斗英模在郾城留影

大会会场设在漯河寨内的西北大操场。2 月 5 日中午，大会在庄严仪式中隆重开幕。四纵谢富治政委讲话之后，漯河市党、政、军、民代表也先后讲话祝贺。6 日，大会进行典型报告，被誉为“英雄钢铁营”的四纵十二旅三十八团第一营、特等战斗英雄卫小堂、青年杀敌英雄刘子林、独臂爆破英雄柴学文等先后在大会上发言，报告他们的英雄事迹，使到会同志备受鼓舞。2 月 7 日，参加大会的全体英模向毛主席、朱总司令发了致敬电。电文中说：“我们一致宣誓，坚决执行你们的指示，把全体指战员都发动起来，努力完成当前的整训任务，把一切准备好，坚决打过长江去，解放全中国！”

刘伯承司令员到漯河

1949 年 2 月 20 日夜，在陈赓司令员的一再恳请之下，一贯眷恋部属的刘伯承司令员从开封二野司令部乘专车到了漯河，向第四兵团和各军师首长讲了话。刘司令员在分析了当时的整个战争形势后说，虽然谈判仍在进行，但国民党毫无诚意，因此渡江作战势在必行。刘司令员还回顾了第四兵团的成长历史。他说，第四兵团“有一部分是从土地革命战争中奋斗了 20 多年、经过千百次战斗到了今天的；有一部分是山西决死队，在和内外敌人斗争中一点点发展起来的，到今天也奋斗了十几年了；另一部分是我们在太行山、太岳山，从抗日战争里千辛万苦栽培起来的；还有就是我们艰难困苦开辟了中原，建立起来的地方武装……”他深切地望着在座的每个同志说：“我们部队是在党的领导下，千辛万苦、流血牺牲建设起来的，我们要珍惜自己的光荣啊！”最后刘司令员号召大家：“现在党命令我们渡江，我们要在中国历史上最后最大的战争中，创造更大的光荣。”

庄严誓师　渡江南下

1949 年 3 月 8 日下午，第四兵团渡江南下誓师大会在漯河寨内广场举行。许多标语、图画围绕着整个广场，其中一幅“打过长江去，解放全中国”的巨幅标语，白字衬着红边，显得格外醒目。兵团副政委刘志坚首先宣布二野下达的渡江作战命令，之后代表兵团党委号召全体官兵要坚决执行上级的命令，做好自己的工作，争取在渡江歼敌运动中立功；要发扬高度的阶级友爱精神，实行思想上、体力上的互助，巩固好部队，打过长江去，争取获得最大的光荣；要努力学习政策，执行党的方针，严守三大纪律八项注意等。刘副政委的讲话使大家受到极大的鼓舞，会场一片欢腾，“打过长江去，解放全中国”“不给敌人喘息的机会”“将革命进行到底”的口号声此伏彼起，一浪高过一浪。

在即将参加渡江作战的铁流里，既有土地革命战争时期的老红军，也有在抗日战争烽火中加入解放军的抗日决死队战士，还有陈谢部队挺进豫西解放漯河之后新参军的青年知识分子和农民。漯河的小学教员晏六参加陈赓部队之后，他的妻子也几次要求参军，但被那一岁和三岁的孩子绊住了，晏六把她安置在学校里。有一次，晏六在400人面前，把指头咬破写下血书，激动地说：“在全国没有胜利前，我决不回家。我的家里虽是苦的，可以慢慢改善，在全国还有千百万个家庭，在过着牛马一样的生活哩！”还有一个叫孟秀芝的姑娘，走上台子脸上泛着红光说：“我老早就想参军了，有一天，我听见哥哥和姐姐在议论着，‘我参军去，你留下吧，咱爹60多岁了，做了一辈子工，你在家照顾他吧！’姐姐说，‘还是你留下好。’他们一块去见父亲，老人说，‘好孩子，你们都去吧，打老蒋是再好不过的事，我可以自己照顾自己。’一会儿，父亲看见我说，‘秀芝，你就不敢说句大话吗？和哥哥姐姐一块去！’我瞪了他一眼说，我早就想了，就是还没有告诉你哩！我坚决打过长江去，一点顾虑也没有。”他们兄妹三人就这样参军了。

最后，漯河市市长梁仰云讲话。他感谢解放军对漯河人民的解放和贡献，代表漯河人民鼓励解放军尽早行动。他说：“和大家一样，我们漯河人民等急了，希望你们快过江。你们在前方好好打仗，我们在后方一定努力生产，支援前线，给你们运粮、做鞋、缝衣服，照顾家属、修铁路……希望我们前后方来个竞赛。”

整个会场的气氛达到了高潮，大家举着手、举着枪、举着旗帜，向毛主席和朱总司令画像庄严地进行了渡江作战宣誓。

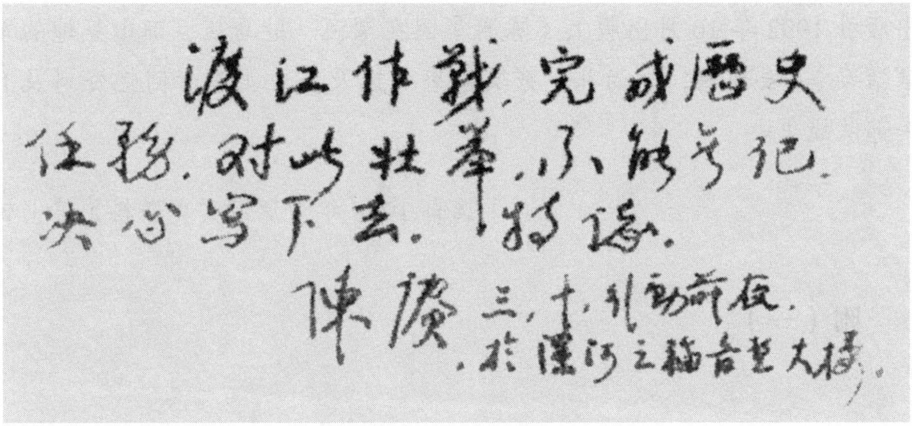

陈赓司令员渡江作战日记手迹

陈赓司令员指示部队，在出发之前做好向漯河党政军领导及人民群众的道别、感谢工作。3月10日夜，南下渡江作战之前夜，陈赓司令员续写已中断几年的战地日记：“渡江作战，完成历史任务，对此壮举，不能无记，决心写下去。特记。陈赓。3月10日，行动前夜于漯河之福音堂大楼。”3月11日早晨7时，陈赓司令员同兵团前方指挥部要离开漯河指挥渡江作战了，此时此刻，他难以忘怀对漯河人民和豫西人民的深厚感情。在这里，军民合作，共同战斗了一年半，同甘苦，共患难，第四兵团在豫西战斗、发展、壮大，同漯河人民、豫西人民的大力支援紧密相关。

鱼水之情难忘，军民依依惜别。在漯河人民的热情欢送下，第四兵团踏上了渡江作战的征途，滚滚铁流向南方开去……

注：本文在撰写过程中，参阅了《中原解放区史》（中共河南省委党史研究室编，河南人民出版社1996年10月出版）、《中原解放区资料》（中共河南省委党史工作委员会编，河南人民出版社1987年12月出版）、《中共河南省委党史·上卷》（中共河南省委党史工作委员会著，河南人民出版社1992年11月出版）、《陈赓兵团在豫西》（穆欣编，河南人民出版社1981年11月出版）、《北线凯歌》（穆欣著，湖北人民出

版社 1956 年 6 月出版）、《陈赓大将在解放战争中》（戴其萼、彭一坤著，解放军出版社 1985 年 12 月出版）、《陈赓日记》（陈赓著，解放军出版社 2003 年再版）、《河南现代史》（陈传海、徐有礼编著，河南大学出版社 1992 年 10 月出版）、《陈谢集团在漯河、驻马店、确山等地的军事活动》（未刊稿，胡尚礼、戴其萼著）以及多位当事者回忆资料及有关部队战史。

选自 1998 年《漯河文史资料》第七辑

附（一）

漯河解放前后

冯　牧

19 日拂晓，解放军以短短两三个钟头的神速战斗，攻占了漯河市——这座平汉路上的著名商业中心、拥有 15 万人口的豫中第一个水旱码头。说来令人难以置信，在漯河被攻占的半点钟以前，据守漯河的蒋军还完全处在睡梦中，根本不相信有被解放军进攻的可能。他们的信心确有些理由：他们拥有那样多的兵力和那样优越的地利——两个城市（漯河和郾城）隔河对峙，可以遥相呼应，又可以互为臂膀；而在附近的解放军，他们相信，数目决不会比他们多。

就这样，他们自信地安坐在两座城里，这成了产生奇迹的一个条件。虽然造成这奇迹的还有更重要的条件，这就是：解放军的行动快若闪电和神机莫测的指挥艺术。18 日下午，冒着雪后的严寒，解放军的刀刃首先指向郾城，不但是敌人，就是附近的老百姓也相信解放军是要打郾城了。然而，当敌人抖擞起全副精神，剑拔弩张地准备着郾城的防务时，我军“一四部队”的精锐兵团却以出人意料的秘密和神速，偷渡过沙河从东面迂回前进，给郾城东南五里的漯河市，罩上了一层天罗地网般的包围圈。深夜，郾城敌人还瞪着眼睛等待着战斗，漯河的敌人还以为厄运尚轮不到他们，有些人还在安心地打着麻将时，解放军的突击部队却分成了几路，像几把快刀似的从东关、车站、南关直穿进敌人的腹中去。部队攻击的快速和敌人全无招架之力，可以从下面这两个故事中看出来。

一个是：当我军已经大部进入车站和东关，并沿大街向西发展时，东关大街上将近 300 个敌人还茫然不知。一个士兵到街上来送信，被我军像抓鸡般地捉住了，这是一个有经验的俘虏，原来不久前曾被我军俘虏过一次，最近才放回来。他一点也不怕，马上把口令、番号和他们的人数告诉了我们的战士，并作为向导一直把我们带到他们驻地的大门口。一个敌人的队长出来查哨，又被我们抓住了。排长李之华对他说："你到里面去吹集合哨，叫他们出来站队！"敌人的队长立刻出来吹起哨来，当队伍站好之后，这 300 多个蒋军，才发现他们已经糊里糊涂地成了俘虏。而俘虏他们的，仅仅是两个班，而且是未发一枪。

第二个故事是：我军突击部队发展得那样快，以致当敌人东关的电话总机被我俘虏后，机上的铃声还在响。我们一个电话员拿起了耳机，原来是城里敌人打来的电话："你们那里情况怎样？"敌人问。"很平安，一点事没有，你们那里怎样？"我们的电话员反问。接着敌人又嘱咐起来，说是听见了枪声，应当小心，"奸匪"来"扰乱"……说得战士们都大声笑起来。

拂晓之前，漯河内城以多点的地区（包括最繁华的东关、车站、南关），已经全部被解放军以毫无伤亡的代价占领。仅仅这时，内城的敌人才发觉情况的严重，然而已经晚了。随着阵阵震撼天地的连环爆炸，我军攻击部队以锐不可挡的勇猛，从南面、东面、东北面涌进了内城的寨墙，我常胜军动作的敏捷，使敌人完全来不及作任何抵抗，被冲得像羊群般东逃西散。而在这时，我军的包围罗网也逐渐愈缩愈小，惊慌失措的敌人一堆堆地被捉住了。据守在几座院落里的三个精锐连，虽然企图顽抗挣扎，但在我军无敌的威力下，一个个像铁锤锤核桃般地被打开了。

清晨，当明朗的阳光射遍全城，方圆 20 里的漯河市已经全部为解放军占领，战斗进行的速度是出人意料的，战争中代价的微小也是出人意料的；当几条大街上塞满垂头丧气的蒋军俘虏时，指挥这一战斗的一位年轻的将军，走遍了整个战场都没有找见一个我们的伤员。经过几次的调查，才发现我们的牺牲者是 2 人，受伤者是 18 个，而俘虏的敌人呢？据不完全的统计，是 2800 多人。

我们在战斗结束后的几个钟头进了漯河。使人十分惊讶的是，除了一群群的俘虏们和堆满在大街旁的战利品、几处被炮火摧毁的居房外，我们几乎不能从这城市找到任何刚才经过战争的迹象。街道上的大小商店中，许多都已开了门，街头巷尾到处都站满了迎接解放军的市民，解放军的各种布告宣言已出现在所有的大街小巷。人群围得最多的是《中国土地法大纲》，很多人一面看一面不禁高声朗读起来，高兴得眉飞色舞。我看见一个须发斑白的老先生，他每读几句之后，必定大声说一句:“好！应当，应当！”或是:“好啊！全是金石之言！快去看，快去看！”他叫作胡先亭，是一个因为不是国民党员而失业挑战学教员。

选自《陈赓兵团在豫西》

附（二）

漯河在解放军的护卫下

冯　牧

19 日黑夜，急驰的汽车驶进漯河，迎面碰见四路纵队的俘虏群，漫长的行列，由这道街拖到另一道街。在车灯刺目的光芒中，俘虏们的颓萎与狼狈，愈发衬托出押解他们的解放军战士们的英姿焕发。车子转了一个弯，在宽阔的大马路上，到处都是穿梭飞驰的汽车，这次新解放的许多汽车工人，都在夜以继日地主动为解放军服务。

连夜往车站上走，很远就望见铁路沿线燃起的火光。战士们的喧嚷和钢铁器械的响声交织成一片。在铁锤的重击下，蒋军这条内战输血管被压得粉碎，在车站上躺着数长列的车厢，我军缴获的物资堆积如山。那些被蒋军索去最后一颗粮食的穷人，连夜到车站上拖米面，他们向每一个解放军战士作感谢的招呼，行列中有工人、小贩、商民、学生及被蒋军遗弃了的退伍军官和伤员。

漯河是一座繁华的闹市，拥有十多万人口。但像一切蒋军盘踞的城市一样，它非常之富又非常之穷。白天，我们乘车环绕全市，中山大街富丽辉煌的高楼大厦和贫民窟低矮破烂的茅屋草棚，形成鲜明的对比。蒋军仓库里堆积着计算不清的粮食，但同时全市有四万多人没饭吃，天已隆冬，许多人还穿着露肉的单衣。

战斗结束几个钟头，很多商店都已开门营业，市面迅速恢复，人群熙攘，比战斗前更加热闹，这是因为许多先前愁眉苦脸的人已有了饭吃，同时废止了蒋军的戒严、盘查。我见到的好几个商店老板都称颂解放军公买公卖，并且承认都赚了一大笔钱。解放的第二个夜晚，三家戏院子也都开了门。在邮局里我捡到几封被抛弃在地上的信件。有封蒋军六十六师新闻处陈桂在 17 日写给信阳中正路一零四号傅秀蓝女士的信中，描画蒋军盘踞的漯河时说：“驻军在市区筑堡垒、挖散兵坑、寨门把守着十几个武装兵，严格地盘查进出的行人，交通路口满布着岗位，漯河警察局也实施紧急措施，规定居民佩戴身份证，疏散乞丐、娱乐场所停止营业，商店都只开着半扇门……”同日，另一个叫袁自新的蒋军军官写信给南京直接税署、他的伯父袁寅伯说：“每夜枪声不断，白日街道也不准通行。”郾城中学（校址在漯河）学生张海珍 16 日写信向他母亲抱怨说：“国军把我们校内的房子住满，街上没有卖东西的，有时一天吃一顿饭还吃不饱。”

解放军和一切人都相处极好，而且获得衷心的赞誉。20 日我在中山街东端华安商栈门口，看到一个十来岁的小乞丐被人群包围着，战士们正把自己的衣服拿出来帮他穿上。住在一家裁缝铺的战士们把缴获的牛肉罐头和红糖放到一个瞎眼老婆的讨饭篮子里。有个同志从中国银行走出来，被五个蒋军退伍军官包围了，他们要求参加解放军。接着又有一个小商人过来作同样的请求。行总河南分署几十个绝粮的职员，也领到大批粮食，其中一个年轻人幽默地说：“你们是救济总署的救济总署。”某将军乘坐的汽车，在南门口被几个中学生拦住，他们请求说：“同志，请允许我们搭车回家。”当汽车停下来告诉他是往车站上去时，有个卖馍的小贩爬上来。他得意地说：“咱们的队伍来了，我也沾光开开洋荤。我是去车站领粮的。”

这时相距五里的沙河对岸的郾城，还龟缩着近万的蒋军，空中不时传来大炮的轰鸣声。蒋机亦常飞来骚扰。但是在人民解放军的护卫下，一切安谧如常，沉浸在解放狂欢中的人民，已把曾极惶恐的战争忘在脑后。

选自《陈赓兵团在豫西》

华野在漯河首次解放时的一场阻击战

党生科[1] 口述　李辉整理

1947 年 7 月至 1948 年 6 月，即全国解放战争的第二年，由刘伯承、邓小平指挥的晋冀鲁豫解放军（又称中原野战军即刘邓大军）的 7 个纵队，在鲁西南地区强渡黄河，在黄河南岸连歼敌军 9 个半旅 56000 余人，揭开了人民解放军战略进攻的序幕。1947 年 8 月 7 日，解放大军越过陇海路，并连续渡过涡河、黄泛区、颍河、沙河、洪河、汝河、淮河等河流，经过 20 多天的长途行军，克服了种种困难，击破了敌人的多次阻拦，胜利到达大别山地区，直追长江北岸。华东野战军在陈毅、粟裕的指挥下，主力部队于 9 月 26 日进入豫皖苏大平原，两个月中解放了 20 多座城市，进一步壮大了豫皖苏解放区的力量。1948 年 1 月，华东野战军六纵进驻漯河，并建立了漯河警备司令部和郾城县临时政府，皮定均任漯河警备司令，张申任郾城县临时县政府县长，县政府暂驻漯河中山街。因为当时正处于拉锯状态，华野遵照毛主席“不以占领城市为目的，而以消灭敌人有生力量为目的”的教导旋即撤出了漯河、郾城，国民党王牌十一师乘机又抢占了漯河、郾城。但是，敌人的如意算盘打错了，我英勇的人民解放军打到战争的外线，在黄河以南、长江以北，西起汉水、东迄大海的广大地区，开辟了纵横 1000 多里的机动作战战场。1948 年 5 月下旬，晋冀鲁豫解放军主力组织宛（南阳的简称）东战役，力歼南阳东援之敌张轸兵团，华野部队则在漯河以南地区阻击驻扎在郾城的国民党王牌部队十一师南援。一场激烈的阻击战发生在大刘店东南仅二里之遥的小曹村土地上。

① 党生科，山西省洪洞县人，1922 年 2 月生。1937 年 10 月参加革命。曾任江苏省军区顾问。

小曹是一个 100 多户人家的村子，在当时算是大村庄了。村子四周有一丈多高的土寨子，土寨四周外沿有寨壕，壕内有水二尺多深；村中只有一条东西大道穿村而过，设有东西两个寨门。出东门向东，距村 200 米处有一片柏树坟；在同一个方向，距村约三里外有个烧砖的土窑；紧靠小曹的北面是蔡庄，约有小曹的一半大小，漯河通往舞阳的公路紧挨蔡庄。从漯河东南向西至问十乡这 50 来里的阻击线上，小曹是一个重要的阵地。据各方面估计，敌人十一师南援需经漯舞公路，因此，敌人必经小曹、蔡庄一带无疑。华野（即陈粟大军）所属陈（士榘）唐（亮）兵团的一个团（团长石一震，政委王良恩，参谋长方晓）便把在小曹阻击敌人南下的任务交给了该团三营。方晓参谋长亲临小曹阵地指挥作战，并将特务连分拨三营指挥调遣。任务下达后，方晓带领三营干部王云、李良才和党生科首先察看了地形，然后在一起分析了敌人受阻后将要采取的报复性措施，商讨了三营的防御重点、兵力配属及火力配系，然后给各连队下达了战斗命令。具体任务是：七连守卫小曹、蔡庄东北面，配备重机枪两挺、战防枪两挺、六〇炮两门；八连（由于这场阻击战打得英勇顽强，后被我军命名为“许昌连”）三排守备小曹东南角的土窑，一、二排到寨围南面待命；九连配备重机枪两挺，主要守备村东南两侧及东南面的柏树坟地；特务连守备村子北面，并作为营的第二梯队。接着各连队都召开了战地动员会，广大指战员同仇敌忾，决心以自己的血肉之躯坚决把敌人顶回去，保证兄弟的刘邓部队歼灭张轸兵团。“人在阵地在，与阵地共存亡”成了三营广大指战员的行动口号。

在小曹阻击战开战之前，三营已经在他处阻击敌人两个昼夜了，没有得到很好的休息，有时连饭都吃不上，饿极了喝冷水吃蒜瓣，在抢占小曹阵地时已是疲惫不堪了。但是，当战士们接到阻击敌人南援的命令后，全营官兵同仇敌忾，精神倍增，立即进入指定位置，不顾疲劳抢修工事。阵地上，镐起锹落、你来我往，扛门板、推沙袋、修地堡、砍树枝，扫清射界，清除障碍，多么紧张的场面哪！大家知道“平时多流汗战时少流血”的道理，所以尽管工事修好了，大家还在一个劲儿地增修。有的战士的铁镐一挖下去就昏昏入睡了。七连连长曹如亮在增修的工事里不时地告诉大家：“南线的敌人已钻进了刘邓首长布置好的口袋里，我们在这里挖工事，阻止十一师南援，兄弟部队就能将敌人一网打尽。”在抢修工事的这一夜，战士们又熬了一个通宵，到天亮时，在小曹的阵地上，出现了无数的地堡、防空洞、单人掩体等完整的防御工事。

6月1日下午，当三营全体官兵进入小曹阵地时，敌人已经占领了小曹东面有三里之遥的大曹，尔后以一个加强连的兵力向小曹阵地作试探性的进攻，并占领了小曹东南100米处的麦田，将即将收割的麦子践踏得东倒西歪。捱到黄昏时候，部队领导决定派一个排向占领麦田的敌人作短促突击。据守在小曹东南角的八连一排排长宁洪成接到命令后立即作了战前动员。战士们听说要反击敌人，精神异常振奋。因为在多年的战斗中，战士们最喜欢打夜战，趁着敌人在睡大觉的时候“出其不意，攻其不备”，以少胜多，这是他们的拿手好戏。

当夜幕降临的时候，一排战士在宁洪成的带领下，神不知鬼不觉地出了小曹东门，沿着壕沟的外沿向敌人据守的麦田悄悄摸去。同时，三营首长在小曹东寨墙上架起了轻重机枪，一旦发生交战，立即向敌人开火。一排战士距离麦田越来越近了。战士们屏着气，猫着腰，端着枪，脚下没发出一点声音，而是靠近、靠近、再靠近一点，随时准备向敌人射击。这时，站在麦田外沿的一个敌人哨兵突然发现了一排黑影向他们阵地移动，就恐慌地叫起来：“连长，连长，共军来了！”此时，这一连的敌人正东倒西歪地躺在被践踏的麦子上睡大觉，听到哨兵的叫喊声还没辨清东西南北，我军架在寨墙上的轻重机枪就同时吼叫了起来，只听见敌人“妈呀、妈呀”乱叫，连伤兵都顾不上管就抱头逃窜了。一排进到敌人阵地后，抢到敌人丢在阵地上的汤姆式枪1支、子弹300余发、手榴弹4枚。

这次反击战的成功，对三营全体官兵的士气是一个很大的鼓舞，从而更加增强了打好阻击战的信心和决心。大家兴奋地说：“十一师这个国民党的王牌军没有什么了不起的。”“他仍是那座庙，可没那尊神了！”“说是王牌，实际上是‘亡牌’，叫这个王牌也尝尝咱们的厉害吧！”

6月2日上午，敌人没有发动进攻。解放军战士们心中明白，这仅仅是战前暂时的沉寂罢了。战士们乘这个间隙，再次加固防御工事，以逸待劳，准备去迎接更加激烈的战斗！

中午时分，三营派出的侦察员回来报告说，发现敌人的汽车在大刘店通往大曹的道路上来往频繁，一路上尘土飞扬，这显然是敌人大规模进攻的前奏。果然，下午2时许，敌十一师十八旅集中了全旅的炮火向小曹猛攻，炮弹一发接一发，无数发不同型号的炮弹在小曹阵地上爆炸。霎时间硝烟滚滚，火光熊熊，弹片横飞，爆炸声此起彼伏，震耳欲聋。全营战士都躲进了掩体里，任凭敌人消耗大量的炮弹。只听见，村中的房屋一座接一座地“呼隆呼隆”地倒塌了，地上落满了大树的枝叶和柴草，村子里和打麦场上燃起了熊熊大火，寨壕里被炸死的鱼漂浮在水面上，村中的鸡鸭猪狗和大牲畜到处乱窜乱跑，有的跑着跑着便被炸死了，淌了满地的血。在小曹村中，到处充满着烟尘味、血腥味和火药味。数不清的炮弹，从南到北、从东到西轮番地往下倾泻，弹坑一个接一个。整个小曹简直被打烂了、打透了。营指挥所通往团指挥所的电话线，一次一次地被炸断，又一次一次地被接通。团首长就守在电话机旁，电话一接通，团首长就立即询问阵地上的情况，师长王吉文给团指挥所打电话询问三营的情况，说敌人的炮火这么猛烈，三营是否能顶得住。团首长将师长的意思传达给三营后，三营领导立即表示：人在阵地在，敌人休想攻进小曹一步！当敌人大炮打来的时候，战士们就立即躺进工事里，等敌人的炮火一停，战士们立即从浓烟中冲出来，扑到自己的阵地上，监视着敌人的行动。这时，一发炮弹落到了九连战士挖的坑道附近，把地下炸了一个大坑，弹片和土块向四处飞溅。一片弹片正好飞在战士丁家才的步枪上，把枪炸坏了。他索性扔下步枪，手中掂着手榴弹，气恨恨地骂道：“龟儿子炸坏了我的枪，我还有手榴弹，叫你们尝尝手榴弹的厉害吧！”架在寨墙东北角的一挺重机枪，被敌人的弹片击中，打得连人带枪跌了下去。战士们一见，连忙赶上前，迅速修好机枪再上去架好。六〇炮的观察员李芳纯同志不顾敌人炮火的攻击，在观察孔里和阵地中间如飞地穿梭不止，瞄准敌人一发接一发地把复仇的炮弹打出去。

当敌人的第一阵炮火猛烈轰击的时候，一个多连的兵力就向三营东南的外围阵地土窑进攻了。守卫在这块阵地上的是八连三排（即英雄的“许昌连”第三排）。敌人的炮弹一发发落在土窑周围，阵地上硝烟滚滚，尘土飞扬，战士们一动也不动，就像没有发生战事一样。敌人就大大咧咧地接近了土窑。当敌人到跟前时，冷不防机关枪吐出了火舌，“哒哒哒”地吼叫起来。七班副班长李其五，这个“解放”过来的老战士，不慌不忙地端起轻机枪打单发，从左到右挨个点敌人的名，敌人死的死、伤的伤，被打得鬼哭狼嚎，挤成一团。敌人挤成堆，他又一梭子子弹打出去，仅他自己就打死敌人 80 多名。敌人连滚带爬地退走了。李其五抹了抹脸上的灰土说：“老子的瘾还没有过够呢！谁知道敌人垮得那么快！”

第二阵炮火又在隆隆地作响，敌人阵地上的八辆坦克像八只巨大的乌龟向小曹村爬来，这些钢铁怪物分东南、东北两路向三营阵地进攻，一边前进一边向小曹发射着炮弹。其中，在东南角出动了五辆，在东北角出动了三辆。指战员们心里都很清楚，敌人的几次轮番进攻都被我们打退了，这是敌人最后的、也是最厉害的一招了。不论敌人要什么花招，哪怕把十八般武艺都拿出来，也休想跨进小曹一步。坦克后面，紧跟着满载士兵的汽车。在离小曹阵地不远的地方，敌人纷纷从汽车上跳下来，向小曹阵地发动了又一次进攻。攻势越来越猛烈，三营战士越战越勇敢。他们纷纷从坑道里探出身子，眼里喷出对敌人无比仇恨的火焰，集中一切火力对准敌人的坦克和步兵猛烈扫射。在东南角阵地上，敌坦克大摇大摆，依然向我阵地打炮，怎么办？在这危急关头，埋伏在坑道里的八连八班战士突然跳了出来，在乙级战斗英雄李华的率领下，当距离敌人坦克 20 来米的时候，一排手榴弹扔了出去，在第一辆坦克四周爆炸，这辆坦克像醉汉一样一头栽进敌人的炮弹炸出的土坑里，长伸的炮筒插进泥土里不动了。当八班的两位战士爬上坦克活捉敌人时，第二辆、第三辆坦克里的敌人向这两位勇敢的战士开火了，子弹在他们四周啸叫着飞过。李华，这位打坦克的老英雄，手提加拿大手枪，火急火燎地跳上了第一辆坦克，在瞭望孔里对准第二辆坦克一梭子子弹打出去，这只威风的钢铁怪物一声不吭地躺在了勇士们面前，战士们又用手榴弹炸坏了坦克上的履带，使它成为一堆废钢铁堆在那里。后面跟上来的坦克一见这阵势，连忙调头逃窜了。在小曹东北角的阵地上，战士们端着在解放洛阳战斗时从敌人手里夺来专打坦克的战防枪，向敌人的三辆坦克猛烈射击，把这三辆坦克全部报销了。

就这样，敌人再也没有胆量向小曹发动进攻了，三营主动撤离了小曹阵地。在这次阻击战中，三营共毙伤敌人400多名，击毁敌人坦克五辆，挡住了敌人王牌军十一师的南援，使敌人碰得头破血流，保证了宛东战役的胜利结束。宛东战役从5月28日到6月3日结束，历时五天，共歼灭张轸兵团8000多人。如果连同华野（华东野战军）在郾漯以南阻击十一师南援共消灭敌人1000多名一起算，共歼敌1万多人。战斗结束后，英雄的八连被命名为“许昌连”。部队随后又进行了短期休整，补充了新战士，兼程北上，参加了开封战役，为夺取全国的胜利争取作出更大的贡献！

选自1998年《漯河文史资料》第七辑

大张突围

朱　炽[1]

大张村，位于舞阳县城东北30千米处。1948年初，舞阳县泥河以北划为沙北县，大张区为其辖地，大张区政府也就设在这里。

1948年4月1日下午，国民党十一师一个加强连300余人窜入我大张区关老寨村。区工作队员张子长被捕，敌人了解情况后，伪连长金某，只身闯入大张区政府内，谎称为十一师的连长，原籍居住鲁山，因不满国民党的残酷迫害，准备脱逃还乡，途经此地时听说共产党政策宽大，决定弃暗投明。我区干部误信其谎言，答应了他的要求，并在区府召开了联欢晚会表示欢迎，直至深夜2点方散。

4月2日拂晓，国民党军自关老寨出发，至大张后，一部分东西布防，一部分从东门闯入寨内，顿时枪声四起。当时区政府共有40余人，仅有十几支长短枪。如守寨阻击，必会造成重大伤亡。于是，区委果断决定向西突围，区警卫员李小毛（原名穆乐真，并非姓李，小毛是小穆的叶音）同志负责侦察敌情。他冒着枪林弹雨，先后三次接近敌人，终于摸清了西北方向敌人兵力较薄弱。他将情况向区委报告后，决定由此突围。他背着党的机密文件，走在同志们最后。刚出大门，敌人从东边冲来，仅百米之遥，紧紧尾追，机枪步枪一齐向工作人员打来。在这千钧一发之际，他向区政委报告说：“你们迅速从西门出去，我自己把敌人引走。”他边打边撤，故意暴露自己，转移敌人视线。这时，敌人果然蜂拥而来，把目标集中于小毛身上，才使我大部分同志得以安全转移。他身中数弹，忍受着剧痛，烧毁了党的全部文件。这时他已药尽弹绝，

① 朱炽，舞阳县人，1931年生。曾任舞阳县博物馆馆长、县政协副主席、漯河市人大常委。

便拉开最后一颗手榴弹，在距寨墙300米处壮烈牺牲。

我区工作人员大部撤离后，敌人在寨内又疯狂搜查，区工队长卜庆祥（山东人），指导员李顺（山东人），区中队战士张丙中、张庆华（本县东小张村人）、郭金榜（本县线郭人）、李迎春（禹县人）、张黑子、张玉坤、张子长，以及大张村群众张江等10余人被捕，卜庆祥同志被害于本县花赵村，李顺同志被害于郾境姚河丁村，其余8人分别在郾城河湾、漯河市东惨遭杀害。

事件平息后，那个所谓的诈降金连长早已逃之夭夭。

选自1990年《漯河文史资料》第四辑

激战河状寨

李炳臣[①]　张树勋[②]

一

1947年，随着豫皖苏解放区的迅速恢复、发展和壮大，五地委决定派西（华）临（颍）郾（城）县委书记兼县大队政委冯明高率领县大队奔赴郾城、商水、西华结合部开辟工作。他们同水西支队一起，经过与国民党的反动武装几十次激战，终于摧垮了该地区的反动势力，打开了工作局面。同年10月，建立了中共郾（城）商（水）西（华）县委和县民主政府，冯明高任县委书记兼县长、县大队政委，柴凯任县委副书记兼县大队副政委，还相继建立了邓城、张明、老窝、砖桥、巴村、归村6个区政权。

革命形势的发展和解放区的扩大，使盘踞在这里的一小撮地主恶霸、土豪劣绅如惊弓之鸟，惶惶不可终日，纷纷带着父子妻妾、金银细软和贴身保镖龟缩河状寨，妄图等待时机，卷土重来。

河状寨距漯河20来千米，位于漯河市东北方，郾城、商水、西华三县交界处，是这一带最大的土围子。大沙河自西向东蜿蜒而过，形成一个“U”形弯，刚好把河状寨包围其中。寨子的西、北、东三面紧靠沙河大堤，只有南面是开阔地。围绕寨墙有几丈宽的壕沟，沟中常年积水，水深没人。寨墙高达丈余，且建有南、北、东南、西南四个寨门，

① 李炳臣（缺）。

② 张树勋，河南郾城人，生于1957年12月，1981年7月参加工作，曾任郾城区史志档案局局长。

上面筑有8个炮楼。河状寨地势险峻，易守难攻，是国民党西华县下堤乡乡公所、联保处的所在地。反动豪绅、伪乡长张玉如，统领三个连队的反动武装长期盘踞在此。

张玉如，原名张献文，河状寨人。他有近千亩土地，依仗他舅父——国民党河南警备司令刘嘉庆的权势，窃得国民党反动要职，横征暴敛，为所欲为，实为当地的“土皇帝”。他滥杀无辜，不恤民命，极力维护反动统治，方圆几十里的村民深受其害，被逼得走投无路、远离他乡。

张玉如一贯与共产党为敌，抗战期间就因疯狂镇压以共产党员胡晓初、侯香山为首的抗日武装“有功”而受到国民党顽固派的赏识和委任，成为当地一霸。1947年秋，人民解放军曾解放河状寨，开仓济贫分了张玉如的一部分财物。当军队转移之后，他带着还乡团从漯河杀气腾腾地返回河状寨，立即杀害了在这里宣传发动群众的中共老窝区队队员侯锁，又枪杀了带领群众分他财物的积极分子张来旺，并拟定28名当地群众为杀害对象。他疯狂地扬言：“谁再接触共产党，这就是下场，谁不愿给我守寨，决饶不了他。”反动气焰十分嚣张。

张玉如还乡，使河状寨很快成为反动势力麇集的中心。一时间，张明村的王宝川、董付臣，黄头村的黄冠荣，吴湾村的吴金富、吴学安，何村的杨占仁等20多名反动地霸、土豪视这里为靠山，蜂拥而来，投入了张玉如的怀抱。他们组织起一支拥有步枪、机枪、手枪近300支的反动武装，一面武力逼迫群众整修寨墙，加固炮楼；一面加紧操练乌合之众，妄图以武力固守巢穴，伺机进行疯狂反扑。

为了解放河状寨的人民，开辟漯河至周口、西华、商水的水陆交通线，郾商西县委决定解放河状寨，摧毁这个反动据点。

二

1948年5月16日中午，郾商西县大队和水西支队到达河状寨南三里朱王庄与东四里下堤刘村，形成对河状寨的扇形攻势。张玉如感到末日来临，但仍在做最后的顽抗和挣扎。他一方面加紧防守，配备火力，挡死寨门，砍掉寨周围大小树木，把树枝投进寨壕里，制造壕中鹿寨，强迫男女老幼向寨墙上运送树干、砖头、犁耙，强编群众十户为一排，不准下寨，为他们充当炮灰；一方面派遣得力心腹，偷偷到五沟营一带找国民党郾城县政府求救，企图造成使我腹背受敌之势。

针对这种情况，冯明高、柴凯召开党员干部会，详细分析了敌情，反复研究作战方案，决定：部队继续往寨子附近推进，形成兵临城下之势，尽可能迫使张玉如就范。其具体部署是：柴凯率一连进攻西南门，二连、三连和水西支队分三面包围寨子；组织突击队，准备登寨云梯和过壕桥板；在寨北沙河堤上连夜修筑临时碉堡，可居高临下对寨子实行火力控制；切断河状寨通往漯河、西华等地的交通和通信线路，封锁各要道堵口，阻击周口、漯河、西华等地的敌人增援。各连队按照命令迅速行动，很快就构成对河状寨的紧缩包围。但是，寨墙上的老百姓和土匪、蒋军、顽敌混合在一起，给部队的攻寨增加了难度。鉴于这种情况，部队佯作强攻之势，不行强攻之实，以政治攻势为先导，尽量敦促张玉如投降。部队首长、战士多次向寨内轮番喊话：“你们已经被包围了，不要再作无谓的反抗，打开寨门吧！迎接解放军是唯一的出路，顽固守寨只能是死路一条……”并配合进行些小规模佯攻。如此一连三天两夜的政治攻势，可顽固不化、老奸巨猾的张玉如不肯放下屠刀，并以凶猛的火力多次阻击解放军部队，使攻寨部队有所伤亡。在忍无可忍的情况下，县委研究决定：以北门为突破口，强攻河状寨！

北门，与沙河大堤隔着一条壕沟，相距50多米。张玉如见解放军连夜在北寨河堤上建筑碉堡，就疑我主攻北门，于是，调整部署，向北寨配备了最强的火力装备和大批土蒋顽匪，并令其弟张献增和族侄张永昌亲自督战。

5月18日晚上10点多钟，我筑在河堤上的临时碉堡突然喷出数道火舌，直射北寨守敌。随着嘹亮的冲锋号声，攻寨突击队战士在强大火力掩护下，冒着枪林弹雨奋勇争先，向着北寨墙扑去。枪声、手榴弹爆炸声和寨墙上敌人的相互叫骂声都被“活捉张玉如”“缴枪不杀”等口号声所淹没，冯政委亲临前线指挥。云梯一次次架起来，一次次被滚木礌石打下，但又神奇地一次次架起来。在这紧要关头，华东野战军八纵某营行军从附近路过，听到密集的枪声立即前来增援，迅速投入攻寨战斗。英勇顽强、果敢机智的突击队员用拉雷炸塌了北寨门，部队冒着滚滚硝烟迅速冲入寨内，强占有利地形，内外夹击在寨墙上顽抗的守敌。

北门打开，局势就发生了变化，严阵以待的一连在柴凯指挥下也发起了攻打西南门的冲锋。柴凯副政委身先士卒，冲锋在前。解放军各攻寨部队扬起神威，一往无前。有的踏着过壕桥板，有的扒开壕内树枝泅水冲过壕沟，架起云梯，头顶木板，肩扛门扇，冒着如雨矢石，以压倒一切的英勇气概迅速登寨。冲锋号声、战士们的口号声和反击的枪弹声汇合在一起，令张玉如闻风丧胆。一阵生死拼搏后，刺刀见红，守寨敌军被赶下寨墙，张玉如就带着一帮亡命之徒退入乡公所负隅顽抗。

攻打北门的部队向寨内西南部张玉如的老巢——张家祠堂迂回，这里是下堤乡乡公所所在地，有重兵把守并有较强火力配备。当部队将要攻到张家祠堂时，被一大水塘隔住，池塘对面敌军严密把守，双方展开了激战。这时，从西南门攻进来的一连乘胜进军，从张家祠堂的南面猛烈进攻，与池塘北面的解放军形成夹击之势，迅速摧毁了张玉如的最后一道防线。张玉如看大势已去，妄想伺机逃跑，就悄悄溜入祠堂后院，缩进了一口枯井里。但他终于未能逃脱，被搜索的战士从枯井里揪了出来。经过两个多小时的激烈战斗，张玉如被活捉了，河状寨解放了。

此次战斗缴获敌人全部武器弹药、乡政府印章一枚、文书一部，生俘伪乡长张玉如及侄子张永昌、张力年，下堤乡乡丁队长等数十人。

三

刚刚获得解放的河状寨充满了欢声笑语，人民群众有出头之日了，感谢共产党、解放军把他们从张玉如这个“土皇帝”的火坑里拯救出来，是张玉如偿还血债的时候了。在广大群众的强烈要求下，县政府立即召开了公审大会，张玉如等无恶不作的刽子手、吸血鬼被押上了历史的审判台。冯政委首先讲话说："河状寨解放了，大家再也不受张玉如的压迫和剥削了，同张玉如清账的日子到来了。穷苦乡亲们要有苦诉苦、有冤申冤、有仇报仇，人民政府坚决为父老乡亲们撑腰做主。"

会场上群情激愤，声泪俱下地控诉张玉如的血腥罪行。一位老大娘跑上台去，一边拽住张玉如的头发，一边哭叫着："俺多壮的僖子啊，硬是死在你手里！"接着，一位中年男子，诉说了张玉如逼得他有家不能归、到处躲避流浪的悲惨遭遇。诉苦人一个接着一个，控诉声接连不断。张玉如欠人民的血债真是数也数不清、还也还不完。根据张玉如等犯罪事实和人民群众的强烈要求，县委、县政府研究决定：判处张玉如等三人死刑，立即推出南门外执行枪决。

人民群众拍手称快，感谢共产党为民除了一大害。他们响应党的号召，积极组织参加农民协会，投身到剿匪反霸的热潮中。他们以主人翁精神搞土改、闹翻身，使这一带的土地改革运动既轰轰烈烈，又扎扎实实，为支援解放大军南下，迎接全国解放做好了人力和物力的充分准备。

选自 1998 年《漯河文史资料》第七辑

华东野战军进驻临颍纪实

阎理之[1]

1947 年 12 月 13 日，中国人民解放军陈赓、谢富治兵团解放了临颍县城。不久，部队转战豫西，临颍空虚，一时土匪四起，乘机抢劫，人民群众深受匪害。

所幸，1948 年元月初，华东野战军从豫东浩浩荡荡进驻临颍。当时城东黄土岗上的各村都驻满了解放军，土匪敛迹，人民得救。华野司令部驻城东 8 里的中岳庙，司令员陈毅将军驻城东 5 里的任庄，副司令粟裕将军驻城东南 4 里的韩庄。

解放军纪律严明，秋毫无犯，说话和气，见老年人必称大爷、大娘。为了发动群众，宣传党的政策，政工干部在各村墙上，用石灰水写大标语，有“开仓济贫”“实行耕者有其田”“土地回老家，合理又合法”等，特别是在城东门两侧城墙上大书标语“人人有饭吃，人人有衣穿，人人有屋住”，每个字有一人高，格外引人注目。

一天晚上，解放军文工团在城内火神庙戏园演《闯王进北京》剧目，陈毅等首长亲临观看。又一晚上在城内西城隍庙门前戏楼上，文工团演出《血泪仇》话剧，因剧情感人，万余名观者声泪俱下，大大提高了群众的阶级觉悟。

一次，解放军在城东 7 里的裴庄召开军民联欢大会，到会群众万余人，解放军首长讲了话。文工团还演出了《军民大团结》大合唱以及其他文艺节目，引起观众阵阵掌声，大家不断高呼：“中国共产党万岁！解放军万岁！”

① 阎理之，河南省临颍县人。1911 年生。1936 年毕业于开封师范学校，教师，1989 年离休。

解放军政工干部深入群众，访贫问苦，开仓济贫。根据调查，将城内东街、西街大地主的粮食、衣服、被褥分给城郊贫苦群众，解决了群众的饥寒之苦。

城东10里大李村几户地主存粮几十万斤，解放军号召附近几十个村庄的贫苦农民到大李分粮食和其他浮财。四面八方的群众接踵而至，有进有出，有的扛粮食，有的拿衣物，人山人海，如同赶庙会。当时有国民党飞机在上空盘旋侦察、扫射。解放军立即展开对空射击，敌机狼狈逃窜，群众无一伤亡。

城东6里介庄有一青年农民要求参加解放军，经批准后，让他披红戴花，骑马游乡，因而许多青年农民纷纷要求参军。

陈毅等首长驻临颍时，曾莅临城西北30里的繁城回族镇参观文物古迹受禅台、受禅碑、献帝庙、清真寺等。

3月中旬，大军离开时，战士们紧张地打水扫地，送还借群众的东西，向群众辞别说："麻烦你们了，我们离开你们是上级的命令，另有战斗任务。"群众对解放军依依惜别，男女老少流着眼泪列队送行，与人民子弟兵难舍难分。

选自1998年《漯河文史资料》第七辑

粉碎敌人的还乡企图

启　公[①]

1948年下半年，敌我力量对比发生了重大变化。解放军经过两年作战，消灭了国民党军队264万多人，不但粉碎了国民党的战略进攻，而且打破了其战略防御体系，距取得全国性胜利为期不远。为适应形势的需要，根据上级指示，舞阳县的剿匪开始由单一的军事进攻转变为结合政治宣传而展开。到8月，为配合解放军发起大规模秋季攻势，全县政治宣传攻势全面展开，群众的革命觉悟有较大提高。全县掀起了轰轰烈烈的剿匪、揭匪、劝匪运动。然而，潜伏于外地的国民党舞阳县反动军政人员仍不死心，继续作垂死挣扎，妄图重返乡里，并丧心病狂地指使其留县爪牙破坏和进攻民主政府，杀害革命干部。

舞阳的土匪头子尚振华逃到驻马店以后，仍同出逃的国民党舞阳县长禹升联勾结并指使残存县境的李天运、冻春轩、魏焕亭、臧华亭等匪徒继续活动，对抗人民政权。

1948年8月上旬，禹升联、尚振华逃到汉口，早已逃到汉口的孙孟山、刘馨吾、焦景青发起了原国民党舞阳县党政军各大员、绅士30多人，为禹、尚二人举行欢迎宴会，并要重新组织返乡团，孙孟山、刘馨吾、焦景青、陈思甫、郭寿臣、李子厚、赵喻斯、关震亚、樊宏甫、李伯勋、蔡之桢、李蕴文、邢泉甫、王仿愚、陈励轩、朱新彩、卢宏宇、袁蔚亭、宗世绅、陈河滨、臧守安、郭培轩、孟琢如、宋焕如、周岐昌、屈勋亭、李春晖、闫耀五、陈仲蕃和商贩王仙衢等参加。王仿愚、

① 启公，本名胡德周，汉族，男，舞钢市人，生于1962年5月。1980年至1984年在北京军区某部服役，历任舞阳县史志档案办，副科级干部，舞阳县政协文化和文史委主任。

刘馨吾首先发言，对禹升联、尚振华在舞阳对抗解放军表示慰问，众人一致要求二人以更大的决心早日回县继续反共；要求禹升联发放国民身份证，以便在汉口安身和活动，为武装返乡做准备。禹、尚二人答谢，并叙述了在郾城大新店一带失败的经过，表示决心回县。陈励轩、朱新彩等又对舞阳财政问题作了发言。

在此之前，大恶霸土匪头子关震亚于2月间逃到汉口后，也竭力活动，在江汉路璇宫饭店请客，宗世绅、李伯勋、樊宏甫、赵喻斯、陈思甫、郭寿臣等以及西平县的陈禹祥和郾城的许宛若等人参加，目的是对陈禹祥、许宛若在关震亚逃离舞阳途经郾城、西平时所给予的照顾表示感谢；这也是为了加强彼此间的关系，将来武装还乡时能相互支援。

9月上旬，国民党河南省主席、绥靖主任张轸为扩编队伍，扩充武装，在信阳以省主席名义召集部分县的头面人物，开总体战备会，要求军事、政治、经济配合一体对付解放军，实权交县长一人统揽。会期8天，禹升联、王海楼、张端甫等参加。鲍汝澧、禹升联派人到汉口通知尚振华，尚也到信阳参加了会议。会上成立了河南省第五绥靖区保安第四旅，鲍汝澧为旅长，禹升联为副旅长，尚振华被委任为第八团团长，李义恩、陈青坡为副团长。鲍汝澧兼遂平县长，李子厚任舞阳县长。人枪以遂平、舞阳的自卫队残余为主，分头组织武装。夏金才、赵祥卿被尚振华委任为八团正副营长。

其间，国民党十一师曾在漯河、西平之间，五十八师在西平、遂平之间，十师在遂平、驻马店之间活动。鲍汝澧与之呼应。残存在舞阳境内的散匪先后被尚振华收拢，冻春轩、吴肖卿、夏金才等相互勾结，在尚振华、禹升联指使下猖狂活动。

9月14日晚，禹升联窜到西平权寨附近，指使冻春轩、石书礼、魏木子等从黑龙庙王出发，经大宋庄渡河至殷庄，袭击我民主政权十一区政府，区长李文普、十区副区长张福新等11人被俘，经李天运、魏焕亭、臧华亭等在王桥张喜文家审讯后，由魏焕亭率人将孔炳欣、周庆国、王尽发、左金堂、周建国等6人活埋。9月16日李天运、冻春轩、臧华亭等把李文普、张福新押往西平师灵交禹升联、尚振华，后被活埋，殷庄财物被抢劫一空，余匪窜至胡岗一带。

9月17日，禹升联率同冻春轩、李吉亭、魏焕亭、石书礼等，由权寨窜到吴城区政府，被解放军击败，追剿到王定岗、问十一带，残匪逃到河口、胡岗、九街、魏岗等地，不久，被解放军围剿，四处逃窜。

夏金才部窜至油坊张又西窜到舞阳南部的辛集、武功、罗湾，进入白石崖、母猪峡一带活动。11月间勾结敌十一师突击团北窜袭击尹集、武功民主区政府，停留三天，抢掠杀人。随后南窜与泌阳团队谢子正部勾结，潜伏山区活动。同月底，窜到西平境连庄惨杀区长李靖宇，不久，再次到连庄抢劫，抢夺牲口100余头，后窜至沙河店。

赵祥卿部在小顶山、蛮头山、竹园沟一带盘踞，四处抢劫。1948年10月间在小顶山被解放军击溃，残部窜至沙河店，勾结敌十一师突击团，由象河关北窜、袭击尚店民主区政府，及瓦房沟仓库，将存粮抢劫一空，邢怀仁、杨九卿、薛坤平携枪投敌，两日后随突击团窜至沙河店，11月间窜至尚店一带抢牛百余头，又窜沙河店与夏金才匪部合流。

这些反动土匪武装，勾结国民党军队，不时窜回县境搞破坏活动。妄想有朝一日重返乡里，再掌天下。以王仿愚、王海楼、焦景青、尚振华、李子厚为首的国民党舞阳县反动头目，在外惶惶不可终日，在临近末日时候还做垂死挣扎，又于1948年12月间纠集逃亡驻马店的反动分子王仙衢等以商民名义伙同李子厚、李蕴文、宗世绅、孟献若、解青宇、臧守安等聚在一起，举行宴会，设法组织回乡收复失地。

但他们的返乡企图终没有得逞。1948年9月，中共豫西二地委、二专署、二分区由方城独树镇迁到舞阳卸店后，中共舞阳县委、县人民民主政府，遵照二地委指示，更加深入地开展政治攻势，发动人民群众，扩大和发展武装力量，剿灭土匪。

同年11月12日，地委、专署、分区机关及县委、县政府人员进驻舞阳县城，先后建立健全了全县各区、乡、村政权机关，干部发展到242人。全县开始了全面的正规化工作，城市管理及商业、工业、金融、教育等行业得到恢复发展。县委、县政府按照二地委关于新收复区、边沿区工作的有关指示精神，在着重抓好剿匪、开展政治攻势的同时，团结争取和保护了各方面有识之士；知识分子纷纷回县，一些绅士、地主、商人及匪属人员都向共产党靠拢过来。全县社会秩序、政治形势已开始扭转。

面对全县反对国民党残余势力和剿灭土匪的大好形势，逃跑在外的国民党舞阳县各种反动分子，终于认识到已无力挽回他们的败局，认识到人民政权的巨大威力，在中国共产党的正确政策感召下，大部回县登记自首。原舞阳县国民兵团副团长张哲超等也于同年 11 月 24 日自动回县登记交了枪支，残留在外的反动人员也随着全国解放战争的不断胜利和中华人民共和国的成立，落入法网。

选自 1998 年《漯河文史资料》第七辑

打退国民党地方武装的反扑

启　公

中共舞阳县委、县人民民主政府在加强各区基层政权建设与发展的同时，舞阳县国民党统治当局与土匪相勾结，疯狂地进行武装反扑。县委、县政府发动群众，积极配合解放军，坚决打击敌人的反扑，彻底肃清匪患。

在开辟党的工作和政权建设过程中，陈谢兵团四纵十一旅三十三团，根据上级抽调部分部队开辟建设根据地的指示精神，留在地方开展消灭反动武装及剿灭土匪工作。该团一、三营在舞阳解放前夕就活动在这一地区。在团长崔政三的率领下，协助县大队及其他部队剿灭了大量土匪。同时，还积极发动群众，创建地方基层政权，壮大地方武装。在复杂的对敌斗争中，为做好发动群众的工作，政委张渡人亲自领导，挑选大批干部和骨干组成工作队，分赴各地。除叶县、方城等地外，在舞阳尹集有毛孩带领的工作队，武功镇有杜俊德带领的工作队。他们与群众同吃、同住、同劳动，很快成立了以贫雇农为骨干的农会，掀起了轰轰烈烈的反霸斗争。针对缺乏群众工作经验，不熟悉政策，不了解新情况，工作中难免出现偏差走弯路的现象，在地方党委的领导下，要求工作队先搞试点了解情况，取得经验，以点带面，逐步推广。在以武功为试点的工作中，镇压了罪恶多端的地痞流氓董毛等，震动了四乡，很快就打开了工作局面。到 1949 年 3 月上旬渡江南下为止，他们同在西平、遂平、叶县等地开辟工作的部队一起，在敌人主力不断骚扰、地方反动武装不断袭击的情况下，维持了局面，为舞阳地方组织的建立与政权建设做了大量工作。

1947 年底，被赶出舞阳县境的朱绍云由漯河窜回县东北部西平油坊张一带活动，勾结留县残余，笼络武装，成立绥靖大队、机动大队，令吴城镇长朱毓秀联络各保甲人员，建立保甲政权，委任吴肖卿为绥靖大队长，收容附近股匪。1948 年农历正月初，吴锡九由驻马店潜回，二吴合流，改称机动大队。其间，国民党十一师一部进犯舞阳时，吴锡九充当向导经吴城一带窜至县城，被解放军击退，吴锡九等携枪隐蔽，朱绍云在舞阳无法存身，逃往驻马店、信阳等地。

县境匪徒各踞一方，吴锡九、吴肖卿潜居吴城一带；冻春轩、孟庆浩、孟庆培、魏焕亭踞县东北九街一带；夏金才、赵祥卿踞南山地区。他们猖狂至极，肆意抢劫烧杀，奸淫掳掠，数次偷袭民主区乡政府，杀害干部战士及革命群众。

在国民党十一师一部一度进占吴城时，吴锡九乘吴城民主区政府遭难之际，策划区武装中队副李权正作为内应。待十一师溃败他走后，民主区队长李均全回到吴城，重新组织区队。1948 年 2 月 18 日，吴锡九、吴肖卿、王文卿率 50 余人枪，袭击吴城区民主政府，区队长李均全、村长李生等 5 人及李均全全家被杀害。李权正率 40 余人枪投吴，被委任为中队长，从此，这股匪徒更为嚣张。3 月 22 日，吴锡九等又同国民党十一师西平吕建坤突击团包围吴城附近解放军征粮队，激战一天，吴肖卿抓走解放军战士一名，交吕建坤，公粮被抢。次日，这股土匪在南高庄被解放军击溃。3 月 24 日，孟庆浩率众袭击解放军征粮队，解放军战士 10 余人牺牲。3 月 25 日晚，解放军进击吴城，吴锡九被抓获，其残部分崩离析。

4 月间，沙北县人民民主政府大张区遭到敌十一师 300 余人袭击，中队长卜庆祥，指导员李顺，战士张丙申、张庆华、郭金榜、李迎春、张黑子、张玉坤、李小毛，区干部张子长牺牲。

舞阳北部散匪冻春轩、田荣斋、陈向义、郑贯一等在大宋庄一带搜集枪支重新组织武装队伍。

其间，禹升联在开封接替朱绍云当上了舞阳县国民党县长。在开封的王仿愚、王海楼、刘信武、孟献若、陈仲蕃、高焕之、吕蕴儒、王芸青及逃到这里的尚振华曾到国民党省政府活动，为禹升联当县长铺路，并开欢宴会，力劝禹升联回舞当政。随禹升联到了漯河，又通知于3月间带家眷到汉口的尚振华回到漯河，共谋回舞反共大计。吴肖卿跑到漯河与禹升联接洽，被委任为机动大队长，回到吴城后伙同刘殿勋、翟斌之搜集枪支。解放军离开吴城后，吴肖卿又在坡杨让李吉亭、李权正到吴城收枪，成立大队。

5月中旬，尚振华由漯河先行一步回到北舞渡地区，隐藏在河口何玉生家，笼络散匪重新组织郾、舞、襄三县边区联防指挥部。从驻马店回来的陈青坡当上了尚振华的参谋主任。次日，禹升联带着国民党省政府委任状，改名夏焕亭与秘书李合亭化装成老百姓，手推土车到河口找到尚振华，宣布他自为县长，尚振华为自卫总队长。在何玉生家召集陈青坡、孟庆浩、冻春轩、王庆一、魏木子、李珠秀、郭元顺等开会，委任冻春轩、孟庆浩、刘玉山、魏焕亭、王庆一、臧华亭、赵祥卿、夏金才等为大队长，建立了13个大队。魏子乾为参谋，陈立人为秘书，郑贯一、李国范为副官，史相云为便衣队长。孟庆浩大队驻姜店，冻春轩大队驻河口，其他大队在乡间搜集民枪，吴肖卿又被委任为自卫大队长，驻吴城，禹升联时常到吴城边庄住，赵祥卿、夏金才在南部山区一带活动。

国民党县政府及尚振华的指挥部遂又在河口设立情报总站，李卓甫为站长，又分别在吴城、澧泉、樊陵、北舞渡、清合、连寺、大新、杜杨设情报站，有情报队、情报组、情报员。

1948年5月初，宛西战役开始后，陈谢兵团九纵二十六旅遵照刘、邓电令，在密县投入战斗，阻击郑州孙元良部向西南佯动，策应宛西作战。5月17日战役结束后，为配合宛东战役，牵制胡链兵团使其抑留于漯河以南地区，5月25日，刘、邓命秦基伟、黄镇率九纵即刻由密县、荥阳南下至舞阳北舞渡地区，向胡链兵团侧背阻击，小歼以迟滞其向南行动。秦、黄率领九纵二十六旅全部和二十七旅第八〇团开往舞阳北舞渡地区。

5月29日，刘、邓又将部署电告秦、黄，照原命向舞阳北舞渡急进，阻击敌侧背，小歼以迟滞敌人。

宛东战役大会战前，5月29日、30日，刘邓和中央军委两次电令陈士榘、唐亮兵团坚决阻截胡链兵团，不使其南下增援张轸。陈、唐接到电令后，遂于5月30日研究具体行动，并建议九纵南下北舞渡东北地区，以小部队追歼许昌、临颍、郾城之敌，查明并监视胡链兵团第十一师的行动趋向，并以积极动作阻击可能由郾城、北舞渡之间南下之敌。

禹升联、尚振华反动武装活动在县东北、东南及东部地区与边区各县反动势力相勾结，对抗解放军，袭击民主区乡政府，残杀区乡干部与革命战士，抢劫粮食牲畜。

当月，解放军某部由叶县进剿禹升联、尚振华部，二人忙令孟庆浩、冻春轩两大队前往九街伸张集合。孟、冻二匪进入伸张后，得到消息，解放军已由任桥向东到了殷庄。禹升联随吴肖卿从吴城街南陈逃向西平方向，尚振华同郑贯一潜伏于王定岗一带，孟庆浩自黑龙庙王窜至小赵庄，冻春轩经黑龙庙王由左庄逃往老赵庄。

解放军从殷庄、连寺、大王、包庄、九街到桥张西分两部，一部至小赵庄，将孟庆浩部全部俘获，孟庆浩只身逃回孟寨潜伏；一部由左庄追至老赵庄，冻春轩部逃至于庄，转向泥河坡内。沙河、澧河沿岸皆驻有解放军，该匪部遂潜散于冻庄、大宋一带。

禹升联、尚振华先后到臧湾臧华亭家，召开会议，进行布置，再度搜罗民枪。匪霸赵干臣、周良才、孙益亭、张恨涛、李天运等先后去见，禹、尚指使他们回去抓紧成立队伍，并委任李天运为自卫大队副。禹升联、尚振华等到胡岗胡秀林家召集30多人开会，郎殿卿主持，又委任了一些保甲人员，强调组织武力，各保建立联络站。后又在大宋召集各乡保长开会，商讨征粮征款事项，禹升联到大王庄东门外集合人员讲话，说要向大新店一带去。当晚郭元顺、陈立人等到韩寨，第二天抓两个买卖人，送交禹升联、李合亭以解放军探子为名，将二人杀害于王渡口河滩。

其间，便衣队员李保正向禹、尚报告，北舞渡解放军已走，可速去抢粮，禹升联、尚振华指使冻春轩率史书礼、董德川、张皮脸、史相云、田荣斋、王友堂、魏焕亭、胡顺、董子厚、赵元顺、王庆一等200

余人武装，从康渡渡河配合刘玉山、万书芬、郭元顺等从鹿店渡河，先后两次袭击沙北县北舞渡民主区政府，停留5天，杀村干部约10人，群众50余人，逮捕百余人，抢走牲口百余头。

5月22日，尚振华最忠实的爪牙、匪特务连长，外号“杀人阎王”的刘玉山率魏木子、赵光耀等匪众窜到火烧刘村，烧房几十间，杀群众3人。24日晚又到康庄，捕区干部康同步等3人，井庄村干部1人，宁庄村12人，并将这些干部杀害，同时又杀害北舞渡村干部3人，刘玉山先后杀害41人。

禹升联、尚振华在郾城王项岗与国民党郾城县长闫炳若商讨分路进击解放军时又得到郑贯一的情报，说沙河以北无解放军，便决定在那里建立政权。实施办法为：召集郾城团队副队长梁金峰及舞阳各队长在兴国周开会，令梁金峰率部由史埠口渡河到裴城会合。舞阳由陈青坡指挥，一路由冻春轩率领魏木子、刘玉山、赵光耀、石书礼等由连寺出发，一路由何玉生率领董子厚、董道全等由董寨出发，王右星、华书芬由马村、华店出发，先到北舞渡后再往裴城。他们到北舞渡时得知梁金峰没去裴城。陈青坡、冻春轩受尚振华指使，企图袭击沙北县民主政府，摸了个空，改向井庄、康庄、宁庄、鹿拐、孔庄一带，拉牛抢东西，抓村干7人，3人被刘玉山杀害于北舞渡。尚振华特意向各部交代说：“只要是为八路干事的，东西给他抢光。”

接着，这股匪徒配合敌十一师一一八旅九十三团袭击孟寨一带解放军，在顺湾王一战中，20余名解放军战士壮烈牺牲，敌九十三团得到轻机枪两挺、小炮一门。陈青坡、冻春轩等得步枪数支，抢解放军征粮车一辆。5月底，叶县国民党县长胡栋才被叶县人民武装独立营及三十三团一部击溃，胡栋才与张国政自东桃率残部到舞阳董寨与禹升联、尚振华合股。等了一夜，由殷庄、连寺一带转至闫湾一带，解放军自叶县入舞阳，禹、尚、胡看形势不对，由沙河北窜向南岸的闫湾、马湾。6月1日早晨遭到解放军迎头痛击，又退往河北岸，是日午夜，被解放军追至郾城大新店东的郭湾、李湾一带，企图与郾城国民党县长闫炳若部联络，解放军分两路追剿；一路穿过沙河到南岸的后小赵庄迂回郭湾；一路由裴城往东直接在郭湾的北面包剿。

6月2日上午，禹升联、尚振华在郭湾召集人员准备反扑，忽听四周军号声响，枪声四起，郭湾已被解放军四面包围，禹、尚及其众匪顿时大乱，各自奔命。禹升联逃往漯河，尚振华逃到拐子王王领谷家与郭元顺、陈立人、张景厚会合后逃往驻马店。其随从尚延、陈金岭被击毙，李灿华、孙天泽被抓。冻春轩从胡湾逃回老巢。

6月3日，解放军九纵二十六旅七十六团在团长李钟玄率领下收复郾城，在常湾、李湾一带，发现胡栋才骑一头大黑驴率部正向李湾逃去，李钟玄命令身边的二营长李学增及各营迅速追剿，共生俘胡栋才匪部400余人，胡栋才被当场击毙。当日，冻春轩勾结敌十一师便衣团窜到古城活动，听到有解放军消息后即抢渡澧河由三里桥窜至郾城境，4日在途中被击溃，11日又准备在胡岗纠合残余，在王桥又被击溃。此后，冻春轩在县东北一带，吴肖卿在吴城一带，夏金才、赵祥卿在南部山区各自潜踞。

郭元顺等又到董寨找到陈立人，约定6月10日去漯河，陈立人走到贾庄被民主区政府干部董松泽扣获，郭元顺从郑庄逃往漯河。

早已活动在舞阳南部地区的夏金才匪众，从1947年到1949年10月7日被抓获（在界牌）为止，疯狂反抗民主政府，残杀革命干部、战士及革命群众，手段极其残忍。仅尹集一带自县人民民主政府建立不到一年时间内遭杀害的解放军战士、乡村干部及群众就达61人，其中战士和干部31人，积极分子17人，群众13人，夏金才亲手杀害42人，拉群众牲畜160多头，抢夺敲诈15.91850亿元（伪法币），抢财物价值150多万元，强奸妇女不计其数。他的弟弟夏金玉杀害民主区政府工作人员及解放军战士达16名，乡村干部及群众8人。夏金玉1948年6月10日在母猪峡抓到陈谢兵团四纵十旅的田（××）班长、高（××）战士，捆绑到石齐沟活剥；7月间在辕门活埋解放军战士3人、枪杀2人，夏金玉共抢群众牲畜134头，抢粮几万斤，仅在刘庄一次就抢麦子20车，拉牛14头。匪首贾茂德杀人20余，抢劫财物价值170多万元，强奸妇女10多人。袁恒德杀害10余人，强奸妇女16人。

这些土匪常常窝藏乡里，祸害乡里，其手段之毒辣，惨绝人寰，除枪杀之外，还采取斧砍、石头压、砸、活埋、大解尸、剖腹开膛、活剥等手段，专门杀害民主区、乡工作人员及革命群众。山区村干部几乎被杀绝，山区村庄十室九空。他们肆意要粮要款，以及所需的一切物品，稍有怠慢，就遭残害。杨庄乡长岭头村刀子岭崔姓两家6口人，上至70岁老母，下至8岁孩童因不顺其心，一次将6人杀害，或开膛摘心，或剥开四肢，割掉乳房，砸烂头颅，其手段之残忍，其状之惨，令人发指。

夏金才原出身贫民，家居尹集朱洼村黄庄，16岁在接管厅甘棠乡公所当差。1944年曾加入地方抗日武装效信趁支队，当过排长，日军投降后他回家开牛肉铺。1947年开始当土匪，夜聚明散，伙同任哑巴、任庆元、王毛孩、田金河、刘书彬、石娃、夏金玉、袁恒德等十几人，抢劫财物、抢牲畜等。1948年3月下旬，他勾结苏文华，以王有、刘金海为内应，袭击接官厅民主村公所，杀死接官厅武装队长张全，抢走枪支十余支，随后又袭击尹集村政府劫走枪支十余支，杀死王双印，后窜往瓦房沟，将原卢宏宇隐藏的枪支起出，其中轻机枪二挺，后又纠合百余人，借用复杂的地形，利用群众不敢揭发的心理，在遂平、西平、舞阳的边区与解放军周旋。

1948年5月3日，匪首夏金才、夏金玉经尹清槐、张小黑联系，以尹国俊、尹永安、尹套为内应，并得到尹套、尹永安等密报后，连夜从灯台架出发，偷袭尹集民主区政府。区分队长谢全、队员白发清、王坤荣、徐心发、乔田及三十三团工作队员李全正、毛孩等8人壮烈牺牲，区长李文普及爱人因单独另住一房屋，经奋力激战，击伤匪徒陈多勋后脱险。后在三十三团追剿下，夏匪逃往嵖岈山一带。为消灭这股敌人，三十三团部队曾三次进剿嵖岈山，团长崔正三亲自指挥一、三营，再次进剿，俘敌5名，缴获步枪5支，子弹数百发。

夏匪部豺狼成性，一时形成我围敌逃、我打敌散、我离敌聚的局面。三十三团针对其特点，决定采取军事驻剿和发动群众政治瓦解相结合的办法消灭他们，命一营完成这一任务，并给该加强九连一个排，一个侦察班，第三次进剿敌人。

一营首先采取进山奔袭、围剿、清剿的战术。刚一进山，敌人即散，妄图在部队撤离之后再行集中，但出敌意外的是，一营驻扎下来。由副指导员师清朝、支部书记郭忠发、排长张德发等一批骨干组成工作队，并适当分散部队，与工作队一同大力发动群众，广泛开展攻势，宣传人民解放军节节胜利的大好形势，揭恶霸土匪的罪行，讲解政策，调查社情，济贫问苦。群众很快被发动起来，主动协助部队侦察敌情。

工作队依靠贫雇农建立了30多个情报网点，九连一个排在群众的帮助下，奔袭了敌人驻地，击毙7人，捉匪首2人，并将其执行枪决，消除了群众的疑虑。一营的一、三连以班为单位分散各村发动群众，不久，群众帮助部队揪出了夏金才的小老婆，找到了土匪的仓库，缴获步枪150支、轻机枪3挺、六〇炮3门和大量子弹物资。经过20天的有效工作，夏匪部属下多人纷纷投降。

1948年6月间，夏匪部在遂平庙尔岗被三十三团围击未散，后给他们以致命打击，余20多人逃散。夏金才以西平大老财于全珍为靠山，以瓦寨为巢，潜伏于灯台架、大栗树一带。9月初又被敌十一师及新三师编为一部，10月下旬，县大队配合三十三团追歼夏匪部，在石灰窑一带打死4名、俘7名，随后将逃跑之敌追剿至沙河店一带。

在三十三团部及其他部队在舞阳南部剿灭敌人的斗争中，这一地区的各区民主政府武装同全县各地其他区队一样，也发挥了应有的作用。如八台区武装中队，在陈谢部队帮助下，武装枪支得到壮大，积极配合了部队、县大队的剿匪支前工作。先后抓到与夏金才一伙的土匪苏文华、张贯堂等并执行枪决。当部队路过八台地区休整时，积极组织支援粮草，组织担架，出动民工前去开展支前工作。

选自1998年《漯河文史资料》第七辑

回忆我在舞阳解放过程中的战斗经历

关有才[①] 口述　杨继周[②]　胡德周整理

我是18岁那年被国民党抓兵到甘肃，后来拉到灵宝。1947年8月间，陈赓、谢富治兵团过黄河，攻打灵宝时被解放。我就留在陈谢兵团训练队接受训练，9月随部队到方城石头寨一带，编入二野四纵十一旅三十三团三营九连当战士。在方城，由我们三营的三个连中各抽出一个排组成一个连，组成县大队，共有105人，常东法任大队长、袁增茂任教导员，负责保护县政府，任务是开辟舞阳。那时上级安排郑津任舞阳县长。11月他带领我们进入舞阳，当时的县政府只有郑津和一个饲养员、一个警卫员三个人。

我们经方城小史店到舞阳西南方的瓦房沟，住在小杨庄，在这里消灭了一股30多人的土匪，建立了民主村政权，选出了村长。十几天后，从瓦房沟转移到尚店镇，到了以后，也建立了民主村政权，选村长，借大地主家的粮，站稳了脚跟。1947年12月17日，大部队解放了舞阳县城，县政府就宣布成立了。但那时处于拉锯状态，我们和敌人你来我往，就在部队解放县城后撤出不久，国民党县保安团就又进了县城。我们大队接受任务，配合三十三团包围他们，攻打县城。头天下午太阳落山时从尚店出发，后半夜打响，我们埋伏在北门，三十三团从南门打，一打，敌人就从北门向北逃跑，我们抓了十几个俘虏。

县城打开后，我们住了几天，就回尚店了。春节过后，我们随县政府到武功镇，那里有国民党的仓库，只有几个看仓库的人。我们就住在

① 关有才，河南邓州市人，生于1926年，1947年入伍。曾任舞阳县人武部政工科长。离休。

② 杨继周，舞阳人，曾任县史志档案局副局长。

了武功，这大概是 1948 年二三月。

我们在尚店住时，建立了民主区干队（武装中队），但区干队成分很不纯，有的是干过国民党保安团的，也有的当过土匪，还有县保安团长卢宏宇的外甥，他们都和保安团有关系。一天，保安团给区干队内部的坏分子写信，要里应外合，拉走区干队，消灭民主区政权。敌人的阴谋被我们的人发现了，我们决定解决区干队。我们把机枪对准门口，一个也不准动，缴了他们的枪，把区干队的人全部押往县政府驻地武功。

在武功扣押了几天，县政府决定把一些坏分子和其他在押的敌人一起押往方城独树镇，那里是中共七地委、七行署、七分区所在地。从武功出发走到接官厅，天快黑了，就在接官厅住一个晚上。第二天早饭后，我们先派两名通信员骑马到接官厅村西探路子，看有没有保安团的埋伏。两名通信员一出村，果然遇到了敌保安团的埋伏，一个通信员当场就牺牲了，另一个跑回接官厅报告，我们就出村追剿敌人，但敌人已跑掉了。随后，研究决定在接官厅镇压部分可能被劫的坏分子，在村东头枪毙了 11 名，其中有卢宏宇的外甥。

在县政府、县大队进县城前，我们都是在舞阳南部山区的尚店、武功、八台、柏庄、卸店等地活动，专门配合三十三团正规部队消灭土匪。在这一地区的战斗中我们大队先后牺牲了 5 名干部战士。记得我们在柏庄寨住时，派一个排到南面的叶楼村，部队刚驻下，就有坏人给舞阳南部的大土匪夏金才通风报信，夏金才带了 100 多匪徒，把这个排围在几间屋内。但我们是正规部队下来的，战斗力强，武器好，土匪是乌合之众，一打就散，这个排以两挺机枪开路，突围出去了，可战斗中我们牺牲了两名战士。夏金才匪众很凶残，我们的这个排离开叶楼后，夏金才带人把我们两名战士的尸体扒出，用火焚尸。

1949 年 3 月，三十三团离开舞阳随野战军过长江，我们到辛安一带欢送，在小王庄驻，那时，舞阳县大队已壮大到 5 个连，其中 4 个连升入大部队随三十三团过江了，我们这个从三十三团三营抽出的连被编为许昌军分区十三团二营五连。

编入十三团后，我就随部队去禹县剿匪，后又到宝丰，我已升为排长了，后来又去许昌学习，1950年底分到军分区后勤部当军需员，1952年7月又回到舞阳，直到离休。

选自1998年《漯河文史资料》第七辑

政权建立

忆豫中第一个县级人民政权

——西遂舞叶方泌边区县建立前后

周声远[①]

抗日战争期间，日本侵略者的铁蹄踏进中原，国民党部队或一触即溃，或退守鄂西，河南沦陷区人民处于水深火热之中。为了打击日寇，保卫人民，在中国共产党领导下，鄂、豫、皖边区建立抗日救国武装，开辟了中原军区敌后抗日根据地。1944 年冬，又开始建立豫中军分区抗日根据地。

1945 年夏，豫中抗日根据地于遂平嵖岈山以北地区成立了中共豫中地委和专员公署。随后，以舞阳南部山区为主，包括西平、遂平、叶县、方城、泌阳边区在内的地区，建立起了豫中第一个由中国共产党领导的公开的人民民主县级政权。

这个人民民主县，只有短短的半年时间。由于形势急剧变化，人事更迭繁复，且已过 40 多年，当时在这里战斗过的同志已淡忘了这段历史。因为笔者自始至终亲身参与该县党政机关具体工作，不少情况尚能追忆。今将所知据实写出，与知情诸同志共同回忆。如有误漏、不妥之处，望能补正。

豫中军分区抗日根据地建立之初，我在地委文工团和抗日人民挺进军第十五团各工作过一段时间，随后，被调入以胡赞扬为队长的农村工作队工作。1945 年 6 月，工作队利用“三夏”大忙时机，发动了“灾区赎地运动”，领导农民赎回灾荒中廉价卖出的土地。此时，军分区从禹

① 周声远，舞阳县人，1914 年生。曾任营连文化教官、文工团团长，县委、县政府秘书，县文教科、局科长、局长，县高中副校长，县人大常委、县政协副主席。

县神垕迎来了八路军南下抗日大军皮定均支队部分兵力，进入舞阳南部山区，该地区最后一股反动武装杨梦普于寺山寨被全部消灭。7月初，豫中地委、专署任命苗宝泰为西、遂、舞、泌边区县县委书记、县长，来到工作队驻地，依靠工作队力量，开展县政权的建设工作。

苗宝泰，舞阳县人，曾任中共舞阳县委宣传、组织部长，1940年去延安，后随皮定均支队来豫中，任豫中地委宣传部长。这次让他创建县级人民抗日政权，事关重大。他为人谨慎，先与当地共产党员王方明、胡赞扬取得联系，了解情况。

王方明和胡赞扬同是舞阳县人。王方明于1940年去延安学习，提前被派回县，在城南发动地方武装起义，组成挺进十五团，任副团长。胡赞扬在城北联系地下党员，以公开身份为掩护，在地方上关系面甚广，当时还是工作队长。

苗宝泰同王、胡及工作队几位同志研究后，初步决定让王方明兼任副县长，让胡赞扬任尹集区委书记兼县民政科长，李华任县委组织部部长兼县财粮科长，赵铎任县委、县政府秘书，张庆军为会计。报告呈报地区，很快予以批准，带回了豫中专员公署的安民布告。

此时，县委、县政府还没有固定地点。为了迅速赶印新的县政权布告，以便和专署布告一同张贴，加强宣传效果，决定暂以鸡山西北刘川沟村为办公地点，马上动手拟文稿、刻印鉴，托人找石印机印刷。只用了一天时间便完成一切。豫中抗日民主专员公署和西遂舞泌抗日民主县的安民布告同时在各处张贴。布告盖着大红钤记，下款印着专员欧阳景荣、县长苗宝泰的名字，直贴到日军占领的舞阳城门外，顿时震惊了敌人，鼓舞了广大民众。为配合新政权的建立，军分区积极开展了对日伪游击战，迫使敌军停止了朱兰店南的工事和城东南的修筑飞机场活动。

新政权成立后的第一件事，就是组织好夏季征粮。时已七月，刻不容缓。秘书室的同志抓紧时间刻制、印刷夏征收据，并装订成册，分送各区各乡。接着，又成立了以来龙泉为队长的税收队，进行有组织的税收工作。

与此同时，在苗宝泰同志领导下，曹集、尹集、柏庄、接官厅等乡级政权迅速建立起来，并进一步建立了区级政权机关。各区、乡又先后搞到了一些武器，区、乡级战斗队也组织起来了。

由于尹集区委、区政府首先建成，县党政机关由刘川沟迁到尹集寨内，便以尹集为县委、县政府所在地。

这段时间，主要区、乡政权进一步巩固，人民武装逐渐壮大，抗日根据地日益得到人民的拥护，夏征、税收都完成得不错，新政权有了较好的财政、物资保证，脚跟站稳了。

8 月初，地委调走苗宝泰，任王泽民为县委书记，吴振挺为县长，并决定将西平、遂平边区划出去，以叶县、方城部分地区划入县辖范围，更名为“舞叶方泌抗日民主县”，县机关迁尚店镇。增配董锡之为副县长，沈祥符为财粮科长，其他干部无变动。

此时，日本侵略者已经穷途末路，到了即将投降的时候了。舞叶方泌边区县根据形势的发展，抓紧时机，努力巩固县区政权，积极扩大武装力量，广泛开展对敌斗争，加快扩展根据地范围。京广线以西，北起叶县、舞阳，西至方城、社旗，南到泌阳地区，全部在豫中军分区和边区县控制之下。

1945 年 8 月，日本宣布投降。月底，舞叶方泌抗日民主县改名为舞叶方泌人民民主县，开始加紧收集武器，整顿部队，并立即开展秋季征粮工作。时八路军和坚持在伏牛山、嵩岳的地方武装，奉命赴鄂豫边区根据地集中，路过舞叶方泌民主县，县政府将征得的粮食、棉布、军鞋等全部支援了过境部队。

经过艰苦的抗日战争，全国人民渴望和平，不料蒋介石悍然发动了国内战争。为保卫革命胜利果实，防止国民党部队突然袭击，豫中军分区司令部下令将民主县所属武装统一编制，成立了舞叶方泌指挥部，在梁八台设立了办事处。县政府在完成支前任务后，根据国民党十一师自老河口向南阳调动的情报，立即将人员集中于尚店以西的山村，组编成以王泽民为政委、吴振挺为队长的舞叶方泌人民解放军游击支队。组编中，大部分同志被编入支队，一小部分同志决定留在当地。留下的同志心情不免波动，经过说服动员，又给他们配备了一些比较实用的自卫武器，遂道别分手。

游击支队出发前，进一步检查了各项收尾工作：将无用的一百支各种陈旧破烂的土造长短枪统统加以销毁，以免散入民间，危害群众；赵铎秘书将三次亲手刻制更换的钤记、长戳、公章等印信悉数付之一炬，豫中第一个人民民主县县级政权在完成了自己的使命后，宣告结束。

不久，国民党军队从南阳向舞阳方向运动。游击支队为保存实力，伺机歼敌，立即从尚店出发，沿舞阳、方城之间的山岭地带向南行进。吴振挺同志跨上战马，走在队伍中间，举目巡视了大队前后的行军情况，深有感触地说：“唔，又开始演‘铁流’了！”队伍行至铜山以西，停驻在马谷田附近的几个村庄里。

以后，国民党反动军队向我根据地发动进攻。舞叶支队在军分区和王树声将军的统一指挥下，日夜转战在西平、遂平、舞阳、泌阳几县之间的山川沟岭间。1945 年 12 月末，舞叶支队奉命离开了豫中根据地，调往桐柏，编入中原鄂豫皖军区，在更广大的战场上为解放全中国冲杀驰骋。

选自 1998 年《漯河文史资料》第七辑

中共舞阳县委县人民民主政府的建立

胡德周

1947 年下半年，人民解放军在各个战场上都取得了辉煌的战果，共歼灭国民党军 75 万余人。刘邓、陈粟、陈谢三路大军完成了在中原的战略展开，开辟了广大的中原新解放区。豫西南的宝丰、鲁山、叶县、南召、方城等先后被陈谢兵团解放。11 月中旬，豫陕鄂边区党委、行政公署在鲁山县文庙成立，豫陕鄂七地委、七专署、七分区也于同月 29 日成立。舞阳县归七地委、七专署、七分区所辖。

1947 年 12 月 17 日夜 11 时，陈谢兵团四纵二十二旅向舞阳县城发射两枚炮弹，随即攻克舞阳城，踞守这里的国民党舞阳县自卫总队加强中队，只在北城门虚放几枪便仓皇南逃。舞阳县城解放后，豫陕鄂七地委决定只建立舞阳县人民民主政府，巩固和建设根据地，陈谢兵团四纵十一旅炮兵大队副政委郑津担任人民民主政府县长。

县政府成立之初，只有郑津及饲养员、警卫员 3 人，另有十一旅各连抽调 90 余人组成县武装大队协助政府开展工作，但力量薄弱，缺乏干部，全县绝大部分乡村政权仍被旧乡保人员及地主恶霸所掌握，群众没有得到广泛发动，政府面临的主要任务就是保证政权的存在与民主力量的扩大、组织发展革命力量、配合部队，打击反动势力。

在政权建设及开辟工作的过程中，原在抗战胜利后及中原突围期间疏散回到地方隐蔽的舞阳县地下党员，主动找到部队及县政府，要求出来工作，协助政府创建新局面。政府在很大程度上依靠了他们的力量，团结人民群众，壮大队伍。1947 年 12 月 19 日，县城刚刚解放，张鸿宾就主动与二十二旅政治部联络，要求为党工作。见到郑津后，首先汇报了舞阳县地方的大致情况。随后，根据郑津指示积极联络县内失掉关系的地下党员。张鸿宾约同何国贤跟随郑津一起到武功，离开县城时，协助郑津找到干过国民党旧军官的王治国，由他组织十几条人枪维护县城治安。张鸿宾在武功地区联络了王伟民、张瑞甫、陶铁良、文一勋等，并到舞阳北部与张福新、李文普、郭静斋、董松泽、胡赞扬等接头，让他们出来工作。这些人员由于长期隐蔽，与党组织失去联系，一听说成立了人民民主县政府，革命积极性又高涨起来，纷纷找到郑津要求分配工作，在八台的邓复初等也来到武功向郑津汇报情况，要求工作。其间，张松峰也到县政府主动要求工作。到 1948 年 1 月，县人民民主政府成立了秘书室，张松峰为秘书，刘克为财粮科科长，文一勋为文教科科长。

随着县人民民主政权的扩大与巩固，根据七地委的决定，1948 年 2 月建立了中共舞阳县委，王子伟任县委副书记，主持工作。县委、县人民民主政府在搞好自身建设的基础上，注重加强党组织及基层政权的建设。依据对敌斗争的不断深入和形势的转变，从 1948 年初开始到 6 月，自南至北，先后建立 11 个民主基层政权及党的委员会：

一区尚店，区委书记张少先，区长田英，副区长胡芳；二区柏庄，区委书记杜俊林，副书记任志春，区长李进云，副区长张福新；三区尹集，区委书记边喜，副书记刘庆荣，区长陶铁良（4 月牺牲），后李文普接任（5 月离职）；四区八台，区委书记彭贵和，区长邓复初，副区长罗飞（不久离职）；五区武功，区委书记谭宗五，区长张瑞甫。在五区建立之前的 1947 年冬或 1948 年初，县人民民主政府曾在孟寨建立过五区民主政府，由孙彦章等带领武装开展活动，但因种种因素，该区政权为时不久即被上级命令撤销，随后又建立武功五区政府；六区保和，区长赵宝珍，同年 5 月任智英任副区长；七区城关，区长张鸿宾，副区长王治国；八区吴城，区长何国贤；九区孟寨，区长张俊发。1948 年 6 月，建立了第十区九街和十一区殷庄，十区长郭静斋，十一区长李文普。

由于敌我斗争异常尖锐，环境复杂，各级政权组织完全处在游击环境之中，敌我之间形成拉锯状态。县委、县政府在中共豫陕鄂七地委、七专署、七分区领导下，依托南部的武功、尹集、八台一带向北发展。

以占领山区，巩固阵地，逐步前进的策略，开展工作，先后在武功、接官厅、柏庄、卸店、官庄等地办公。经过艰苦卓绝的对敌斗争，敌我争夺的动荡局面到1948年8月基本结束。

选自1998年《漯河文史资料》第七辑

漯河市解放初期的政权建设

郭双林[①]

随着解放战争形势的迅速发展，1948 年刘邓大军在河南、湖北等省解放了大片新区。建立新政权，开展新工作，成为当时的政治任务。当时除了从部队上抽调部分干部转地方工作外，中央决定从华北解放区组织一大批地方干部到新解放区工作。据我所知，仅河北省冀中地区就抽调了几百名各级干部，编为四个大队，在当时的中央所在地河北省平山县集中学习，我也有幸是当时的成员之一。记得在集训期间，毛主席及其他中央领导人都分别给我们作了报告，主要是讲形势、讲政策、讲注意事项。约 6 月初，一切准备工作就绪，我们就从平山出发南下了。一路上浩浩荡荡，迤逦而行，到了邯郸、安阳、郑州一带因当时有国民党军队盘踞无法通过，即改变路线向西进入山西，从长治南下在孟津渡黄河。经过近两个月的徒步跋涉，于 1948 年 7 月底，到达河南省豫西二地委所在地——方城县独树镇，一面休息整顿，一面学习党在新区的各项政策，等待分配工作。

1948 年 8 月 18 日，地委派出了以齐文川同志为首，包括康国蕴、王健、李维之、朱干、杨玉祥等在内的 27 名同志到漯河开辟工作，中心任务是组建新的人民政权。由于当时我年龄最小，一路上没有什么具体任务，只是协助齐文川同志的警卫员张正义同志做些服务、通信工作。后来分配工作时，齐文川同志仍让我留在他的身边。

当时，漯河还在敌人手里。我们决定先到叶县，在叶县通过军队干部和来往商人了解，知道了漯河一些情况。几天以后，即 1948 年 8 月 23 日，漯河被襄城独立团和四纵的侦察部队解放（这次已是第五次解

① 郭双林（缺）。

放），我们即于 8 月 31 日由叶县出发，向漯河靠近，到达郾城五里庙村住下了。第二天派人到漯河侦察了一下情况，确定没有大股敌人，始于 9 月 2 日正式进入漯河市。所谓正式，也只是白天在漯河街上转转，临时住一下，晚上又撤回沙河以北或澧河以西的农村。在一个多月的时间里，我们先后在郾城县的十五里店、大新店、裴城和舞阳县的北舞渡等地留驻。因为当时晚上有敌特袭扰，为了确保同志们的安全，必须在晚上撤出漯河。我们把机关名称暂定为"漯河人民办事处"，写个条子贴在临时办事处的门口就行了。"清香池"澡堂和寨内福音堂等地方都做过"办事处"。为在漯河尽快打开工作局面，站稳脚跟，不久，我们从舞阳请来了一个警卫营，配合地方干部打击敌特活动，剿灭漯河附近的国民党地方武装。警卫营中的一部分和我们一起住在美国医院，对外名称为"豫西二专署漯河办事处"，党的机关名称为"豫西二地委漯河办事处"。"办事处"比县级高半级。开始，工作机构很少，设了三个部门、两个区：即工商局（局长阎志本，负责税收、金融工作）、公安组（组长朱干，负责维持社会治安，打击敌特活动）、行政组（组长已记不清，负责建立新政权的筹备工作和宣传教育工作）。将全市划为两个区：寨内和牛行街为一区（区长崔瑞云，政委王健），其余地区为二区（区长陈月立，政委康国蕴）。区以下仍沿袭原国民党时期的保甲制，全市共有 20 个保。同年 10 月，地委又增派了从山东省来的柯得美、于建之、李恒位、高飞等 13 名干部，加强了漯河的力量。

由于解放战争的节节胜利，漯河局势由原来的时有反复逐步趋于稳定。根据上级指示，于 1948 年 11 月 7 日，我们在"中兴戏院"召开群众大会，正式宣布成立"漯河市人民民主政府"，第一任市长是梁仰云同志，书记（也叫政委）是齐文川同志。开会的当日，由于敌特告密，还引来一架敌机在会场上空低空盘旋，幸亏通信班长东丙寅等同志把死了大门，不让一个人跑出去，敌机绕了几圈未发现目标，没有扫射也没有投弹，就飞走了。但是会场内的人可惊慌了一阵子，特别是工商界人士，个个吓得面色如土，惶惶然想急于离开会场逃命。

人民政府成立后，市委、市政府虽然仍驻在美国医院，但已开始分开办公，各种机构也逐步建立起来。市委机关由书记齐文川主持全面工作。他住在一座碉堡式的小楼的上层，警卫员住下层。那时人少事多工作忙，一天到晚没有休息的时间，一切讲话稿件和向上级写的报告等，都是齐文川同志亲自动手写，从未见过他让别人代笔。秘书室有四位同志，秘书于登渥主要处理日常事务文书档案和伙食供应等。这时我在秘书室主管机要文件，王谓源主管电台，因为那时还没有电话，重大问题只有用电台联系，组织部干事范兴，宣传部干事徐维秋，当时都没有配部长。政府部门机构较多，人员也多。市长梁仰云住在一座铁皮小楼上，他是位部队干部，也分管军管会的工作。政府秘书臧自修，舞阳县人，到过延安，另住一座铁皮小楼，也有警卫员。后来，我调到政府部门和他住一起，负责机关的资料收发工作，记得有一次和他一起到舞阳开会（这时二地委已迁到舞阳），还到他家吃过饭。

政府下设四科三局和四个区，即财粮科（科长李维之、科员王学修）、司法科（科长丁凤，女）、教育科（科长李恒位、副科长董一堂）、民政科（科长李希鹏）、公安局（局长田春、副局长柯得美）、工商局（局长阎志本、副局长于建之）、税务局（局长侯玉珊）。此外，还建立了人民银行（行长林步云，副行长云峰）、贸易公司（经理张相林）。四个区是：一区（辖寨内及牛行街，共七个保，区长杨玉祥）、二区（辖马路街及以南地区，共六个保，区长仲吉训）、三区（辖老街及以北地区，共五个保，区长李铁民）、四区（辖京汉铁路以东地区，共两个保，十五个村，区长陈月立）。到1951年，政府把漯河附近的农村从郾城划来一部分，又设立了一个郊区（区长宋开舟），这就是解放初期漯河市新政权建设的一个基本面貌。后来虽然几经变化，但基本框架一直没有大的改变。

1948年12月1日，根据河南省委决定，漯河市和郾城县合并，这也算是第一次市带县吧！合并后，市、县名称同时存在，市委书记和市长兼任县委书记、县长，但主要做城市工作，另设副职做农村工作，齐文川同志任市、县委书记，梁仰云同志任市、县长。由于市县合并，所辖地区也有所变动，市以东以南的十五个村庄除万庄外，铁路以东的划归郾城四区（即高桥区），铁路以西的划归郾城二区（即大刘区），同时废除了旧的保甲制。1949 年 5 月 16 日，市内四个区同时撤销，由市政府直接领导新建立了 22 个街政府和 1 个村政府。1949 年 10 月 23 日，漯河市和郾城县合而复分，梁仰云市长和齐文川书记先后调走，漯河市降为县级市，由郑旭同志调来任书记兼市长。1949 年 11 月 16 日，将 22 个街政府划为 14 个街政府，街政府改名为街公所，不算一级政府了。1951 年 6 月，撤销街公所，又恢复了原来的五个区：一区辖寨内及牛行街，二区辖马路街及其以南地区，三区辖老街及其以北地区，四区辖铁路以东地区，五区辖市郊农村。

当时党政军民的主要任务有三件：第一件大事是剿匪反霸，打击敌特活动，收缴枪支、弹药、电台，稳定社会治安，恢复生产，安定民心；第二件大事是支援前线，拥军优属，先是支援淮海战役，继而是支援大军过江，搞了无数的军粮、军鞋、草料等物资；第三件大事就是废除旧制度，建立新政权，宣传党的政策，发动群众搞民主运动等，终日都是轰轰烈烈，忙得不可开交。但是，我们每一个人都情绪饱满，干劲十足，生活、工作条件虽差，谁也没有任何怨言，都是为了一个共同的目标——打倒蒋介石，解放全中国。

选自 1998 年《漯河文史资料》第七辑

征程岁月

1947 年解放漯河地区亲临纪实

孟巍坚[①]

1947 年秋，中国人民解放军刘邓大军渡黄河南下，长驱直入，千里挺进大别山，漯河地处交通要冲，为大军必经之地。1947 年 12 月 18 日，陈赓兵团攻克漯河，当时驻守漯河和郾城的国民党第十三旅被打得龟缩在郾城县城，负隅顽抗了 80 余天，在守城无望的情况下仓皇逃窜到开封，后在我军解放开封时被全歼。

我军顺利解放了漯河，只剩敌孤军守在郾城城内。当时，我正在郾城上中学，在我军准备攻打郾城的前夕，学校停了课，我和三位同学一起背着书包和行李，匆忙跑出城外，一气跑了十几里，回到自己的家。

我进村之后发现，家家户户都住满了解放军战士，因为在附近所驻军队是准备攻打郾城的主力部队，所以各村的驻军特别多，每户大大小小的房子里，都是用麦秸打地铺，以供部队所用。年底我军开始攻打郾城，部队采取白天休息、夜晚开战的战术。

每天一到黄昏，人民解放军即做好了进攻郾城的准备，各分队均携有云梯等攻城器械，准备登城。我目睹了那些解放军战士认真演练架云梯攀城墙的功夫。

每天到夜深人静时，部队就悄悄逼近城墙，进攻号令一发起，射击声就响入云霄。随后，敌人的照明弹也一个个地释放出来，照得如同白昼，迫击炮和机枪噼里啪啦响成一片，战火的硝烟弥漫了方圆数十里的夜空。

1947 年的冬季和 1948 年的初春，驻扎此地的解放军部队为陈（赓）

① 孟巍坚，男，1932 年生，漯河郾城县人，高师毕业，曾任乡长、小学校长、检察院检察员等。

谢（富治）兵团。当时部队除执行战斗任务外，还在地方广泛地开展宣传工作，通过“人人有饭吃，耕者有其田”“打倒土豪劣绅，实行土地还家归穷人”等一系列口号广泛宣传和发动群众。

1947 年 12 月，以孟庙为中心，我驻军领导干部秦政委召开了五个村庄的民众大会，开展军民联欢。当时，村民孟庆穗作为农民群众的组织者，组织和带领大家聚集在孟庙村的孟家祠堂里，会场上挂起一幅长方形匾额，用红纸横写着“万众一心”这四个大字。村上的老知识分子怕招来祸事，以种种理由推辞或躲避了，我以青年之勇应邀写下了这四个大字。秦政委看到这个字后，赞誉道：“小青年很好，以后多帮忙。”时隔几天后，我们附近几个村庄，由部队领导，又搞起土地改革。

就我村来说，每人平均二亩二分地，当时我被分配开列全村各户名单，将所分配土地实行挂牌插标，明确到户，深受人民群众欢迎。因此，广大群众更加热烈拥护和热爱人民解放军了。

选自 1998 年《漯河文史资料》第七辑

回忆我在革命战争年代的一段工作经历

周云章[①]

我于1938年加入中国共产党，之后不久，即被组织上派往竹沟政训班参加学习并被留在了竹沟。竹沟事件前夕，我随部队外出打游击，竹沟事件后我们与撤出的部队会合，成立了豫鄂皖赣挺进纵队，后改编为新四军第五师，我任师部电台台长。中原撤退时，组织上决定留一部分同志在敌占区开展地下斗争，我和张运岐被派回到我的家乡郾城工作。接受任务后，我们便根据组织上的安排回到了郾城，下面是我在郾城工作的一段经历的回忆。

1946年2月，我们三人（我、张运岐和南召黄陵店的一个同志），赶到豫南指挥部，黄林指挥长派一个班把我们送到泌阳县委。我和张运岐化装成商人，南召那位同志化装为传教士，县委书记李建安（遂平人）派交通员把我们送到仪封。当时仪封正在唱戏，我们就在那里分手了。到家后，我以卖豆芽、张运岐以卖油卖面作掩护开展地下工作。

五月初五和八月十五日两个规定接头时间，我们都未和地下党组织接上头。我和张运岐商量，找不到地方党组织，只好自己开展工作了。经过几个月的培养与考验，我们发展了进步农民周连生、张培林为中共党员，建立了支部，我担任支部书记，张运岐为副书记。支部开会研究了四项任务：1. 发动群众，密切联系贫苦农民，通过他们宣传我党政策、揭露敌人对我党的造谣和诬蔑；2. 派人打进国民党乡保政权机关，掌握敌情，掌握敌人武装待机行动；3. 发展党员，壮大党的组织；4. 积极活动，力争早日同上级党组织接上关系。后来我们通过工作又发展了王松

① 周云章（缺）。

林、周焕章、董令寅为中共党员，并派董令寅打入乡中队，给中队长李华雨当跟班，周连生在保公所当听差。

1947年底，在国民党报纸上看到"'共匪'罗和夫窜到伏牛山区""共军渡过黄河"的消息时，我们很高兴，心想：反攻开始了，胜利的日子快到了。又过了半个月，国民党军队着了慌，挖工事、打寨子，摆出顽抗的架势。我们支部开会研究做迎接解放军的准备。一次，我们正在村外的小屋里开会，问十镇的人都从寨子里往外跑，我们问："跑什么？"他们说："八路军来了。"我们就给群众讲："咱们是穷人，怕什么，八路军爱穷人，不要跑了。"部队进村要向导，我就主动让基本群众范建乐去引路，有三个骑着马，看样子是部队首长，在我家门前停下来，我主动上前迎接，并自我介绍说："我是新四军五师留下的。"他们很高兴，随我回到屋内，我把情况介绍后，他们很感激，对我说："我们是刘邓大军第一批先头部队，你不要送我们，要在村上继续隐蔽，全国很快就要解放了。"

1948年初，我们听说西平、遂平山区有我们的地方部队活动，我就找他们联系。一次在西平县合水镇与区委书记范江同志接上头，向他介绍了郾城地下党的活动情况，请他帮助与上级联系，他说："县委在出山，地委在独树。"他把我们的情况转告了县委书记李海涵同志和地委书记宋川同志。3月，宋川同志到西平合水镇，叫我去接头。当我赶到时，宋川同志因急事先走了，我给县委书记李海涵同志汇报了活动情况。

4月初，宋川书记通知，要我和张运岐同志到保安独树镇（二地委所在地）找他。我和张运岐见到宋川同志后，把从部队下来后的经历和两年来在家乡工作的情况详细地向他作了汇报。当时他高兴地叫警卫员弄了几个菜和一壶酒菜招待我们。吃饭时，宋川同志告诉我们："地委已经决定派冯泰振同志任郾城县委书记兼县长，并带领侯玉珊、王喜旺、刘虎江、霍凤喜、李运怀等十几个同志住在舞阳西部。你们回去后找冯泰振研究公开建立民主区政府，你公开身份，运岐同志暂不要公开，继续隐蔽搞情报，以备拉锯。"饭后，我到舞阳西上澧河店找到冯泰振研究了进入郾城的工作后，就回问十镇了。

1948年农历五月三十晚上，冯泰振带着11位同志到问十镇，先住在大地主梁冠英家，群众认为是国民党便衣队。第二天上午，冯泰振同志带着通信员到我家接头，当时我不在家，他问我父亲："周云章在家吗？"我父亲听口音是外地人，怕是国民党便衣队特务，就说："我家没有周云章。"中午，我从外边回来，父亲给我说了情况，我估计可能是冯泰振他们，如果是他们，下午必定会来。下午给父亲交代一下，就去村外了。一会儿，他俩果然又来了，我父亲说："你上午来找周云章，我家没有这个人，你找错了吧？"冯泰振说："你家有个龚建华吗？"我父亲听到这个名字，断定是自己人，连忙让他们坐等，出去把我叫回。我们见面后，研究决定，马上通知晚上召开支部会，冯泰振在会上宣布二地委指示，建立郾城县问十民主区政府，周云章同志任区长，刘虎江同志任区委书记，霍凤喜同志任副书记，李运怀同志任武装部长。张培林、周连生、张西泉等六人公开在区政府工作。当天晚上我们就把印好的布告盖上公章贴了出去。第二天，群众一看布告，感到惊奇，三五成群议论纷纷："卖豆芽的庄稼汉当上了共产党的区长""穷人有出头之日了，国民党快垮台了……"这一消息像长了双翅，很快传遍了郾、舞、西三县。

区政府成立第三天，我们的一支部队从西山开过来驻扎在问十镇，这就惊动了驻扎在信阳一带的国民党十一师，他们妄图吃掉我们这棵刚出土的幼苗——民主区政府，开来大批军队包剿问十镇。因为他们摸不清我们的情况，不敢进村，只是从三里外的刘庄、进头王[①]用机枪、迫击炮向问十镇扫射。打了半天，我们也未还击，夜里民主区政府跟随部队转移到舞阳西部，住在上澧河店。

区政府在上澧河店驻扎有十几天，二地委指示：县委书记冯泰振调离郾城，周刚接替冯的工作。8月13日，周刚派我和周连生回问十镇了解敌伪顽情况。我俩从上澧河店出发，天黑走到师庄师凤岐（我的小

① 应为"尽头吴"，属西平县权寨乡。当地土话吴、王同音（wó）。

学同学）家，师凤岐说："你们走后，国民党问十镇乡公所又恢复了，县政府设在漯河，郾城没有国民党正规军，但有不少保安团。"深夜，他送我们进问十镇。第二天张运岐同志带领几个党员在我家秘密地谈了情况。15 日晚上，传闻国民党郾城县长来查户口，大家就把我藏在牲口屋的顶棚上。闹了半夜也未见来，后来，听说是伪县长走到曹店不来了。

16 日拂晓，张运岐把我们送出问十镇，我们在大新店见到周刚汇报了情况。

18 日晚，我县、区政府的同志返回问十镇，首先打掉了国民党乡公所、保公所，缴获 30 多支枪。而后我带一班人，由董令寅同志带路去抓敌乡中队长李华雨。我们到李华雨家时，董令寅向院内连扔三个瓦片，里面没动静。董低声对我说："不在家，可能在村南的仓库屋里。"我们到村南把仓库屋包围起来。董把门叫开，我带警卫员进屋。李华雨正和一个土匪头在那里谈话，一见我们进去他俩很惊慌，连忙摸枪，当看到两支阴森森的枪口对准他们时，李才说："你们回来了，带多少人？"

我说："人不多，两个！"

他朝门口一瞅感到势头不对，口气缓和地说："好！共产党来了你当区长，国民党来了我当中队长，咱们井水不犯河水。"

我说："放屁！来人，把枪拿下捆起来！"

大家蜂拥而上，摘掉了他俩的手枪。李华雨装出一副可怜相哀求说："云章，咱们有什么都好讲，不要捆行不行？"

我谅他们跑不了，便说："只要老实交出武器，不捆也行。"

他说："我没有武器，那枪是梁金锋（伪自卫队总队长）的，放在师庄。"

我听出他是在撒谎，就叫他跟我们一块去。他连忙改口说："不，枪就在这个坑西北角水里。"

两个战士下水摸有十几分钟没摸到，我就令他下去摸。他放的枪他知道，下水就把枪摸了上来，50 余支全是步枪。我问："机枪放在什么地方？"

他说："在家里。"

我们又到他家，从箔底下取出一挺轻机枪。那个土匪经我们一审，交代他是个伪乡长，也交出 10 多支枪来。我们把李华雨押在区公所，第二天因看管不慎，李华雨逃跑了，后来还是在剿匪反霸时张运岐把他逮捕枪毙了。

这次共缴步枪 80 多支、轻机枪一挺，壮大了我们的力量。

选自 1998 年《漯河文史资料》第七辑

沙北县第三区首次征粮工作回忆片段

寇培烈[①]

1947年底，人民解放军以迅雷不及掩耳之势，一举解放了河南大部地区。国民党军政人员纷纷挟财带眷南逃，乡保长们也隐匿或外逃。当此新旧政权交替时期，一些地方土顽乘机拉帮结伙，任意抢劫，为害乡里。为彻底拯救水深火热之中的人民，以查镇才（山东人，政委兼区长）为首的沙北县第三区政府，迅速与以程广兴（纣城村人，现在河南省民政厅工作）为首的地下工作组联系，进驻纣城，建立了村政权，很快稳定了局面，旋即掀起了如火如荼的土地改革运动，其势如燎原烈火，迅速在全区铺开。

学习政策　兵分十路奔征途　首次出征　陈策北门遇风波

1948年6月，小麦刚刚收完，准备打场。一天上午，区政府的通信员到场里找我，递给我一张区政府的通知书，大意是：麦收即将结束，为了支援前线，必须搞好夏季征粮工作。现因区政府的人员不多，特请下列同志帮助区政府进行夏征。请同志们见通知后，务必于下午到十字街松树大院（原纣城镇公所旧址）报到学习。通知后列有几十个人姓名，大都是纣城、潘庄、吴城、李城、张城、曹城、社仓、何庄、陶庄、张杨、葛岗等附近村庄的知识青年。我在我的名字下面写了个“知”字通信员就匆匆离去。

下午，我准时来到松树大院，已有几个人先到了。不久，几十个人陆续到齐，查区长给大家作动员报告。大意是：请大家来是帮助区政府

① 寇培烈（缺）。

征收夏季公粮，希望大家去掉思想顾虑（一部分人出身不好），努力完成任务。然后又鼓励大家一番，并宣布：我们这几十个人，从现在起，就是沙北县第三区的征粮工作队，当即指定队长由杨天白（大郭乡坡杨村人）同志担任，副队长由程广兴同志担任。接着就开始学习这次征粮的政策《十八级累进法》，即按照每户人口平均占有土地的数量，来确定每亩土地应交公粮的多少。每人平均占地越多，每亩地交的公粮也越多。自免征点往上共分十八级，所以叫《十八级累进法》，群众都叫它为“十八翻”。傍晚，学习结束时，查区长又宣布：“今天晚上大家都不要回家了，咱这里已经准备好了晚饭，明天还接着学习。”当天晚上，我们都到纣城南街路东的临时大伙房里去吃了饭。

一连学了三天，我们几十个人都熟练地掌握了《十八级累进法》的计算方法，接着就是分组，每组四人，由区政府指定组长一人。出发以前，查区长又作一次讲话。大意是：要求大家在工作中一定要大公无私，遵守纪律，努力工作。除完成征粮工作外，还要查处“明分暗不分”的现象。查区长指出：“有些人的土地已经给别人了，却不让人家收，或者强迫人家给他交租。哪个村发现有这种现象，就抓住这种人送区政府严肃处理。”接着，各组长都领了介绍信（后面附有该组的工作范围），还有全组人十天的餐票（有价证券，包括粮食、油盐和菜金的全部价值，交粮时可以抵公粮）。查区长最后说：“我们不论到哪里吃饭，一定要给人家餐票。现在大家都是政府的工作队员，都不能白吃人家的。这是我们的纪律，任何人不得违犯。”一切都准备妥当之后，各个小组相继出发，进入各自的工作地区。

我们小组的四个人是程广兴、寇法理、杨青林和我，组长程广兴。工作范围是：陈策、琉璃堂、尹庄、坡杨、谷庄、冯庄、岗杨、刘庄、阎庄、大张庄、小张庄、程庄、大牛和杨洛许共14个自然村。我们全组商量后，决定先去陈策。

我们到陈策，已是下午3点多钟。我和陈策有亲戚，早知道村长叫魏祥泰，但是不知道他住在哪里。我们到陈策十字街口一问，有人告诉我们魏的住处。当我们四人至魏门口，询问这到底是否其家时，身后突然传来一声:“不许动! ”四个枪口对准我们的胸口,我们被四个武装民兵包围起来。程广兴同志上前一步,问道:“你们是干什么的? ”一个民兵厉声喝道:“我要先问你们是干什么的? ”程广兴同志说:“我们是沙北县第三区的征粮工作队。”那个民兵说:“沙北县的工作队? 跑到我们许昌县干什么? ”程广兴同志回答道:“我们是奉命令而来的,我们有介绍信……”那个民兵紧接着说:“走! 到区部去! ”四个民兵托着枪,把我们四个押送到陈策十字街东边路北的一个胡同里,走进了西沿的一个院落。他叫我们站到院子里,一个民兵走进南屋,不一会儿,从屋里走出一个二十五六岁的高个儿军人。民兵对我们说:“这就是我们的吕区长。 ”区长问明了情况,又看了我们的介绍信,十分和气地说:“刚才是误会,同志们不要在意! 现在的局势还不稳定,我们不得不多加小心,防止敌人的捣乱和破坏。”接着又自我介绍说:“我姓吕,我们是许昌县第二区,我想和你们的查区长商量一下,陈策、尹庄、玻璃堂这三个庄的公粮,你们不要征了,我给你们写封信,回去交给查区长。”我们带着吕区长的信出庄了。

到了陈策村外,我们拿出一看(当时都不用信封,只是把信纸折成个三角形),信后署名是吕鸿钧。这位吕鸿钧区长,在 1948 年秋,从许昌县政府开会回来,和通信员姚国昌(双路姚人)一起,在繁城西南路上,惨遭赵云卿匪部的杀害。直到 1949 年秋,从被捕匪徒的口供中才知道区长被害的真相,找到了吕、姚二位同志的尸体,在双路姚村开过隆重的追悼大会后,一同葬于双路姚村外,后迁往临颍县烈士陵园。

夜巡谷庄　闻舞弊立即纠正　做贼心虚　于水群半途潜逃

根据出发前的了解,我们剩下的几个村,以刘庄的工作基础为最好。于是我们决定进驻刘庄。傍晚时分,我们找到了刘庄的村长和农会主席,说明来意,并出示了介绍信。村干部对我们热情招待,积极协助。除安排好我们四人的食宿之外,还派出民兵帮助我们传送召集各村干部会议的通知。当天晚上,在刘庄召开坡杨、谷庄、冯庄、岗杨、阎庄、大小张庄等八个村的干部会议。程广兴讲了征粮的意义和具体办法。要求大家回去后立即行动，从第二天起，各村都逐户登记人口和地亩。每村发给一张夏征表册的式样（包括户主姓名、人口、实有耕地、人均土地，等级，每亩应征公粮，合计，备考等八个项目，每户占一行）。要他们回去照样绘制，并强调要实事求是，不准弄虚作假，不准拖拉应付。我们的征粮工作正式开始了。

第二天晚饭后，程广兴同志带领寇法理和我，先到岗杨、冯庄、检查了他们的工作情况，又去到谷庄农会。听见村干部于水群正在开会，我们没有马上进去，站在外边听起来。于水群说："……就这样了，人口不动，地亩打八折，十亩算八亩，一亩算八分，各户都可以少交点公粮。咱先说好，这事谁也不能往外说，自己知道算了。"听到这里，程广兴同志轻轻一拉我们转身就走，我们三人随即跟了出来。到了村外，他说："于水群这人真坏，明天得收拾他！"

第三天，程广兴同志写了一封信，找到于水群说："今天你把这封信送到纣城去交给查区长。"于水群说："好！马上派人送去！"程广兴同志说："不要派人了，你自己去送！"于水群略一愣神，勉强答应拿着信走了。原来信上写的是于水群弄虚作假、破坏征粮的情况，要查区长把他扣起来。当时，我们看他的外表，以为他是个文盲，所以才这样做。没有料到于水群还认得一些字，半路上他拆信一看，既不敢往纣城，也不敢回家，就逃之夭夭了。

于水群送信走后，我们提出要检查他们的征粮表册，有人送了过来，我们要了笔墨，二话没说，就动手修改。各地的土地数一律"逢八加二"。有几个人问："为什么要改我们的地亩？"程广兴把脸一沉说："你们自己知道！还问啥哩？"再也没人敢问了。就这样谷庄的夏季公粮如实地征收了。

每个村的征粮表册，除前边三项是由村里填报以外，后边的几项，全由工作组亲自计算填写。因工作量繁重，计算时必须谨慎细心。所以，我们不分昼夜，奋力工作，力争能够提前完成造册的任务。

农民告密　惩处不法分子　执行政策　说服大郭民兵

在我们进驻刘庄的第四天下午，阎庄的两个农民到刘庄找我们，报告了阎庄的出地户（当时还没有划成分）阎三合、阎海信，强迫分他土地的农民交租。得知这一情况后，程广兴同志立即派我前去处理。他说："你到阎庄去，召开群众大会，在会上先揭露他们的罪行，然后当场把他们抓起来，送到区政府。"当即又派了刘庄的两个民兵，带着武器和麻绳，和我一同到阎庄去了。到了阎庄，即通知村长召开群众大会。不大一会儿，几十个人陆续到齐。检举人暗地把阎三合、阎海信指给了我，仔细地认准了他们。会议一开始，我就直截了当地宣布："根据我们调查，了解到咱们阎庄有一些出地户，把土地已经分给人家了，他还硬要人家交租。这是违反政策，破坏土地改革的犯罪行为！根据区长指示，要押送到区政府处理！"这时，会场上的气氛十分紧张，没有一个人说话，没有一个人乱动。停了一会儿。我大声叫道："阎三合！阎海信！站起来！"他二人惊恐地站起来，面面相觑，汗流浃背。我大声问道："你们向分地户收租了没有？"他们吞吞吐吐地说："没有……"我紧接着喝问："没有？要有人证明你们收了咋办？"他们忙又改口说："没、没有多少！"我接着说："没多少？一斗、一升都不能收！只要你收一升就是犯罪。来人！"两个民兵应声走到我跟前，我摘下他们挂在枪梢上的麻绳，把阎三合和阎海信都捆了起来，又当场给查区长写了一封简短的信，交给民兵说："把他俩送到纣城区政府交给查区长，取个收到条回来。"两个民兵答应着，押着他们离开了会场。这时的会场上，仍然是鸦雀无声。我又向大家说："大家都看到了吗？今后谁要敢再破坏土改，一经查出，都是这样！散会！"这时，到会的人们才小声地议论着，陆续离开了会场。我回到了刘庄后，向程广兴同志作了汇报。他说："你做得好。开辟新区，巩固土改成果，就得严肃，对不法分子就得这样！"

我们在刘庄一共住了七天，这八个村的征粮表册，全部誊写完毕。

村里留一份，我们带一份。当天下午，我们就转移到云汉寺西边的程庄。村干部把我安置在村北端的一个院子里。三间南屋，大门朝北。站在院子里，可以看得见北边的孔庄、拐子张等村庄。晚饭后，照例是召开程庄、大牛、杨洛许三村的干部会议，布置征粮工作表册。

第二天傍晚，有人找村长报告，说村里来了队伍，要村长派“汤”（晚饭）。村长问他是什么队伍？有多少人？来人说：“不知道是哪里的队伍，大约有 30 多人。”程广兴同志叫我去看看。我一出大门，就看见村东北的树林里，坐着一群带枪的便衣队伍。我走过去问道：“你们是哪里的队伍？来这里干什么的？”有个人冷冷地回答：“大郭的民兵。在西乡起枪（收缴地主的私人枪支）啦。怎么样？”我又说：“你们离家只有二三里路了，为什么还要在这里派汤喝？你们有餐票吗？”有个人很生气地问我：“你是干吗的？”我说：“我是沙北县第三区征粮工作队的。区长说了，任何人都不能白吃人家的东西，吃饭都得给人家餐票。”说到这里，一个队长模样的人向众人一挥手：“走！不吃了！”众人纷纷起立，拿起武器，也没有整队，离开程庄向东南方向而去。我回到住处向大家说明了情况，接着开始吃晚饭。

晚饭还没有吃完，突然墙外有人高喊：“进！”随着喊声，从东、北、西三面的院墙上，同时跳进来十几个带枪的人。他们拉动枪栓，推弹上膛，把我们包围了起来。原来还是那一队民兵，因没喝上汤，气愤不过，又回来找我们报复了。只听有人大声嚷道：“不叫我们喝汤，你们为什么喝？”程广兴同志放下饭碗，从容不迫地站了起来，十分沉着地说：“我们是区里派出来的工作队，我是组长程广兴。你们的队长是谁？请站出来，有什么话我们两个人说，你们这样做吓唬谁呢？别看你们都拿着枪，在敌人面前枪有作用，可在这里一点作用也没有。不信？你们谁敢朝我们开一枪？这个后果你们谁能担得起？叫我说，你们还是先把枪收起来吧！”程广兴同志的一席话，说得多数人把托着的枪放了下来。程广兴同志继续问道：“哪一位是队长？请站出来！”有一个人挺身而出：“我是队长，叫宋书林（或者是宋瑞林，当时我没有听清楚）。”程广兴同志很和气地说：“老宋！有什么话咱们好好说，何必动刀动枪呢？”宋书林说：“咋？我们跑了一天啦，又饥又渴，难道就不兴喝点汤？”程广兴同志说：“喝汤，可以呀！咱们是共产党领导的革命同志，都得遵守党的纪律，我们吃饭，吃一顿要拿一顿的票，不要说我们，就是区长、县长出来吃饭也得给大家餐票，任何人都不能白吃群众的东西，这是共产党的纪律。你们要喝汤，只要有餐票，要多少我都给你们派去。如果没有餐票，那可不行。你要有意见，走吧！咱俩到纣城找查区长说理去！”一席话说得宋书林哑口无言。宋书林呆立了一会儿，把手一挥：“走！”带着十几个人无可奈何地走了。他们走后，程广兴同志把发生的情况，详详细细地写了一封信，连夜送到纣城，交给了查区长。

我们在程庄共住了三天，三个村的夏征清册彻底完成后，就返回纣城。当我们走进区政府时，查区长正坐在院子里。看见我们进来，马上站了起来：“嗬！都回来了！任务完成了？”程广兴同志说：“完成了。”说着把十一个村的十一本夏征清册和吕鸿钧区长的信，都交给了查区长。查区长一本本地翻看着，嘴里不住地夸赞：好，好！最后看到吕区长的信，看完后笑了笑，“算了，这三个村咱不要了，人家在那里住着，咱怎么好意思去征粮，本来嘛，沙北县、许昌县就没有明确的界线。”说到这里，查区长突然像是想起了什么，重新站了起来，高声说道：“欢迎你们胜利归来！你们是咱三区征粮工作队第一个完成任务的小组，同志们辛苦了！你们应当受到政府的表扬！”说着就喊通信员倒茶，并要大家坐下谈话。查区长说：“根据近几天汇报的情况来看，有几个小组的任务也接近完成了，可是有几个组的任务还相当大呢，尤其是谷子栋那一个组，只完成了一半左右，看样子还得十天。”停了停查区长又说：“现在征求一下大家的意见，你们的任务是完成了，你们是回去几天呢？还是去帮助谷子栋他们一下呢？”对查区长的意图，我们都已心领神会了，齐声答道：“休息啥呀！帮他们完成任务后再休息也不晚。”查区长笑了笑说：“那好！你们又要辛苦了。”于是，又给我们写了介绍信，发了餐票。叫我们到姜庄以西去找他们。我们在区政府每人只喝了一碗茶，又重新踏上了征途。

热情招待　龙王庙坡情意浓　执行任务　于庄东门受虚惊

谷子栋小组的四个人是谷子栋（组长）、张万甫、田泽沛和李克己。工作范围是河北王、于庄、耿庄、许邓、姜庄、李庄、韩庄、任庄、袁庄、龙王庙坡、王屯、段店、小庙王、贺庄和靳庄共15个自然村。当我们在王屯找到他们时，西部各村的任务已经完成了。由于人员多了，又进行了新的分工。第二天，我和田泽沛同志一起，进入龙王庙坡村（在现姜庄火车站附近）。

龙王庙坡有二三十户人家，居住得分散，既偏僻又贫困。我们找到村长后，就要他召集群众大会，宣传征粮的意义和政策。会后，我们要村长组织人力绘制征粮表册、登记人口和地亩。村长很为难地说："在俺庄找下力人有的是，要找掂笔杆的人可一个也没有。"我们说："你给找个笔墨算盘吧。"村长仍十分难为情地说："俺庄没有一个识字人，谁家会有这些东西呢？"我和田泽沛同志略一商量，对村长说："这样吧！你们先等一会儿，我们找东西去！"于是，我们头顶烈日，直奔三里以外的姜庄。找到亲戚和熟人，借了两支毛笔，一个墨盒，几张纸和一个算盘，东西凑齐后，一刻未停，迅速返回龙王庙坡。这时，我们汗流满面，衣服几乎全被汗水浸透了。村长见我们拿着东西回来，非常感激地招呼道："看叫你们热的，快坐下歇歇，我给你们烧茶去。"说着把两把扇子递到我们手里，就匆匆地回家去了。不多一会儿，他两手端了两个大碗递给我们。我们一看惊呆了，每个碗里都有七八个荷包蛋。我们很客气但很认真地对他说："打点凉水喝喝就行了，何必烧茶又打鸡蛋呢？"村长说："这么热的天，为了给俺庄办事，叫你们一来一回跑七八里，喝口凉水，我们心里咋能过得去呢？凉凉快喝吧！"我们郑重地对他说："既然烧好了，茶我们喝了，鸡蛋我们不能吃。区长说了，任何人都不能白吃群众的东西。这是八路军的纪律。这鸡蛋我们吃了，这就是违反纪律。你快把这两碗端回去，换两碗净茶来。"村长说："就烧这两碗，别的没有了。你们快喝了吧。"这时，我们确实又热又渴，于是，我们端起碗来，一口气把茶喝了个精光，鸡蛋却一个未动，就把碗放下了。村长在旁边一个劲儿地劝，我们坚决不吃。对村长说："虽然我们没吃鸡蛋，但你们的情意我们领了，现在我们不热了也不渴了，你赶快通知人开会，登记人口和地亩。"村长无奈，只好把两碗鸡蛋端了回去，不多时，人陆续到齐，田泽沛同志主持会议，逐户登记人口和地亩，我绘制征粮表册。登记完毕，我们认真地计算填写，到晚饭前，龙王庙村的夏征清册，全部誊写完毕。留给他一份，我们带一份到姜庄去了。

第二天，根据组里的统一安排，我和田泽沛同志又转移到于庄和河北王村，这是最后一个点了。我们二人也临时分了工，我去于庄，他去河北王。分别召开会议，布置征粮任务。我在于庄开会宣传之后，要求村干部马上组织人力进行登记核算。逐户登记是分组进行的，当天下午全部完成，立即转入核算。我把"十八级累进法"教给他们。为了尽快完成任务，我要求他们连夜突击，并告诉他们"今晚半夜里我来检查工作"。一切都安排妥当之后，我也到河北王村去了。

由于多日的奔波劳累，田泽沛同志的眼睛红肿难睁。我对河北王的征粮工作也进行了检查。晚饭后，村长领我到村西北角的麦场里去乘凉休息。时近半夜，我提出要去于庄检查工作，他们都不让我去，说道："半夜三更，恐怕人家早就睡了。今晚不干明天也可以嘛！别去了！"我说："不行！我说过半夜检查，就一定检查。如果说去而不去，谁还相信咱呢？八路军说一不二，从不说假话，我一定得去！"村长说："你一个人去不害怕吗？"我说："不怕！"村长又说："你真要去，我给你找个作伴的。"随即叫醒了一个十七八岁的通信员，叫他和我一同到于庄去。

河北王和于庄，相距不过一里之遥。当我们刚刚走到于庄的东门口，突然从村南方向传来一声清脆的枪响。我们刚一愣神，接着就响起了连续不断的枪声。小通信员惊恐地问我："怎么办哪？"我果断地说："进寨！"我们刚走进寨门口，街道上自西向东涌过来哭叫着的人流。我站在寨门口内，一声断喝："站住！"汹涌的人流立即停止了前进，也停止了哭叫。我又问："跑啥哩？"有人回答说："有土匪了。"我又喝道："有土匪为啥往寨外跑？拐回去！"满街的人流，刹那间消失得无影无踪。村南的枪声也不再响了，于庄又恢复了夜晚的宁静。我对小通信员说："走！进去看看！"我们一同来到西街路南的村政府大院。三间北屋里灯火通明。三张八仙桌上，三个碗都盛满了香油，棉花灯捻有指头粗，灯头着有半尺高。每个桌子上都放着征粮表册、毛笔、墨盒和算盘。多数毛笔连笔帽都没有套上，胡乱躺在桌子上。这一切迹象表明，他们确实是在连夜突击的，可能是刚才的枪声把他们引了出去。整个院子里，一个人影也没有。我在屋里转了一圈，对通信员说："走！出去找个人问问。"我们刚走出政府大门，迎面碰上从村南回来的村长，他一看是我就说："我以为你今晚不来了，你还真的又来了。"我说："我说来怎么会不来呢？刚才的枪声是怎么回事呢？"村长说："我去问过了，在南地坟里放哨的民兵，听到耿庄有人高喊：'截住他！截住他！'以为有什么情况，立即警惕起来。不多时，从西南方跑过来一个人。民兵问他是干什么的？他说是走路的，民兵叫他站住，他却拔腿飞跑。民兵以为是土匪，就开枪追击了。"我忙问道："结果呢？"村长说："没有打着，跑了。"接着我问到征粮清册的情况，村长说："你放心吧！明天一定完成任务。"我说："那好吧！希望你们说到做到。"于是，我和小通信员就回河北村去了。

当我们走进麦场时，听见众人都在热烈地谈论着什么。又一看我睡的小木床上，坐着一个虎头虎脑的年轻人。我问村长："这是谁呀？"村长说："刚才的枪声，就是打他哩。"我心里猛地一惊，心想："这不是个土匪吗？"还没等我问话，村长接着说："他是耿庄的冯××，是个二百五。在家和他爹生气了，他爹打了他几下，他就赌气要往纣城当八路去。他爹拉住他不让他走，他把他爹推倒就跑。他爹在后面喊人叫截住他。他跑到于庄南地，就发生了刚才的事情。"这里，我悬着的心落了地，原来是一场虚惊。

第二天傍晚，两个村的征粮清册全部完成，按照组里的部署，我们带着征粮清册，回到纣城区政府。各个小组的造册核算任务都完成之后，征粮工作队的全体人员，都移驻社仓，转入夏征的第二步——收粮运粮工作。

以上回忆，虽系我亲身经历，但因时隔四十年之久，难免有差错，望知情者予以指正！

选自 1998 年《漯河文史资料》第七辑

千军万马支前忙

陈庭苫[①]

一

漯河，是豫中平原上解放较早的一个城市。1947 年 12 月 19 日，在漯河地下党的策应下，我陈（赓）、谢（富治）大军所属部队一举攻入市区，漯河人民迎来了解放，广大人民那种发自肺腑的感激之情真是难以形容。陈赓将军的遗作《挺进豫西》中有这样一段记载：在城市中，党的没收官僚资本、发展民族工商业、改善职工生活、救济灾民贫民等政策，也得到了广泛的拥护。漯河解放不久，我去看了一下，许多商店已经开门营业，已经有许多青年学生和贫民要求参军。在这个城市工作的同志告诉我，在中山路上，当战士给几个贫苦的女人和小孩送来棉衣和粮食的时候，旁边一位老先生感动得流下泪来。他向我们的战士说："老百姓从今天起要过新日月了，这都是你们、都是这位先生给我们的呀！"他说到这位先生时，用手向墙上指着，那是我们宣传队写下的 12 个大字："毛泽东是中国人民的大救星！"陈赓同志的这段记述，生动地再现了当时漯河人民拥护党、拥护毛主席、拥护解放军的真挚感情。

正当漯河人民欢欣鼓舞地庆贺翻身解放的时候，国民党反动派继续坚持其反共反人民的立场，把解放区当成眼中钉、肉中刺，必欲置之死地而后快，从 1948 年冬到 1949 年 3 月，连续派遣飞机，对漯河进行狂轰滥炸。仅 1949 年元月上旬，国民党飞机就轰炸漯河 11 次之多，伤亡

① 陈庭苫，漯河市郾城区人，1933 年生，1951 年参加工作。曾任许昌专署办公室政策研究员，漯河市党史办副主任、科长等。

市民54人，炸毁房屋85间，损及商船、牲畜等。之后，敌机窜扰漯河更加猖狂，连续进行轰炸与扫射。1949年1月28日敌机轰炸漯河大桥，炸死工人1名；29日敌机三架在漯河煤市街投弹扫射，打死商民7人、伤2人、毁房2间；31日敌机两架在漯河投弹4枚，炸死1人、毁房3间；2月3日上午，敌机在漯河市区低空扫射，打死打伤市民3人，煤市街八号商人杨惠民之7岁女儿杨盘头部被打中，当场毙命。3月15日，敌机在市郊娄庄等地滥行扫射，16日敌机在市区扫射，并投掷炸弹、燃烧弹，死伤市民21人，炸毁、烧毁民房49间；17日中午，敌机再度侵扰漯河上空，进行扫射与轰炸，炸死市民3人、伤5人、毁民房12间。

人民政府派出专人对无辜受害的群众进行抢救和慰问，市长梁仰云亲自带领干部、携带鸡蛋等补养物品到受难者家中及医院进行慰问，对死难者分别给予抚恤和照顾。人民群众对党和政府的关怀甚为感激，对国民党反动派的野蛮暴行无不义愤填膺，强烈要求大军南下“打到南京去，活捉蒋介石”，为死难的人民报仇。

1949年4月21日，毛泽东主席、朱德总司令根据人民群众的强烈愿望，发布了向全国进军的命令。中国人民解放军百万雄师浩浩荡荡奔赴长江沿线。漯河人民在新形势的鼓舞下，欢天喜地，全力投入了支前运动。

二

漯河位于平汉铁路和沙澧二河的交汇处，由于当时平汉铁路往南只通到漯河。因而这里形成了南下大军前进的落脚点和基地，也是一个庞大的物资供应站。四野大军南下，均由此下车休整一到两天，然后继续南征。军火物资均由此下车设库再向前转运。淮海战役后，陈谢大军休整于此。由于津浦铁路尚未全线通车，二野的军火、被服和其他物资供应也由郑州、开封、南阳等地运来，再由沙河航运东下安徽前线。所以全市常驻军事单位不下30个，仓库20余处，部队总人数每天不下3万人，牲畜五六千匹，每日需米面6万余斤，草料各需5万余斤，烧柴

7.5 万余斤。

由于漯河的地理位置在支前工作中起着特殊作用，引起上级的高度重视。中原支前司令部曾派 80 多人来我市帮助和指导工作，并成立了“中原支前司令部驻漯河办事处”。1949 年 3 月 15 日，当时的市县人民政府正式成立了支前司令部，市内另设一个支前委员会，吸收各界人士组成，负责迎送、慰劳、安置大军食宿等事宜。

在支前司令部和支前委员会的领导下，全市人民积极投入轰轰烈烈的支前工作，分别做了以下几件大事：

1. 抢搭浮桥。大军南下时，沙河上没有公路桥，滚滚不尽的河水阻挡了大军的汽车、马车、炮车等的通路。为了使大军南下畅通无阻，3 月 29 日，市民冒雨抢搭浮桥一座，由于水大流急，浮桥遂被冲毁，次日又抢修重搭。这次共出动民工 1000 余人，民船 14 只，消耗各种材料费用 100 余万元，搭起一座长达 140 米的河心浮桥，保障了大军顺利通行。

2. 安排大军食宿。为使部队住宿方便，解除行军疲劳，市民们先后腾出房子 1500 多间，并备有家具、炊具、铺草、草苫等，另有 100 多口大锅，供部队做饭烧水。时至初春，天气寒冷，市民们主动捐出棉被 2000 多条，供部队铺盖。

3. 慰劳大军。当主力部队到达漯河之际，市内 14 所学校普遍出动了秧歌队，每天在桥头、车站等处载歌载舞，轮番迎送大军，鼓舞部队士气。工厂、商店组织了支前供应社，廉价（九至八五折）卖给大军日常用品；组织菜贩入市，保障大军蔬菜供应。每当大军住下休整，市内都要组织成千上万人参加军民联欢会，市民们向部队献旗、献花赠送慰劳品、慰问信，体现了军民鱼水情。

4. 组织起来，为大军磨面、缝衣、做军鞋。一区八街就组织 21 盘磨，三区组织 100 余户军属和劳动妇女做军鞋、军服、钉扣眼，四区把 335 名自愿支前的妇女组成 27 个组，为军人做鞋缝衣，全市劳动妇女积极投入支前运动，人人争做支前模范。

三

1949年5月中旬，是我市支前工作的最高峰。四野十三、十四、十五兵团30余万人相继涌来，总后军械处，运输部，汽车三团、五团，第三、第十两个野战医院，四野后勤运输部，特种兵铁道二支队，工兵四团、五团，高炮一团，炮兵一师等相继扎营，共30多个单位。军火物资大批运来，车站上面粉、汽油、弹药、器材堆积如山，汽车、马车穿驰如梭。较大的房屋都改做仓库，学校、店铺都挤满了军队，商店的货架上放满了豆饼等人吃马喂之物。大军英姿勃发，装备整齐，市民们看了人人兴高采烈，群情激昂。他们说："从来没有见到这样多、这样好的军队。"进一步调动了群众支前的积极性，很多青年还积极要求参军，跟随部队南征，出现了父母送儿女，妻子送丈夫的动人场面，仅汽车五团就在我市招收110多名青年入伍，其他各驻军单位也都在此招收有新兵。

要保障大军顺利南下，交通运输必须跟上，粮草供应必须及时。因此，全市人民除一面做好路经本市部队的接待、安置工作外，另一方面还集中力量保证前方的供给。在中指办的指导帮助下，一面组织搬运工人翻仓倒垛，防止物资霉变，一面组织人力畜力，及时转运物资。当时除在本市动员110辆马车外，还组织周围农村马车，共计1477辆。往南转运粮食900万斤，还组织力量协助铁道二支队抢修漯河至驻马店铁路一段加高公路路基，整修桥涵等工作，漯河一区架子车工会为了保证高标准、高质量地完成支前任务，制订了快装、快运、快卸为内容的八项支前纪律。真是十万人民齐踊跃，千军万马支前忙。

四

这次支前工作，从1949年3月到6月底，经历了3个多月，迎送了四野等大军30余万，战马43900多匹，安置常驻兵种78000多人，牲畜1万多匹。这在当时只有不足10万人的小城市，承受这样繁重的支前任务，对漯河人民确实是一次严峻的考验和锻炼。但是英雄的漯河人民，在浩浩荡荡南下大军高昂士气的鼓舞下，在党的光辉照耀下，克服了重重困难，胜利而精彩地完成了这一伟大而光荣的支前任务，为解放全中国做出了应有的贡献。

选自1998年《漯河文史资料》第七辑

解放战争时期舞阳人民的支援前线运动

胡德周

1948年下半年，解放战争进入战略进攻阶段，中原野战军转战于豫西、豫中地区。为支援部队作战，各级人民政府相继成立了战勤支前机构，统筹组织支前工作。在解放郑州、开封战役及淮海战役中，豫西二地委、二专署、二分区领导各级政府做了大量工作。中共舞阳县委、县人民民主政府积极响应党的号召，大力支援前线，发动群众扩大武装，开展拥军优属工作。舞阳人民在党的领导下，克服重重困难，省吃俭用，捐款捐物，有力地支援了部队，为人民解放战争和地方的剿匪斗争做出了贡献。

8月28日，豫西二专署和二分区司令部发出“在紧急的战争情况下，必须动员一切力量支援前线”“我们的任务是负责前方伤员转运，弹药粮食的转运及后方军用民力动员”的指示。9月11日，舞阳县接到命令，要求全县出担架1000副、大车80辆，并于9月14日、16日分两批集中到方城太尉庙（二专署所定的转运站与兵站运转线，均在太尉庙）。接到任务后，县委、县人民民主政府立即召开会议紧急动员，并在政府支前科（成立于9月，卢德为科长）的基础上成立了支前司令部，下设民工总队部，有正副队长2人，卫生干事、民工干事3人，供给干事1人，管理干事1人，警通班2个。各区设立民工大队部（三个中队编为一个大队），下设中队部，中队由三个行政村的民工组成（100副担架编为一个中队），设正副中队长、指导员、通信员等；每行政村组成一个分队，每3副担架组成一个班，每副担架配备5人。

1948年9月15日至25日，舞阳县掀起了大规模的支前运动，全县出担架1017副、工车124辆、牲口248头，参加人员5343人、出动县区干部 19 人、勤杂人员 86 人。

全县党政军民齐动员，不分昼夜突击完成准备工作。对所面临的客观问题及时加以解决。经过半年多的剿匪工作，股匪基本被歼，加上 8 月政工宣传工作的广泛开展，群众对党的各项政策有了初步了解，因此对支前有着高度的热情。如二区在一天一夜时间内人员、担架就全数集中了起来。但由于舞阳是新开辟区，解放时间不到一年，群众觉悟仍存在差别，尤其是特务分子的谣言惑众，使部分群众对支前半信半疑，存有顾虑。对此，县委、县政府要求各级干部认真做好宣传发动工作，消除群众顾虑。

县委、县政府根据豫西支前司令部所颁布的有关纪律，特制定了“五要”“六不准”：1. 要完成任务；2. 要服从命令听指挥；3. 要爱护伤员；4. 要爱护公共财物；5. 损坏要赔偿。六不准：1. 不准偷跑；2. 不准造谣；3. 不准扔重伤员；4. 不准偷东西；5. 不准随便烧柴；6. 不准随处大小便。县委、县政府要求每个支前干部要与群众共甘苦，以身作则，关心群众，要求各区召开群众大会，集体教育，讲明为啥要支前，今天的支前是自己为自己，给支前民工还发脚钱。不像过去给国民党支差，又打又骂，还不给吃的，群众反映道：“解放军太细心了，啥事都想到了，人家部队这样爱护老百姓，咱老百姓还能不好好干吗？”

用算账的方式，揭穿特务分子的谣言。针对特务所说的解放军叫民工上火线去送死的谣言，给大家讲明，解放军是解放咱们的，不是要大家冒险去送死。关于支前的时间问题，向群众解释不会时间很长，同时保证，凡在外支前的，家里生产由区长及副区长负责解决，误不了收种，解除了群众的后顾之忧。

对支前过程中出现的问题及时解决，如一、二、三大队从接官厅一带向合水前进时，前后一时失掉了联系，加上天下大雨，民工情绪不稳，二区大队长王自强拿着雨伞却不打，和大家一样挨淋。四区副区长柴云山也和大家一样淋得透湿，群众看到这样的情景说：“咱还有件破棉袄，部队不尽是单衣裳？人家队长区长还和咱们一样呢，我们还有啥说的？”

四区担架队随军行动后，有的群众风言风语说，跟着老部队过江哩，区长和工作队的同志过几天就回来了，我们要跟老部队上火线了。柴云山和部队同志发觉后随即召开会议，当场表示区长绝对和大家在一起，大家到哪里区长跟到哪里。

为了做好民工工作，部队给四大队派去10余名干部，到各分队帮助工作。同时，部队又单独召开群众大会。由于工作安排得比较妥当，在执行任务过程中，二区80副担架虽经八九天转折，但始终保持完好无损，四区295副担架、1500人中仅有7人离队。

在支前过程中，涌现出了很多模范人物的模范事迹。如七区书院街的贫苦农民王贵，全家就靠他做小贩生活，但他很愉快地接受了支前任务，担架大队回到县城附近时，许多人都回家看看，他却不回。家里生活难以维持，把被子都卖了，他得知此消息后，依然不动摇、不叫苦，在大雨倾盆、道路泥泞时，他争着扛担架，并动员大家不完成任务决不回去。

9月14日，陈谢兵团九纵二十六旅自禹县南下支援宛确战役，20日在西平义封北返时，在三区的小山沟里停留四天。县委、县政府积极组织支援，保证了部队全部供给，紧急提供担架40副，26日护送该旅伤员返抵禹县。

这次支前任务结束后，县委、县政府及时总结经验教训，并提出今后支前工作中应注意的问题，指出支前工作要及时颁布民工纪律，让群众讨论，要奖罚严明；要深入群众了解情况，掌握民工情绪、消除思想顾虑，进行思想教育，提高群众觉悟；干部要以身作则与民工同甘苦，关心群众；要实行民工登记，造花名册。得出的教训是，平时应做好准备，以免任务突然来临时不能立即反应，而影响任务的完成；要有掩护民工的武装及可靠的通信人员，民工自身的给养要注意安排。

为了有力地支援前线，源源不断地为野战军补充新的力量，舞阳县委、县人民民主政府大力号召广大青年参军参战，抓好扩军与升级工作。组织各村召开群众大会，宣传人民解放军胜利的战绩，提出口号，号召参军入伍。区干部区武装队首先提高认识，从上而下打通全体干部的思想，大队和区队组织扩辅小组，到各村进行宣传，战士们采取以个别招收和互相动员的方式相互比赛。七区队战士郭建臣一个人就动员了4人，通信员范金明动员了2人，四区的赵强公动员了6人。一旦有参加者，大家欢迎欢送。九区给军属挂红灯、钉光荣牌；十三区新战士入伍时，让新战士骑马戴红花放鞭炮欢送；二区召开群众会时，当场有6人报名参军。

1949年1月初，舞阳县委在关于执行二地委半年工作计划中，就需要掌握的主要工作方针与任务明确指出：更进一步深入发动群众，在庆祝淮海战役胜利的同时，要大力开展扩军工作。各区以旧历年节前为一个政攻宣传突击周，以区为单位召开群众大会，切实搞好优军优属工作，提高军干属的政治地位，表扬自愿参军的模范和模范工作者，形成发展武装的有利条件，扩大政治影响。根据青年踊跃参军的情况，县里决定，大队准备升到野战军，壮大队伍走上正轨，准备过江，要求到2月升到野战军600人。

全县在原有武装827人的基础上，根据上级要求武装人员总数达到1700名的指标，到2月底已完成1411名，县大队本身扩大80余名，各区扩大490名，全县共扩大570名。

在升级方面，原区队到县大队463名，加上县大队原有数416名，合计大队共879名。各区队有532名，县大队升到野战军两个连，共有干部战士300名。

在扩军过程中，由于政策宣传到位并执行得好，全体干部与队员都形成了自觉自愿的良好风尚，互相挑战与分担任务。出现了区队自觉要求升到大队，大队自觉要求升到野战军去，提出“打出去升到野战，打过长江解放全中国”的口号。广大群众中涌现参军的热潮。十三区每天锣鼓喧天，欢送新战士，七区出现了父送子、弟送兄、兄送弟的典范，二区召开庆祝淮海战役胜利及隆重追悼一年来牺牲烈士大会后，几天时间就有30多人自愿参军。

淮海战役结束后，中原野战军在漯河、舞阳等地休整，豫西二地委发动全区开展庆功和拥军优属活动。舞阳县委、县人民民主政府十分重视拥军优属工作，决定在1949年春节期间开展“拥军、拥政、优抚”活动，并在年关前后，各区、村召开军烈属座谈会，广泛听取他们的意见，开展军烈属光荣的宣传，收到了很好的效果，对烈军属给予了很大的帮助和照顾。据统计，到1949年2月底，全县在发动群众慰劳前线中，支援猪肉5703斤，活猪3头，羊1只，粉条721斤，青菜10481斤，还有大葱、莲菜、纸烟等。慰劳军款共55.6695万元，其中县直各机关慰劳军款8270元。据不完全统计，全县有1746户军属，曾先后拨优待粮5万斤，有577户受到优待。

在县委、县人民民主政府的号召下，全县各区均开展了优军优属工作，深受群众好评。如七、九两区在村干部会上提出“保证军属不讨饭，保证军属过年超过群众生活”的口号。在七区，过春节时8个村子有军属26户123口人，慰劳猪肉163斤、白面197斤、款100元、菜16斤。

在政治上采取挂光荣牌的方法提高军属地位，全县各区都进行了挂牌活动。城内过年还挂光荣灯，县长带领各机关全体干部到军属家拜年，影响很大。二、六、七、九、十三区等区干部都下乡给军属拜年。

1949年元旦，新华社发表了毛泽东主席写的元旦献辞《将革命进行到底》，宣告解放军渡江南进，坚决把解放战争进行到底。中原局发出《必须继续把人民战争进行到底》的号召，指出：“中原局解放区在目前战争进程中处在极重要的战略地位，它在今天以前是南线的主要战场，今天以后是即将到来的大举渡江的前进阵地，将来是江南作战的主要后方。因此，我中原全党全军全民，必须百倍加强前后方工作，集中我们的全部力量，动员一切人力、物力、财力、智力来有效地支援战争。”3月上旬，又发出《紧急动员起来全力完成艰巨的支前任务》和《关于全力支援南下大军，建立各级支前组织》的命令，强调：“大军过境，最重要的是食、住、行三大保证。”命令各地“必须自上而下地建立强有力的统一支前领导机构。”舞阳县为落实上级指示，1949年3月18日成立了以副县长张振武为副总指挥的支前司令部，全县各区都建立健全了支前机构，并采取一系列有效措施，将各项支前任务落实到乡、村、户、人。由于自上而下对支前工作的高度重视，措施有力，宣传发动深入人心，全县形成了空前的支前高潮。

1949 年 5 月 7 日，县里接到人民解放军四野四十九军组织部通知，四野将从舞阳路过，县委随即通知城内各机关、街道、学校和公安局等，商讨如何保证部队到达时的需求、休息事宜等。决定成立 3 个城内支前委员会，各街由农会、街政府、工商、各学校等共同组成；划分小组，分地段进行慰劳、宣传；各机关明确任务分工，公安局负责维持社会秩序，工商局负责稳定物价。

全县沿漯舞公路设立 6 个供给站，计有吴城、辛安、城内、高堂、大路任、卸店等，各站又增加几个点，各花行、商铺门前及公路边都准备茶水，并组织修路等。

沿途开展了多种形式的宣传活动，召开了各街道、学校及干部群众大会。城关各街、各学校积极动员找房子，明德中学、县中学、完小附小等每天组织各种游艺演出、出黑板报等，还以街头唱曲子戏、唱歌、扭秧歌、打花鼓等形式，宣传胜利形势和表扬支前准备工作中涌现出的好人好事。在农会骨干和学生的共同动员下，仅三天多时间，城内共准备房子 1375 间，席子 3434 条，群众主动拿出席子被子 1000 多条。东街 71 岁的刘二妮老大娘，家中只有两只鸡，听说大军要来，拿出了存放的 8 个鸡蛋，送到农会。七区郑庄的老太太拿了 10 个鸡蛋、一条烟，激动地在会上说："现在的幸福是解放军给的，要不是解放军，俺哪会有今天，我不给大军点东西心里过意不去呀！"这个村的群众一齐捐了 100 多条烟、300 多只鸡。

5 月 14 日，县城召开了 3000 多人参加的支前动员大会，张振武作了动员报告。16 日，四野四十九军到舞阳时，商店职工、农会会员、学校学生起早贪黑给战士烧开水、缝衣服、担水、送饭，还送了大量慰问品。

5 月 19 日，一四六师到县城后，在县城南戏院召开了 8000 多人参加的军民联欢大会。群众情绪更加高涨，部队每到一处，群众提前就把茶水、饮马水放到路边、门前，学生扭着秧歌打着锣鼓、唱着歌、呼着口号给部队献花，献慰问品。县一中学生还演出了歌剧《刘胡兰》，该师政委栗在山还到南街苗宝泰家看望了他的家属，提高了军属地位。

一四六师四三八团在城东树林里休息时，老太太们提着茶壶拿着茶碗去慰劳。县中女学生王秀莲、侯已琴带着八九位女生去给战士缝补衣服、送慰问信。一天，某连住到城隍庙，县干部训练班的学员给他们担水、做饭，不让战士们动手。女学员刘玉花看到一个战士自己缝鞋，便很快要过来帮助缝，学员们还同西街农会负责动员 40 多条被子给战士们铺盖。到大街上轧面条，铺主也不要钱，三十八军炮兵团一个连在西街休息，南街、北街、东街各去十几个妇女洗衣服、做饭。这个团路过高堂时，周围四五里远的群众自动去送水。战士们反映说："还没有见过群众这样诚心慰劳。"四三七团的黄股长说："看到老太太那么小的脚，还在给战士们一碗一碗地倒水，真是令人感动！"

舞阳各界群众同四野四十九军一四六师官员联欢大会

在这次路经舞阳南下渡江的支援大军活动中，全县共筹备军粮 54.3 万斤，柴 75600 余斤，马料 8400 余斤，肉类 6300 余斤，粉条 700 多斤，菜 14000 多斤，活鸡 2800 多只，支援鸡蛋 50138 只，纸烟 1587 条，毛巾 286 条，慰问袋 342 个，慰问信 715 件，还有肥皂、锦旗、扣花、铅笔、毛笔、日记本、仁丹、点心、果品、袜子、鞋子、牙刷、牙膏、花生、咸菜、袜底、大枣等。

选自 1998 年《漯河文史资料》第七辑

郾漯人民支援解放军南下

邢富功

1948年秋，郾漯人民获得彻底解放后，从对比中认清了人间的善和恶、美和丑，从而更加热爱人民解放军，拥护人民解放军，真心支援人民解放军。

1949年3月上旬，人民解放军奉命南下，渡江作战，解放全中国。解放军第二野战军第四兵团，第三野战军一部分，第四野战军第十二、十三、十四、十五兵团及司令部、后勤和特种部队，计80万人途经漯河南下。为了支援人民解放军顺利南下，漯河市和郾城县人民政府于3月15日成立联合支前司令部，漯河市市长梁仰云、郾城县委书记周刚分别任司令员和政委。支前司令部抽调领导骨干80人，内设秘书处、运输部、供应部，统筹支前事宜。司令部设在漯河市南大街（今泰山中路），并在漯河市南大街112号设立支前分站，郾城县的大刘区、小商桥区、大新店区、五沟营区（当时属郾城县）、邓襄区、老窝区设立支前小站，每个站配16至25名工作人员，各站内分会计组、米组、面组、杂粮组、柴草组，保证南下大军对各种物资的需求。

郾漯人民提出"为了全国人民的彻底解放，一切为了前线，一切支援前线，只要前防需要，要啥给啥，要人给人，要钱给钱，要物给物，要多少给多少，啥时间要，啥时间给"的响亮口号。

支前工作历时三个半月，分四个阶段进行。

第一阶段，做好支前准备和迎接先遣队南下（3月15日至4月5日）。

为了保证解放大军顺利在漯河过境，必须尽快架起沙河浮桥。当时集中主要精力，从3月18日开始，组织搬运民工顶风冒雨，日夜紧张施工，于3月21日完成了架桥任务。由于连日大雨，河水暴涨，次日浮桥被洪水冲毁。从3月24日开始，第二次架桥，从各方面加强加固，调用木船24只、枕木1600根、铁轨61根、木杆88根，调车辆百余部，用工1090个，27日上午12时完成。桥身长142米，载重5吨。3月25日，已有少量部队在漯河过境南下，因此架桥任务十分紧迫。从3月27日至4月5日，第二野战军四兵团和第三野战军的一部分，大约20万陆续过境南下。

第二阶段（4月6日至4月15日），迎接第四野战军的先遣部队第十二兵团过境。为保证13万大军的安全过境和物资需求，动员各方面腾出房1032间、家具100余套、铺草1万多斤、日供应粮食6万多斤、草料5万多斤，木柴7万多斤，大铁锅100余口。商业部门成立了支前供应站，组织小商小贩廉价出售日用品。市区的14所中小学校组织秧歌队，轮流每天在桥头、火车站迎送解放军南下。为欢迎人民子弟兵，支前司令部举办文艺联欢晚会100多场，给过境南下军人献鲜花、送慰问品、写慰问信万余封。

第三阶段（4月16日至5月3日），四野的主力部队到达之前，主要是四野的后勤部队，汽车三团，汽车五团，二部各大站，15大站三十八军、三十九军、四十六军、四十七军等军械部，第三医院、第十医院、后方医院、特种部队陆续到达，还从火车上运来大批面粉、汽油、弹药等军需品和其他特种物品及器材。继而，特种兵铁道二支队、工兵队、工兵五团、高炮一团、炮兵师等10万余人在漯过境。

支前司令部组织军警联合纠察队，日夜巡逻，建立若干哨所，以保证军火和军用物资的安全储备，顺利南运。

第四阶段（5月4日至6月20日），四野的主力部队第十三、十四、十五兵团及四野的司令部、政治部和直属分队，计36万人在漯河过境南下。市内各学校、商店及大的场合（如人民会场）都住满了部队。由于军纪严明，干部战士热爱人民，在居民中留下了很好的印象。市县的工人、农民和青年学生积极报名参军，仅市县几所中学就有326名师生弃笔从戎。

根据中央支前办事处的总体安排，漯河较好地完成了上述任务。同时，还从漯河向南转运粮食900余万斤，组织马车1477辆搞军需运输，协助四野铁路二队抢修漯河至驻马店的铁路，组织民工18400名，加高公路路基，抢修6条公路，挖运土方35092立方米；以工代账发放小米5万多斤，用款400万元；修大、小桥21座，用资1140万元。

由于郾漯人民拥军爱军真诚、热心，给人民解放军留下深刻的印象，漯河也曾多次受到上级的表彰和奖励，成为当时有名的支前模范城。

选自1998年《漯河文史资料》第七辑

我的片段回忆

张福祥[①]

1947年（民国36年）12月19日（农历丁亥年十一月初八，星期五）天阴森森的，很冷，也很静。因18日晚上下了一场小雪。当时，我住在沙澧河交汇处大槐树附近。19日早晨我打开大门一看，一种异样的感觉油然而生，只见寨墙上出现很多穿灰色制服的战士。天虽然很冷，但他们穿的显得单薄。他们的表情很平静，有一种无所畏惧，充满必胜信心的神态。他们在寨墙上专心致志地修筑工事，擦抹枪支，像是准备战斗。一会儿，从郾城过来一群穿黄军装颇显臃肿的国民党部队，穿灰色军装的战士一阵猛烈炮火击退了穿黄色军装的部队，但见河坡上留下大片尸体。快到中午，沿街老百姓紧闭的大门陆续打开。我看到有一位穿灰色制服的年轻战士，左手提白灰桶，右手拿把刷子在老二中的后墙上写着："毛泽东、朱德是人民大救星！"当时街上的群众（特别是老人、小孩）试探性地向穿灰色制服的战士靠近，他们温和地对群众笑笑并不说啥。他们自做自吃，睡觉就靠着大槐树根或靠着寨墙根和衣半躺半卧，从不走进各家各户，对老百姓真做到了秋毫无犯。

又过两天，我到北大街买东西，见沿途墙上写着"打倒土豪劣绅！""实行耕者有其田！"等标语。不久，我们都知道穿灰色服装的就是中国人民解放军。

12月17、18日两晚上，大北门渡口通宵达旦人声嘈杂汽车轰鸣。特别是18日晚上一夜没停。后来听我二叔说，这是国民党交警队和十三旅向郾城退却。那时候，渡口有一座浮桥，但是汽车无法从浮桥上

① 张福祥，漯河市人，生于1932年，1950年参加工作，曾在漯河市文化馆、文联、市干部学校、供销社工作。长期从事地方志编写。

过，他们就强迫小李庄的船彻夜运汽车往郾城进发。19日拂晓前，郾城城门紧闭，从此以后，国民党十三旅和交警队在城里龟缩三个多月，也使郾漯之间的亲友隔绝100多天。

初解放那几年，漯河有什么大的活动，如群众集会、游行、演出，都在西北大操场（三晋乡祠的西部）。有一次，解放军的文艺宣传队在夜间演出，节目有《白毛女》《九件衣》等。这些节目对提高群众的政治觉悟和阶级斗争意识起很大作用。有一个短小的话剧（剧目名字忘记了），表演一个国民党的军官对士兵训话。军官说："总……"，总字刚一出口，士兵哗的一声立正（下意识地认为军官将要说总统），军官挥挥手示意大家稍息。军官接着说："总而言之……" 逗得台下观众哄堂大笑。军官又说："蒋……"，士兵又下意识地来个立正，认为要说蒋委员长，军官又挥挥手鄙夷地向士兵扫一眼，令他们再次稍息，继续说"将来……" 观众笑得越发厉害了。在笑声中，把蒋介石的偶像奚落嘲笑得一钱不值。

1948年，国民党的十一师有一次进驻漯河，耀武扬威不可一世。住在戏楼后街的李大爷家境比较富裕。十一师有个军官，到他家不由分说，把他们一家人赶走，他却住下。李大爷被迫无奈只好另找住处。李大爷满腔愤怒，逢人便说"蒋家王朝长不了，将来得天下者必然是毛泽东！"

源汇寨东南角寨墙外盖有一片简易民房，都是穷苦老百姓住的。十一师一来，强拆这里的民房。理由是这些地方易藏共产党。对扒房行动迟缓的，十一师官兵也不管屋内有人没人即把墙推倒，一时间，这里上千口人家齐哭乱叫如遇洪水猛兽。他们把扒掉的木料运往东南地垒碉堡、筑工事用。

解放前夕，漯河还有一股恶势力，就是在漯河驻扎的国民党二十四军军官队，他们在漯河与特务土匪狼狈为奸，敲诈勒索，霸占民宅民女，打骂群众，无恶不作。据老搬运工们讲，他们中有个军官，外号朱大炮，拉黄包车的见他就跑，畏之如虎。因为朱大炮坐车不但不给钱，他还用脚踏着板铃，嘴里吆喝着："跑快！跑快！" 跑得稍慢一点他就打。老搬运工张大爷回忆说，朱大炮有一次坐他的车，从寨内到火车站和平街嫖窑子，一到地点他下车就说滚！张大爷敢怒不敢言，只好离开。漯河人当时有个口头禅，就是“我要亏心了，出门让我碰上军官队”。

1948 年是个混乱奇特的年头。这一年，共产党和国民党的部队在漯河你进我出，反复来往，人们形象地称之为“拉锯”。在这一年里，漯河政局不稳，社会动荡，人心惶惶，秩序大乱。国民党的残渣余孽以及特务土匪，流氓恶棍，明火执仗，杀人越货，抢劫盗窃。解放军在时情况很快好转，一离开，群魔乱舞、无法无天，大街小巷，居民为了自卫，垒有栅门。傍晚栅门封，形同宵禁。但枪声以及子弹在空中的嗯啸声时有所闻。市区高大建筑物（如寨内福音堂）墙壁上弹痕满目，战争迹象俯拾可见。

龟缩在郾城城内的十三旅和交警队被解放军围得严严实实，他们已经弹尽粮绝，成了瓮中之鳖。1949 年春，国民党的飞机向郾城空投。我们这些十五六岁的青少年也不害怕，就在寨墙上仰视。飞机投下很多小黑点，后来我们才知道那是大米包。这些大米包并没完全落在郾城内，有一部分落在城东北的白庙一带，这等于给解放军送了给养。

郾城守敌溃退后，我们去郾城观看，但见城周围村庄上的树都被国民党砍光了。树枝埋在壕沟里，像这样的鹿寨防线有三四里，靠城还有海河（护城河），城墙高大，文峰塔高耸在城墙上，我们感叹国民党大势已去了，郾城守敌如此执迷不悟，只能是自取灭亡。

1948 年 11 月，漯河市人民政府建立，政局不稳、社会动荡的局面逐步得到克服。1949 年春，有一天，刚上任的漯河市第一任市长梁仰云给我们作报告。在漯河市第三中学（三晋乡祠）大殿前的院里，梁市长一身军人打扮，朴素得像个普通战士，他谈笑风生，讲话很有鼓动性，同学们听得很带劲。当时的青年学生虽不懂什么政治，但对共产党和国民党的所作所为是有鉴别力的。共产党的威信在群众中越来越高。

1949 年和 1950 年，大批青年学生参加了人民政府工作。我当时正在市立中学办的附属短师班学习。有一天上午班主任贾向荣说：“你去教导处一下，有新的任务。”我到教导处后，教导处主任李学岑说：“你不要上学了，你拿着这张介绍信到文化馆报到，给你分配工作了。”我到文化馆见到馆长杨方。杨馆长很温和，面带笑容说：“听说你的毛笔字写得不错，你带上两块大黑板和白颜料上火车站写标语去。”就这样我走上了人民政府的工作岗位。

选自 1998 年 6 月《漯河文史资料》第七辑

记河大学生运动中的几个重要事件

魏　明[1]

1947年上半年，河南大学师生在中共地下党组织的带动和领导下，先后开展了“反征兵、反征粮”和“反饥饿、反内战”的学生爱国民主运动，成为当时在国统区形成解放战争第二条战线的重要组成部分。那时我（原名魏仑泉）在学生自治会（第五届）担任理事和秘书长。所以从3月河大第五届学生自治会成立到5月22日欢送赴京请愿代表团为止，这段时间里发生的诸多事件均所亲历，唯有关运动的过程在《河南文史资料》及《燎原》丛书中已由两位同学叙及，这里不再赘述。拟就几个至今仍未为昔日师生所知的重要事件内情披露于后。

一、争夺学生自治会领导权的斗争

前届（第四届）学生自治会针对国民党政府出卖我国主权《中美商约》的签订及北平“沈崇事件”的发生，于1947年1月4日发动并组织了声势浩大的反蒋反美示威游行，此举在全国引起很大震动。延安《解放日报》、晋冀鲁豫《人民日报》等都作了报道，发表了评论，以“爱国学潮荡中州”“民族自尊心的昂扬”等大字标题刊出。同时，这个震动波也猛烈撞击了当地国民党政府。因此夺取河南大学学生自治会领导权就成为当地政府受重击后的要务。于是，在1947年3月新学期开学之后，学校当局组织师生中的反动分子，采用各种手段，竭力煽动拉拢一些学生，企图利用学生自治会换届选举夺取理事会的领导权。中国

① 魏明，郑州市人，1924年出生，毕业于河南大学，曾在漯河银行、总工会、供销社、学校等单位工作。离休。

共产党在开封的几个地下组织对此换届选举都很重视，河大的地下党组织、民盟支部以及进步学生骨干都投入了竞选活动，一场争夺学生自治会领导权的斗争展开了。

3 月下旬先进行班代表选举，各院系都以班为单位，每十五名学生选一个代表，我和任勖丰是同班，也都当选为代表。我俩平日思想很接近，他还给我看些进步书刊，使我受益很大，那时我还不知他是地下党支部书记，但我很钦佩他。当得知他有竞选学生自治会主席的打算时，我就尽力为他到外班活动拉选票。

全校学生代表大会在小礼堂举行，约有 150 名班代表参加，由上届学生自治会主席张四德主持。选举理事（19 人），以无记名投票方式进行，最多票为理事会主席，计票揭晓，我和任勖丰得票最多，而且票数恰好相等。这实在出乎我意料，因我根本无意竞选。但有个代表叫李守孔别有用心地立即向大会主席提出："既然最多票有两人，无法确定主席，这次选举应无效，改日开会再选。"当时，我立刻意识到这是个大阴谋，因为我俩都不是他们所能接受的人，再者，他们的候选人赵飞得票仅较我俩少三票。因此，他们企图迁延时日，多捞取些选票，意在必夺！这时，我为了表达支持任勖丰的初衷，更为了挫败反动派的阴谋，就站起来向大会主席声明："我无意参加竞选，也不能胜任主席职务，我认为任勖丰比我强得多，我愿弃权，赞成任勖丰当主席。"语落，掌声四起，大会主席抓住时机，当即表示接受我的意见，宣布任勖丰当选主席，接着宣布散会。次日，学生自治会第五届第一次理事会上进行了分工，任勖丰兼法学院常务理事；田炳哲、何肖胥、戎配九、姬宝霖分任文、理、医、农各院常务理事；工学院的记不清了，我为理事，分工为秘书长；并聘牛维鼎、王光蒸为副秘书长；另设学艺、服务、健康、总务四部，部长都由理事担任。本届十九名理事中有两名反动骨干分子，即李守孔及赵飞，进步分子占优势，又有地下党组织的领导，因而本届学生自治会有了正确的工作方向。

此次争夺学生自治会领导权的斗争以国民党反动派的失败而告终，但它们不甘失败，在反动政府及特务组织的支持下，对理事会几个主要负责人大肆造谣，恶毒攻击，他们张贴一丈多高的大标语，要求开除任勖丰、何肖胥、戎配九和我四个人，最后我们四人都遭到搜查、通缉及开除的迫害。

二、反动派反苏阴谋的败露

4月某日，在七号楼学生自治会办公室，李守孔及赵飞来找任勖丰和我。他俩拿出一摞以河南大学学生自治会名义已印好的反苏声明，以理事身份要求加盖学生自治会印章，这是学校当局为配合国民政府当时在全国掀起的一股反苏逆流的货色。他们企图以突然袭击方式及软硬兼施手段以求一逞。一开始我俩就给他俩指出：不经理事会决定就擅自以学生自治会名义印声明是错误的。他俩自知理亏，作了句假检讨，并诡称时间太仓促，来不及和理事会商量，但还是要求盖章。任勖丰故意推脱说："等开理事会讨论了再说。"赵飞接着说："现在给你俩一说，你俩同意不就行了，盖吧！"这时我的情绪有些激动，说："不经理事会讨论通过，谁也不能盖！"（因印章由我保管着）李守孔咆哮如雷，高叫："不盖就不中！"我也顶上去说："坚决不盖！"并随手摔了一个茶杯，李守孔有恃无恐，接着摔了两个茶杯。这一吵一摔，惊动了同楼正在上课的同学们，一霎间跑来一二百名同学。我告诉大家："他俩私印反苏声明，硬逼学生会盖章。"同学们团团围住他俩，有的斥责，有的喊打。同学们激愤之情也是事出有因的，除这件事外，近来各班各学会的墙报或专刊，只要稍带有进步言论，无不被反动分子在夜半无人时一张张撕毁，同学们早已积愤难消，怒不可遏。今天，这两个家伙自动出台亮相，自然人人喊打。这时，他俩的嚣张气焰顿失，低头呆立。任勖丰和我为避免进一步激化，出现伤人事件会给反动政府以镇压学生的口实，故尽力不让同学们动手。正在这时，训导长闻讯仓忙赶到，催同学们赶快去上课。同学们不但不散，反而面对训导长揭露这些人种种丑行恶迹。训导长只得假惺惺地训斥他俩几句，接着对他俩说："你们还不走开？"他俩才狼狈而去。

这一场由反动分子策划的反苏阴谋在广大同学的斥责声中彻底破产了。

三、反征兵、反征粮运动

4月下旬某日，任勖丰和我代表河南大学学生自治会到开封高中（图书馆楼上），参加省会大中学校“反征兵、反征粮”代表会议。在大会上，我俩商量后，由任勖丰在会上发言提出筹组开封学联及全市罢课的动议，反动政府对这次会议本来就竭力阻挠，当会议要出现全市罢课的趋向时更为惶恐，他们立即向各学校施加压力。因此，在会议进行时，相继有几个学校的代表接到他们校长的电话，或派人来找其校代表，要求他们立刻退会返校，否则开除学籍！有的代表慑于压力，走了。同时，也影响一部分学校代表犹豫不决起来，多借口回校和同学们商量以后再表态。在大会上明确表态支持罢课者不足多数，因此，大会没有形成全市罢课的决议，最后决定 × 天后在河南大学再开会讨论决定。

后来，在河南大学七号楼会议室召开省会大中学校第二次代表会议，因一部分学校代表受学校压力没敢前来，来的则多是不怕压力敢于斗争的积极分子。会议经过认真讨论，通过了由卢治国起草的《为反征兵、反征粮告全市同学书》，并委托河南大学学生自治会继续筹组开封学联。

四、罢课大表决的波折

5月3日，河南大学教师联谊会决定罢教，随后，广大同学为声援教师，纷纷要求罢课。为此，学生自治会召开理事会作了慎重的研究，决定由全校学生进行讨论、表决，并由各班代表书面汇报赞成罢课的和反对罢课的人数。表决结果，赞成罢课的占大多数，但是，以农学院、工学院及一年级组成的南关分会却是反对罢课的占多数，主要原因是一年级学生中青年军复员生就有二百人左右，其中坚持反动立场的人虽占极少数，但他们四下活动，竭力从中作梗。南关分会主席姬宝霖来校本部汇报后，理事会认为此事关系重大，不可轻视。因为如果这班人进一步煽动及挑拨，就可能出现挟持南关分会向校本部自治会闹独立、搞分裂的严重局面，以致全局被动，后果堪虞！遂决定派我立即前往协助分会主席姬宝霖进行说服争取工作。我到南关外干河沿二院后，由姬宝霖召集分会的理事及各班代表联席会议，在会上我谈了当前形势、罢课意义以及校本部各院系对罢课表决的情况，请大家考虑，随后展开了讨论，形成两派的激烈辩论。大多数代表深明大义，赞成罢课，要求和校本部学生自治会统一行动，只有几个代表仍坚持反对罢课。最后会议以大多数赞成罢课作出决议。不过，后来在欢送赴京代表团时，南关同学到车站的还是不多，工学院的两个赴京代表在开车前几分钟才跑到车站急忙上了火车。

五、河南省主席刘茂恩的“枉费心机”

5 月 18 日，国民党政府颁布《维持社会秩序临时办法》，严禁十人以上请愿，严禁一切罢工、罢课和游行示威，并授权各地可采取“紧急处置”等。那时河南大学已经由教师罢教发展到学生罢课。次日，河南省主席刘茂恩派小汽车来河大接学生自治会负责人去会见。任勖丰找我和牛维鼎，我们三人商量对策。当时估计刘茂恩可能要训斥一顿，然后要求立即复课，对此，我主张不去，就说负责人不在。任勖丰主张还是去为好，认为事情一弄僵就不好办了，“他说他的，咱干咱的”。我们意见有分歧，当时我虽然感觉到任勖丰说的有道理，但一时思想转不过来，所以就只让他俩去了。他俩回来传达会见情况说：“他（刘茂恩）一直强调学生的天职是读书，不要管国家大事，更不要被共产党利用。如仍不复课，就违反《维持社会秩序临时办法》，你们当学生会负责人的就要承担责任……”以后，我们确实本着“他说他的，咱干咱的”策略，发动示威请愿运动，选出赴京请愿代表团，并以欢送代表团名义，举行了声势浩大的“反饥饿、反内战”示威游行。

选自1988年12月《漯河文史资料》第二辑

淮海战役中廖运周师起义前后回忆

徐建铭[①]

一、起义之前

1948年11月初，我所在的国民党部队正在鄂北应山战斗中，忽然接到命令，让我们把部队拉到广水车站待命，说是去参加徐州会战，解黄百韬的围。在广水准备了好几天，补足了弹药和给养，还对家属的留守做了安排，这是前所未有的。师、团、营都指定留守负责人，并造册报师，师统一指挥留守汉口。

部队乘火车北上，至明港下车往东向徐州方向进发，经新蔡、上蔡之后，每天都有小型战斗发生，部队前进迟滞。战斗情况虽小，但也影响部队的前进速度，拖长了“救兵如救火”的时间。

经10多天的行军和战斗，先头团于11月25日行至南平集以西地区，遭到解放军的顽强阻击，整个部队停了下来。直到下午，先头团才攻下南平集（解放军已完成阻击任务而撤离），部队继续北上至涡河上游支流群，支流一条一条地横在前进路上，河底淤泥三四十厘米深，行动异常困难。费了九牛二虎之力，才算进入预先指定的宿营地双堆集以西地区，步兵勉强能走，而兵团的机械化车辆，困集在狭小的支流地带，可就困难了。不仅黄百韬的围解不了，部队本身也是“自顾不暇”了。

晚饭后，以团为单位开始调动。天也不凑巧，黑得很，看不见路，又无向导，混乱极了，谁也没下命令，而每个士兵手中都举一束火把，照着走路，弯弯曲曲的一路纵队行军，形成很多条长长的火龙在蠕动，

① 见文末附件。

数都数不清，几十个团在方圆四五千米内来回调动。元宵节的龙灯晚会，比这个火龙也逊色千万倍，10多万人马折腾了一夜未睡。

二、起义的经过

26日，上级命我师向蚌埠突围。经双堆集向东南方向进发，大约走有20多里路程时，复命部队转回双堆集待命。黄维兵团司令部就住在双堆集内，师部指示我们团靠近双堆集东边的小金庄宿营。团部就住在仅有的三间堂屋内，总机安在一间东屋（厨房），其余全部在小金庄附近露营。约在下午5时左右完成了露营的准备。团指挥所设西间（团长住西间、副团长住东间）。黄昏前，团长金汉章从师部接受任务回来，对我说："明天（27日）拂晓前要突围。"稍停一下，看了看四周，然后小声说："解放军那边，师长有俩朋友，给咱们师让出一条路来，让我们出去，今晚你把部队控制好，明早即行动。这只有你我知道，绝对保密，不然有生命危险，咱和兵团部只有一墙之隔。如果今晚军长（十二兵团副司令兼八十五军军长）来电话找我讲话，我不接，你接，就说我不在，到前边去了！"约20时左右，军长吴绍周果然来电话找团长，我用商议好的话，应付了军长。他说："我这里打得很紧，想把你们团调来，赶快找你们团长回来（吴是一一〇师老师长）。"接连来了两次电话，金汉章与我对面坐着不动。回忆当晚，我保守了起义的秘密，控制了团的兵力，集结待命，婉言抵制了军长的调令，保证了部队起义的顺利进行。明突围、暗起义的计划，27日拂晓前按时行动了。全师（缺三二八团，在军长那里）在双堆集南集结，师长廖运周把连以上军官召集到一所房子内，很简短地讲明突围的利害关系。大意是：我们这次突围，有人相助，要明大义，顺着放好秫秆的方向走，任何人不准下路，动作要快，马上回去就开始行动。我们团是先头团，师长随我们团一起走。刚把部队拉开，先头连的尖兵发现路两边不远处有解放军设的埋伏哨，就冲上去刺死了两个，见此情形，我和团长很快赶到前边，制止说："只管走路，别管旁的，突围要紧。"（稍远一点的解放军就没有动）

接着从东北方向连续射来几发榴弹炮弹，没有打中目标，人未伤亡。师长即命我去联系，说是突围的，别打炮。我拉转马头未走几步，又把我喊了回来，改派刘副官去（后来传说刘被枪决了）。部队还是三路纵队急进，太阳还未出来，从东南方向飞来三架战斗机，即在部队上空盘旋侦察，发现密集的大部队运动。看情况飞行员是急了，欲要俯冲扫射，这一下子，可把人给吓慌啦。我当机立断，命通信排赶紧拿出防空联络布板来，展出“五一”字样（当时联络符号，团向营只发当天的。师对团每次发十天的，由作战主任掌握）。飞行员一看是自己人，由袭击态势改为掩护行动。部队的紧张情绪才云消雾散。飞机在上空一直把我们安全、顺利地送到目的地。部队分散隐蔽，一路上忐忑不安的心情稍有平静。飞机下午又来盘旋侦察，连续侦察了三天，看样子是找部队的下落，毫无线索，飞机再也不来了。

部队沿着秫秆指示的路标前进，不断遇着两人一起或三人一起，手举三角小红旗，上书“起义光荣”或“欢迎高举义旗”，并且口中呼喊：“欢迎！欢迎同志们光荣起义！”沿途村庄路两边树上，也贴有欢迎的标语。当时听到看到欢迎的情景，脸上觉着有些害臊，心中有说不出的内疚和不安。

三、起义以后

部队被分散带入驻地。大家开始相互凝视，继而摇头，然后互问长短，这是怎么一回事？当时对180度的大转弯想不通，因而军官们认为是受了廖运周的骗（实际不是骗，而是从水深火热中把我们拯救了出来，是从黑暗的歧路上引向光明的康庄大道），有的甚至骂娘。首先是连排长的逃亡接二连三地发生，经过教育，大部分人的思想稍有扭转，部队暂时有所稳定。为了安定情绪，安定军心，他们在生活上给予我们照顾。那时后方支前的猪肉，首长尽量照顾我们师，每天早上每连发猪一头，重约百斤至150斤，每人平均一斤有余，日不错影持续了半个多月。大部分战士半开玩笑地说：“光叫吃肉，不叫吃菜，给萝卜白菜吃吃多好。”

一天团长对我说，师长的小厨房小郑，现在是我们师的政委，他不姓郑姓李。咱师起义前，已左右着咱师的行动和部队的军纪，了解每个军官的情况及相互关系等。我听之后有些惊讶，非常赞赏他的沉着、机智和勇敢，作战时护身位置的选择，既巧妙灵活又安全。

起义后部队归四纵建制，司令员陈赓，政委宋任穷。我忘记是哪天，宋政委召集全师营以上军官进行安慰，他亲切、和蔼、热情的讲话，很感人。中午以中国传统习惯，请我们午餐。军官经过短期集训（袁血卒负责搞的）、政治学习、诉苦教育，当时我都积极参加，但有的人是格格不入。那时全团营以上军官有八九个，部队驻小商桥时，只剩下金汉章和我。

黄维兵团全部被歼，解放军活捉了黄维、吴绍周，12 月下旬部队移驻淮阳东四十里外。一天夜里，副团长黄玄龄入睡之后，他的两个通信员，谋劫他的钱财。一个人去拉他头下的枕头，把他从熟睡中惊醒，很快坐了起来，一人手举他护身的日本战刀，向他头上砍去，他伸手遮挡，刀砍在手表上，要不是戴有手表，手就被砍掉啦。他即从床上跳下来，抓了一个独凳与其搏斗，因腕部受伤，独凳斗不过刀，搏斗中头上被砍了四刀，昏倒了。那一人乘搏斗之机，将黄金二两、现洋一百元劫到手，二人逃之夭夭。我们闻讯赶到现场，黄处于昏迷状态，找医生包好伤口，天明我把黄送野战医院治疗。吸取此教训，团长提出今后我们住在一块，并带上枪支，捍卫自己是保证部队力量的先决条件。

1949 年 1 月初，部队进驻小商桥的路上，二营营长谢成国不辞而别，回家了（太康人）。师长命我去二营任营长，我不愿去，部队混乱，人心不安，怕有意外，经师、团长的说服，理由是你去能安定部队，同时我们放心，主要是你和部队有一定的感情。先巩固部队要紧，师部住小商桥北寨，团部住木锨吕，我营住席贾村。这时上级陆续派来团政委、营教导员及连指导员。在席贾过的春节，我和政工人员，组织了各种各样的文娱活动，以慰军心，稳定情绪，达到巩固部队的目的。

不久部队开始并编（廖运周任十四军四十二师师长），原一一〇师排以上军官，集中小商桥杨再兴庙中学习，共分两个队，我任二队长。主要是学习毛主席元旦献词（打过长江去，解放全中国）。有些人学不进去，还有不告而别的现象发生。2 月下旬军官二队并编到十四军随营学校的一个学习队。3 月 9 日从漯河出发，开始了打过长江去、为解放全中国的神圣任务而斗争。

11 月 27 日，是我的第二个生日，每年到这一天，都要进行纪念，今年 11 月 27 日，是我起义四十周年。

回忆当时我驻席贾村，距我家仅六七十华里，我都没有回家看看。另外我现在的老伴，虽系农村妇女，但深明大义，对我的举动没有任何阻挠，这就坚定了我走革命这条路的信念与决心。

最后我以 1980 年 3 月，廖运周对我写的起义证明材料，作为结语。

附抄原文：

关于徐建铭同志起义的证明材料

一、徐建铭确系国民党一一〇师在淮海战役中起义人员，他是黄埔军校十五期毕业生。分配到一一〇师工作，曾历任排长、连长、副营长、参谋、作战主任、营长等职。

二、徐在起义前后的表现是积极的，他平素很艰苦朴素，群众关系好，在抗日战争中，勇敢不怕牺牲，曾负过伤。在起义前夕，能保守机密，协同金汉章同志部署兵力，应付伪八十五师师长吴绍周的命令。起义后在整训教育期间，积极努力，掌握部队，反映情况，支持政治工作人员，进行诉苦运动。在漯河合并编组时，能正确地对待职务的调动，他调十四军后，又调四十师司令部当参谋、副营长等职。

三、在云南大理州转业地方，遭到迫害，“文化大革命”中又被抄了家。根据党对起义人员的政策，应该实事求是地贯彻落实，使其能为社会主义现代化建设贡献力量。

廖运周

1980 年 3 月 4 日

选自 1998 年《漯河文史资料》第七辑

芮文彩策动国民党保安团起义投诚的经过

孟凡坤

1947 年，以蒋介石为首的国民党政府悍然发动的国内战争进入了第二个年头，人民解放军由战略防御转为全国规模的战略进攻。从 7 月至 9 月，刘邓、陈粟、陈谢三支解放大军横渡黄河，在中原广大战场纵横驰骋。国民党军队屡战屡败；士气低落，到处弥漫着失败情绪；人民解放军愈战愈勇，斗志高昂，人人充满了胜利的信心。

进入 1948 年下半年，中原战场的解放战争，已经是秋风扫落叶。残留的国民党地方武装深感日暮途穷，走投无路，在我强大政治、军事攻势下，纷纷起义投降，接受改编。我豫皖苏五分区干部芮文彩只身打入敌营，策动长葛县保安团起义就是这个时期发生的一起著名历史事件。

芮文彩（1902—1949），郾城县十五里店乡芮王村人，原在西北军冯玉祥部谋事。1940 年，调任国民党三十九集团军暂编第四军军部少校粮秣科长。1945 年到第四军，在苏北盐城、阜宁一带起义，芮文彩随军起义后到苏北革命大学学习。1946 年底，芮学习结业，调豫皖苏第五军分区（驻鄢陵县）敌工部工作。1947 年下半年，芮文彩接受军分区党委交给的任务，赴长葛策动县保安团武装起义。

长葛县保安团是当时在河南较有实力的一支地方武装，出没于郑州以南的平汉铁路线上，对我解放军部队时有袭扰。该团系国民党长葛县县长李乐安为巩固其统治地位于 1946 年亲自组建的，开始叫“长葛县机动大队”，团长由张惠民担任。张惠民和芮文彩以及豫皖苏五分区副司令员王发祥、长葛保安团中队长张益民、长葛县政府科员顾呈祥等都是原国民党暂编第四军的团、连级军官，是相识多年的旧交，第四军盐城起义以后，王发祥、芮文彩参加了革命队伍，张惠民、张益民和顾呈祥离队回到长葛。因为有这种关系，所以豫皖苏五分区和王发祥副司令员才派芮文彩到长葛做策动起义的工作。

为不引起国民党警宪人员注意，芮文彩去长葛乔装打扮，改变身份为身着长衫、头戴礼帽、不卑不亢、举止阔绰的商人，假以顺路探友为名，拜访了在县民政科谋事的老友顾呈祥，随后由顾陪同，携带礼品拜访机动大队长张惠民。张惠民见芮文彩突然到来，不忘旧好，热情地接待了他。询问芮盐城别后的情况，芮文彩不慌不忙地说道："家中父母以如今世道不宁为由，不让文彩远出做事，近两年来弃武习商，碌碌于平线上，此次途经长葛，闻知诸位兄长在县上风云际会，弟岂可入宝地而忘旧交，遇故知而不拜访？以此，特持薄礼与诸位叙旧，并望在生意上提携。"张惠民见他如此义气，热情挽留芮文彩在他家住了三天。故友重逢，各诉衷曲，从第四军谈起，逐渐论及时局，芮文彩把握时机，试探心思，佯以局外人的身份，分析了国民党军队节节败退的形势、地方武装前途黯淡的处境以及张惠民处此重大历史时刻应有的选择，使张惠民心有所动。在秉烛长谈中，芮文彩步步深入，说他这两年来，于仆仆经商之际，涉足于国、共两区之间。认识了两方不少人物，增长了不少阅历，并说他曾经路经鄢陵，见到了故友王发祥，王托其向张惠民等旧日好友致候，希望张惠民认清时局，光荣起义，切莫贻误时机，身蹈险境，一切好自为之。张惠民听后，慨然说道："我虽不懂政治，但大局还能看得明白，国民党在中原战场败局已定，谁还甘心情愿为蒋介石卖命？但发祥兄让我投靠共产党，事关重大，尚须从长计议。"芮文彩见张惠民虽有转变，但内心顾虑尚多，不宜操之过急，遂在闲谈中摸清了长葛地方武装的人员装备情况，即辞别张惠民等回鄢陵五军分区。

1948 年 2 月，解放战争在中原战场进入了决战时期，洛阳、南阳、开封等重要城市和广大城乡相继解放，16 万国民党军队悉被歼灭。此时，芮文彩第二次到长葛县机动大队与顾呈祥一起分别拜会了大队长张惠民、副大队长谷耀宗和中队长张益民，此次相见，张惠民等比第一次更加亲热。张惠民等人正因中原战场国民党部队的节节失利而忧虑。芮文彩的到来，让他们仿佛看到了一线光明，互相先说了些闲话，尔后就自然地联系上了时局。芮文彩说："当前国内形势正朝着有利于人民的方向发展，人民解放军在西北、东北、华北、华东等各个战场摧枯拉朽，势如破竹，解放区逐日扩大，蒋家王朝已是日薄西山，好景不长了。从河南看，解放大军攻城略地，战无不克，国民党残部避实就虚，龟缩于豫南一带，稍有动静，必向南逃窜。保留下来的几支民团、大队，如何能长久撑持？诸位兄长待我不薄，故敢坦诚相告，望能于军权在握之时，顺应历史潮流，做一番有功于人民的事业。"这几句话，正点中了机动大队三位领导人的要害，增添了他们弃暗投明、待机起义的决心。芮文彩趁机传达了党对起义投诚人员的优待政策和分区党委的指示："保存现有实力，争取掌握全县武装，加紧培养自己的力量，尽量分化瓦解敌对势力，听候命令，顺利起义。"张惠民等听后表示完全同意，并向芮文彩汇报了这段时间他培植亲信、不与解放军对抗等的情况。接着，几个人进一步研究了抓势夺权、保存实力等的行动部署。一切安排就绪，芮即返五分区向党委作了全面汇报。

1948年5月，分区党委派芮文彩第三次来到长葛机动大队，此时，张惠民正在队部召开中队长以上军官会议，芮从容出现在大家面前。与会者都知道芮是大队长的老朋友，纷纷客气地表示欢迎。芮一一寒暄过后，感慨地说："自共军刘邓部队横渡黄河以来，在咱河南地面活动异常，豫中形成拉锯之势，平汉铁路屡遭破坏，大局已不堪收拾。在下家中虽富却不敢居住，生意虽好也无法经营，迫得背井离乡，厚颜前来投奔惠民大哥暂避，如蒙在座诸位给予关照，我芮某实在感激不尽，一俟时局稍定，我即重返乡里和家人团聚，对众兄长仗义收留之情，以后定当厚报。"从此芮即公开在县机动大队栖身。

1948年9月，张惠民将部队拉到郑州以南的祭城。长葛县长李乐安、县党部路木森、三青团干事长陈俊明、商会会长、县自卫大队长杨德、县警察局长梁靖宇等都尾随而来。一天晚上，陈俊明受县长李乐安的委托，集合全体官兵开会，宣布把长葛县的自卫大队、武装警察部队、机动大队统编为"长葛保安团"，任命张惠民为团长，统一指挥全县武装。

1948 年 10 月，长葛县获得解放，张惠民将部队从祭城拉到中牟县白沙镇。中国人民解放军豫皖苏第五军分区首长给张惠民下达了武装起义的指示：“条件成熟，立即率部起义。”张惠民马上召集骨干、亲信密商，接着召开了中队长以上人员特别会议。此时张惠民虽然掌握了全县武装，培养了一批亲信，但思想仍然十分紧张。为了预防万一，他做了周密部署：命令骨干及亲信，手枪全部上膛。宣布起义后发现有人骚动鼓噪，格杀勿论。在特别会议上，张惠民首先询问大家对今后的出路有什么打算，到会人员都表示愿意跟着张团长干。此时芮文彩站起来理直气壮地宣布：“弟兄们，我是受中国人民解放军豫皖苏第五军分区的委托来欢迎保安团弟兄们的，当前，蒋介石在全国的败局已定，保安三团已是孤立无援，各位家中都有父母高堂和妻子儿女，在这种情况下，为什么要为蒋介石卖命送死？现在摆在诸位面前的只有两条路，一条是为国民党效忠，负隅顽抗，自取灭亡的路；一条是投奔解放军，接受起义，前程光明的路。我希望诸位做一个识时务的俊杰，不要再犹豫观望、做一个与人民为敌的罪人，五分区广大指战员和家乡父老在热情等着你们。”话音刚落，张惠民立即站起来态度坚决地说：“咱们邻近各县的保安团都已经被打垮了，长葛也解放了，我们只有投靠共产党才是唯一的出路。现在，我宣布：保安三团起义！”他环顾四周，会场严肃平静，没有人表示反对，也没有人轻举妄动。张惠民遂在会上宣布了起义的宗旨和有关事项，率部离开中牟赴第五军分区驻地鄢陵县城，途中，除原自卫大队长杨德不明大义独自一人逃离外，其余 700 余人携带战马 10 余匹、迫击炮 2 门、重机枪 4 挺、短枪百余支、步枪 700 余支、子弹 10 万余发、电台 1 部，于 1948 年 10 月 18 日到达鄢陵，受到了中国人民解放军豫皖苏第五军分区司令员王其梅，副司令员王建青、王发祥，参谋长路耀林等领导同志及鄢陵各界人士的热烈欢迎。

注：长葛保安三团起义后，中共中央机关报《人民日报》于 1948 年 10 月 28 日进行了报道：“新华社开封二十六日电：郑州、开封解放以

来，豫、皖、苏各地残留国民党军见大势已去，纷纷向当地民主政府缴械投降，先后投诚已达五千人，计有夏邑县保安团人枪二千余、柘城县保安大队人枪百十余、长葛保安团人枪七百余……”

选自1988年《漯河文史资料》第二辑

旧闻轶事

抗日战争结束后舞阳县国民党的反共活动

启　公

一

抗日战争结束后，国民党统治集团在美国的支持下，完全不顾中国人民的愿望，坚持独裁内战的方针，妄图独吞中国人民抗战的胜利果实。蒋介石大规模调集军队，以受降为名进攻河南各解放区，其兵力达38个师，计35万之众。河南各地的伪军将领都得到国民党军事委员会及河南省政府的委任。1945年10月初，国民党第四十一军进至南阳、方城、舞阳一线，向我河南军区所属部队进攻。“双十协定”签订后，国民党五战区3个军7个师的兵力以方城、舞阳、遂平为第二线向南推进。

为了阻击国民党军队进攻解放区，根据中央指示，新四军五师中原军区部队、八路军第三五九旅南下支队、河南军区部队与冀鲁豫军区部队一部，于1945年10月下旬撤离豫中及舞阳南部地区，向桐柏地区集中。中共舞阳县委、县民主政府和各区政权组织随后撤离舞阳，向桐柏山区转移。

日军宣布无条件投降后，国民党四十一军一〇四师杨显明部抢占了舞阳县城。9月21日，日军撤离舞阳后，国民党舞阳县长刘馨吾、县党部书记陈星樵及保安团长卢宏宇等回到县城。10月，国民党改任高宗襄（新郑人）为县长，王仿恩为县党支部书记，这时，国民党第五战区司令长官部从漯河派政工人员董公敢到舞阳组织驻军政治处、县政府、县党部、三青团在全县进行登记清理工作，镇压地方革命力量，搜查新四军遗留人员。国民党省党部委员、南阳宛属十三县党务指导官丁叔恒到舞阳督导。

高宗襄到任后，竭力扩大武装，组织了三股反动武装势力。一是以胡灿宇为指挥官的军事指挥部，下有卢宏宇的保安团、孟宪升的国民兵团及闫升堂的特务大队；二是以禹升联控制的中央别动军纵队吸收了张广耀、殷壁及于子奇的武装；三是以关震亚、尚振华为首的、活动在北舞渡地区的新编第七十五师。

原皇协军绥靖一师关震亚、尚振华部，在日军投降后，多方活动，通过国民党第十九集团军司令陈大庆及曾任豫南挺进军司令张轸向蒋介石通融，要求给一个番号。陈大庆先委任关震亚、尚振华为襄、舞、叶、许、临、郾五县挺进军正副总指挥。到9月，国民党华北地区招抚使熊斌到各地收编伪军，派襄城地霸苗俊峰到北舞渡，送来蒋介石委任状，委任关震亚、尚振华为新编第七十五师正副师长，由陈大庆委派原在胡宗南调度室工作、后派到皇协军一师的刘效虞为参谋长，冯剑天（化名蓝小平）为政治部主任。10月，国民党中央军事委员会电令，命关、尚带领的七十五师归刘峙指挥。

刘峙从老河口到漯河后，刘效虞、张哲超受关震亚、尚振华指派，带着蒋介石的委任状及陈大庆写给刘峙的信到漯河，经长官部的李雅仙引见，见到刘峙，随后关、尚二人到漯河晋见刘峙，刘峙对二人略示赞赏。9月20日，刘峙派人到北舞渡点编。

1945年11月，刘峙司令部命关震亚、尚振华带4000余人驻防鲁山一个月，后又令该部孙建全团进驻舞阳县城、董茂亭团驻方城保安、王灿宇团驻方城县城。1946年2月15日，国民党国防部电令将七十五师番号取消，改为绥靖第一总队，关、尚为正、副总队长，归孙震第四绥靖区所属，孙震派刘高参到舞阳点编，三个团缩编为孙建全、王灿宇两个团，全部移驻南阳西河营，接受整编二十师谭乃大整训。4月初，谭乃大受刘峙令，宣布关震亚、尚振华绥靖总队撤销，人枪统归二十师，仅为关震亚、尚振华及刘效虞委任了一个郑州绥靖公署参议之职。尚振华只带了一个特务连返回舞阳，人枪遣散。以后关、尚二人赴郑州见刘峙，被允保留参议名义，回家居住，二人被削了军权，没有了武装，便在县内竭力进行政治活动。尚振华与悦来派头目孙孟山、胡灿宇勾结，被高宗襄委任为军用代办所所长。尚振华经常活动于县城，又强行入股县城东大街张华峰、李兰亭、郭镜吾开办的珍臻茶食店，作为在县城的立足点。

1946年6月，国民党反动派大举进攻中原解放区，发动了全面内战。舞阳县国民党当局积极行动，进行反共活动。国民党舞阳县政府会同县党部、三青团、参议会及军统局驻舞阳的特务人员组成清乡团，清查中共地下党员及革命群众。清乡团在军统局特务陈青坡、苗大略、李昆、郭光灿、赵文卿等协同下，由高宗襄率领，首先开赴武功，县党部秘书李效白代表书记长王仿思参加武功清乡组，由县政府军事科长李耀芳为组长，胡灿宇负责在尹集活动，孟宪升负责在北舞渡活动。当月，清乡团查出原共产党员王树文、李振华、谷宝祥、高城忠、郝明智、李承文、贾增重、孟宪及、陈克信，并被抓到县城，苗大略、乔峙生逮捕了在树人中学教书的赵桂英（西平县大王庄村人）并送往漯河。

随后，高宗襄同李效白及军统局特务李昆共谋逮捕了刚从南阳地区回到董寨的共产党员董仲衡，说南阳国民党县长赵芝庭来信讲董仲衡在那里有共产党活动。将董仲衡押往县城，又转押到武功清乡团，高宗襄、李效白及参议会一同对董仲衡进行会审，高宗襄看董仲衡拒不承认，便宣布就地枪毙。此时在县城新生日报社工作的陈立人（董寨人）打电话给陈青坡，让其帮忙援救董仲衡，同时，并会同董仲衡的父亲董振宇共谋善策，及时向陈青坡送了财物，陈青坡同李效白向高宗襄建议再将董仲衡押起来作进一步审理，第二天被带到县城看守所。董仲衡被逼写了一份反省书，高宗襄看后批了一个“坚不吐实”，遂把董仲衡一案报告国民党省政府。

7月，陈青坡同警察局巡官刘宝璋担任正副组长，率苗大略、赵文卿、郭光灿、李昆等到城北的狄青、樊陵、孟寨三个乡进行清乡。

9月中旬，重庆国民党中央政治学校毕业的CC分子郭博宣（山西赵城人）接替高宗襄担任舞阳县长，他会同李效白、刘馨吾、方利华、李春晖等县党部、三青团、参议会的人，对董仲衡进行二次会审，施以酷刑、拷打，仍得不到口供。郭博宣亲自到南阳向专员褚怀理报告，回舞不久，就得到省政府一纸密令："董仲衡是共产党，着在县执行。"郭博宣指示警察局长李振宇执行，11月，李振宇派督察长苗大略（通许人）及魏公权等十几人，借解送董仲衡去省政府的名义，将董仲衡杀害于县城东门外的核桃园内。

郭博宣将全县武装重新改组，组成由他任总队长的自卫总队，卢宏宇、周良才、李义恩、黄国卿、张继涛为副总队长，有常备队、训练大队等。这个自卫总队自1947年5月后相继由朱绍云、禹升联控制，共有1300余人枪。郭博宣为掌握武装，大肆征派壮丁，在他1947年4月离任之前，仅粮食就征收40多万斤，抓壮丁1500余人。

二

1947年7月，解放战争进入全国性战略反攻，根据中共中央军委指示，刘邓大军挺进大别山，陈毅、粟裕指挥的华东野战军也在豫皖苏地区实施战略进攻。由陈赓、谢富治指挥的晋冀鲁豫野战军第四、第九纵队和三十八军挺进豫西，三军布成"品"字形阵势，相机歼敌。中原形势发生巨大变化，国民党反动派进退失据。8月下旬，陈谢兵团进入河南后，国民党省保安司令部急忙严令各县组织防共联合武装，指明县长为自卫队总队长，要求"城存与存，城亡与亡"。舞阳县的国民党反动派也慌忙建立临时组织，推行种种措施，加强各区、乡镇武装力量与联防。

县政府首先组织成立了城防建修委员会，由地方绅士头目参加，孙孟山任主任委员，刘信武、陈郎轩、王海楼、卢宏宇、刘馨吾、宗世绅、齐卓堂、邢辛田、陈河滨、张端甫等为副主任委员。各乡镇成立分会，指定专人负责各城门的修建，城墙加宽加高，城壕加深加宽。刘沛若为南门建修负责人，汤质甫为北门建修负责人，杨杏村为东门建修负责人，孙松震为西门建修负责人，全县征用民工5000多人，向民间派砖40万块，石灰2万斤。孰料，东西城门刚刚修好，南北城门尚未动工，县城即告解放。

9月，朱绍云、卢宏宇、刘馨吾、王海楼、宗世绅参加褚怀理、王金声召开的宛属十三县自治协进会回县后，便召集各级乡（镇）头目等60余人成立舞阳地方自治协进会，选举参议会议长王海楼为主任委员，孙孟山、张海如为副主任委员，王海楼、王仿愚、刘馨吾、孙孟山、卢宏宇、陈芾南、焦景青等十几人为常委。协助县政府集中地方多方力量实行防共。

为全面组织防共网络，县国民党各机构合力在乡村搜集民枪，组织武装，抢修寨垣，成立中心寨守护队，普遍成立刀矛队。全县自北至南中心寨有侯集、关寨、北舞渡、章化、任桥、马村、孟寨、兴国周、九街、小赵、徐集、下澧河店、姜店、胡岗、屈岗、吴城、协义、石桥、上澧河店、保和、卸店、八台、营街、辛集、安寨、武功、接官厅、尹集、尚店、王店等，企图把各乡村牲畜、粮食、民户等全部集中于中心寨。

从1947年夏天开始，国民党在全县组织联防武装，自北向南把全县划为三个防剿区，设指挥部，委派主任，成立机动大队。舞阳北部地区由尚振华所属武装控制，澧河以南至县城由禹升联领导的自卫总队及警察局、直属特务队、常备卫队、后备自卫队和第二防剿区所属各乡加强中队控制，城南地区属第三防剿区。

第一联防指挥部设在北舞渡，主任尚振华，辖定陵、樊陵、清和、善德几个乡的加强中队，机动大队长陈万青；第二联防指挥部设在孟寨，主任孟琢如，辖孟寨、和合、吴城、澧泉等乡镇的加强中队，机动大队长孟庆浩；第三联防指挥部设在城南关，主任李学贞，辖城厢、大同、尚武、詹山等乡镇的加强中队，机动大队长朱相成。三个防剿区的各乡镇长与其武装勾结一起，协力防共。定陵镇长李镜宇，中队长张简斋；樊陵乡长尚警众，中队长乔德荣；善德乡长井丰田，中队长刘玉山；清和乡长卢月亭，中队长王庆一；孟寨乡长孟琢如，中队长孟庆浩；和合乡长杨瑞贞，中队长贾茂德；澧泉乡长郎殿卿，中队长王建民；吴城镇长朱毓秀，中队长吴锡九；城厢镇长邢辛田，中队长孙益亭；大同乡长张广耀，中队长王国贤；尚武镇长张锡舜，中队长李明保；詹山乡长陈金玉，中队长程 ××。反动势力在各乡镇层层建立武装，经常查户口，严密保甲制，欺压群众，催粮要款。

在国民党县政府集中武力防共的同时，县党部则试图加强其权威性。日军投降后，曾参与清乡活动，并负责调查抗战时死难人数及财产损失情况。从 1946 年下半年到 1947 年上半年，上级党部三令五申要与县城共存亡，竭力健全下层组织，强行吸收工人、农民、妇女及学生入党，要达到每保一个区分部。省党部的丁叔恒先后三次到舞阳督察，刘心皇也于 1946 年 7 月到舞阳视察党务，1947 年元月安国均到舞阳组织召开了党员代表大会等。但由于其自身的腐朽，广大群众早已对国民党失去信任，没有人愿意参加，各区党部也因权力之争和经费困难而四分五裂。县党部书记王仿愚自感什么也捞不到，早已做好了逃跑的准备。1947 年 10 月 20 日，中央军委指示陈谢兵团，除留一部分在陇海路牵制敌人和派一部向陕南发展外，主力越陇海路南下，向南召、方城、舞阳以北线展开，歼灭豫西各县反动武装，开辟根据地。11 月 4 日，陈谢兵团解放叶县，舞阳的国民党党、政、军人员开始乱作一团，准备将粮食等物资运往郾城、漯河，打算乘铁路再往南逃，把主要的档案卷宗等运往东北部的九街乡间，人员准备疏散。朱绍云跑到漯河住了几天后，说是一场虚惊，朱等又回到县城；王仿愚吓得跑到西平的合水。12 月 11 日，朱绍云接到省政府令，让其成立“戡乱动员委员会”，指定由参议会议长任主任委员，由国民党的地方党、团、士绅及武装头目组成，集中全县军政力量统一挽回局面。朱绍云找到参议会议长王海楼，此时王海楼正准备外逃，便说不久就回来，朱绍云便组织人员商讨戡乱委员会成立及如何组织武力等问题，当时王仿愚也进城打探消息。1947 年 12 月 13 日，陈谢兵团配合陈粟大军对平汉路破击战开始后，派驻舞阳县城的国民党六十六军十三旅也很快退守郾城县城，王海楼、王仿愚逃向了郑州。

1947 年 12 月 17 日下午，朱绍云和卢宏宇为逃向何处而争执不下，朱绍云决计向县城东南方向撤退，卢宏宇主张向西南部山区撤退，李春晖、焦景青、黄心一、孟程九、陈芾南到卢宏宇处要讨论戡乱委员会成立办公的事情。当天下午4点多钟，他们得知解放军已到城北湖东蔡、湖西蔡时，顿时乱了手脚，各自奔命，焦景青逃回原籍城北小焦庄去了。

5点钟左右，朱绍云、卢宏宇带着常备队及警察局长李振宇以及孟宪升、李子厚、吴锡九等，和看守所长王天顺等带着犯人一起逃到城南辛集。朱绍云认为这里距县城太近，不能停留，又跑到曹集，朱绍云下令在曹集南地活埋6名犯人，朱绍云又恐曹集不安全，转至西平出山寨，后又回到曹集南部山区的几个村庄，将40余名犯人驱散。

在解放军的追剿下，朱绍云、卢宏宇溃为两股，朱绍云、李振宇由西平仪封、油坊张逃往郾城，卢宏宇率残部窜入西南部山区隐蔽，后于1948年元月初向北窜扰县城，被解放军追剿，向北逃窜，妄图与尚振华部合流。到姜店一带被击溃，卢宏宇、卢子久潜伏南山地区，将残部交给赵祥卿，赵与夏金才、刘位勋二匪合流，暗地活动，卢宏宇逃往驻马店。

三

活动于北舞渡地区的尚振华深知解放军进入河南后形势紧迫。1947年夏秋，尚振华赴开封准备接受刘茂恩委任他的襄、舞、郾三县指挥官职务。其间正值刘茂恩上京述职，尚振华找到开封光明医院经理胡小泉，商讨为胡小泉约股东。约一周时间，在开封省合作事业管理局担任技术专员的刘隽杰，借机操纵舞阳县被尚振华所害之人家属，向高等法院提起公诉，检举尚振华，当天由省警察局长杨伟派人将尚振华拘捕，押到高等法院。刘茂恩回到开封后有意保护，便以尚振华是军人身份为由，于1947年10月间将其转到省保安司令部，又佯装审讯了两次后予以释放，随由省保安司令部委尚振华为襄、舞、郾三县边区指挥官，尚振华又保举襄城的刘凤基、郾城的王兆林为副指挥官，张哲超为参谋长。11 月中旬，尚振华回到北舞渡，将各乡武装中队进行整编，将自己收藏的枪支取出，他亲自到襄城县国民党政府及边沿区活动。但这些地方的武装均由该县自卫总队直接控制，并不听他的指挥，结果尚振华只抓了定陵镇、樊陵、善德的三个加强中队，把其改编为直属第一大队，分三个中队，刘玉山、张简斋、乔德荣为中队长，并建立了陈万青特务一中队。将北舞渡警察分局的全体职员编为第四中队，董世璞为中队长。又在各乡要了五六十支民枪，编为特务二中队，尚俊昌为中队长，还建有一个便衣二队和卫士队。

叶县解放后，驻扎叶县的国民党教导第一总队张振帮支队（总队长运其昌住驻马店），已走投无路，因在日伪皇协军时期与关震亚、尚振华有旧交，便带 200 余人枪投奔尚振华，编为直属第二大队，尚振华部拥有 700 余人枪。

1947 年 12 月 14 日下午，陈谢兵团某部到襄城、纣城、麦岭一带，进击北舞渡尚振华部。尚振华得到消息后，令各部誓死守住北舞渡，让张简斋率一部守住北门和东门，解放军经莲花池到达河北街、北舞渡时，张简斋不战自逃，张振帮竭力抵抗，掩护尚振华由穿心阁逃向北舞渡西南的范台、沟陈、邵店、刘集、寨子王一带，转而向东南黑龙庙一带，又向西到叶县前崖，庞店转到老官李。

1947 年 12 月 22 日晚，解放军离开北舞渡镇，尚振华又率部进入北舞渡，张简斋等也于 23 日早晨进入北舞渡，随即便在全镇清查户口。张简斋抓到 18 名解放军战士交给尚振华，又抓到当地买卖者及群众 100 多名，个个审问，除少部分保释外，大部分人在 10 天内被活埋。刘玉山率众在河北街枪杀群众 20 多名。此外，他们一面整顿匪众，一面召集刘凤基、王兆林商讨扩充力量收编民枪的办法，但这一地区大部已被解放并有驻军，各乡保人员到处流窜，无法联络。

12 月 24 日，尚振华特务中队又抓到 4 名卖兽皮的人，说是解放军探子，对他们严刑拷打。同时，清和乡乡队副王庆一在九街一带俘解放军战士 7 名，交给尚振华，尚指示卫士队将其一并活埋于沙河滩内。

1948 年元月初，国民党县自卫总队副李义恩率部同卢宏宇从南部山区窜到效集及北舞渡南的华店，卢宏宇住宿在孟寨孟程九家中。李义恩与潜逃到效集的李昆、陈青坡、田昆山、李文等拿着卢宏宇的信件，到北舞渡与尚振华商讨共同进攻县城。尚振华鼓励李义恩说："要学老虎的张牙舞爪，谁都害怕你，不要学绵羊，那样谁都欺辱你。"此时，城内解放军已撤出县城，李义恩以为有机可乘，便于元月 3 日下午率队离开北舞渡向县城进发，当晚住到孟寨。4 日，天刚蒙蒙亮，他们进入县城，解放军随后从四周将匪部包围，战斗不到一个小时就将匪部击溃，匪残部逃到华店又被解放军击溃，李义恩被俘虏。孟庆浩、孟庆培率部窜到县东北地区，吴锡九与尚振华合流，受编为大队长，卢宏宇、卢子久逃往南山。

李义恩去县城的同时，早于 12 月窜逃到效集陈子勤家的陈青坡、李昆、李文、田昆山又从北舞渡回到效集。1948 年 1 月 4 日上午，解放军战士有一个班由确山路经效集准备去鲁山，陈青坡、李昆、陈子勤等以看家枪协助冻春轩部，将该班战士围困于小郭庄村西头，解放军除班长 1 人脱险外，其余 8 名战士被俘，并被交于尚振华。尚振华在李吉村正欲化装逃跑，遂指使卫士队将 8 名战士杀害于河滩内。

1948 年 1 月 9 日，解放军分左右两路包剿尚振华，左路由县城经效集到华店，再兵分为二：一部向西北老官李，一部自华店经任桥进攻北舞渡；右路自胡岗、九街向西北，在路店南分兵为三，合围北舞渡，一部由河北街入，一部直接从北舞渡东郑庄入，一部从北舞渡南进入。

尚振华命令张振帮大队守东门外的郑庄，掩护尚振华从李吉村渡口渡河窜向沙河北。直属一大队和二、三、四中队守北舞渡寨，刘玉山率第一中队于河北街策应；特务第二中队置于北舞渡西胡庄，一中队一部分留北舞渡寨内，一部分随尚振华于当夜窜赴李吉村。解放军判断正确，指挥若定，战斗一开始，先与张振帮部接火，不到 10 分钟，将其全歼，张振帮当场被击毙，寨内的二、三、四中队听到枪声纷纷弃械逃散，大部分就近被歼。刘玉山部被解放军渡河部队歼灭。张哲超率特务一、二中队各一部窜至老官李，全部被俘获。张简斋部逃向古城一带。尚振华在李吉村得知上述情况后，将卫士队等交姚山村冻春轩带领，他本人化装逃往开封，冻春轩逃向孟寨一带，吴锡九逃往驻马店。

1月11日早晨，张简斋派李子林及特务排长张元珍将在北舞渡所抓18名解放军战士中的11名枪杀于石墓潭，其余7名则被装入麻袋抛入沙河。

国民党反动派及其反动土匪势力反共反人民的气焰十分嚣张，杀害解放军战士及革命群众的手段极为残酷，但是随着全国解放战争的不断胜利，他们终究逃脱不了失败的命运，有一部分反动分子在舞阳解放过程中被消灭，如关震亚、郭博宣、尚振华、陈青坡、张简斋、孟庆浩、孟庆培等，国民党舞阳县上层反动人物及其爪牙均被抓捕归案，先后被人民政府镇压。

选自1998年《漯河文史资料》第七辑

第三次国内革命战争中“拉锯”时期郾临官道[1]上的枪杀案

范子文

1947年，中国人民解放战争进入第二个年头，人民解放军由战略防御转入战略进攻。8月，陈（赓）谢（富治）大军渡过黄河，挺进豫西。12月中旬，我军发起平汉铁路破击作战。陈谢兵团四纵队十旅在旅长周希汉、政委廖冠贤率领下，于12月13日（农历十一月初二）午夜，破坏了平汉铁路临颍—漯河段。接着漯河、郾城、临颍相继解放，国民党反动政权被摧垮。

但敌人并不死心。1948年初，国民党军队十一师等，趁我大军战略转移暂时撤离郾临地区之时卷土重来，地方上反动政权组织的“游击队”“剿匪军”等也伺机反扑，因而形成了解放、撤离、再解放，多次你来我往的长期“拉锯”局面（1947.12—1948.8）。

在“拉锯”时期，郾城北部为伪县长闫冰若的党羽，自号为“三县（郾、临、西）剿匪司令”的潘子茂[2]所盘踞，临颍南部为伪县长闫应时

① 郾临官道（路）——今107国道，位置略有移动（参看文后图）。该官道为2000多年来京广驿道的一段。郾城、临颍城内均有驿站。郾城的驿站名为皇华驿，众称马号院。郾临间的小商桥曾设驿站。这段官道以古颍河为界，北属临颍，长20里，南属郾城，长30里。官道穿越的城镇主要是郾城大南街—北街—北关—王店—商桥南寨—北寨—十里铺—临颍南街—北街。

② 潘子茂——地方土匪。郾城县李集乡郭桥村人，因兄弟排行第六，称“潘老六”。日本盘踞郾城时任商桥镇镇队副（队长由镇长担任），解放战争开始后，被郾城县长邓振华、书记长闫炳若利用，任命为郾北保安队长、“剿匪”游击队长，自称司令。1948年，潘又组织地方土匪数百人，自命为“郾、临、西剿匪司令”，有机枪两挺、长短枪一两百支，对外号称千余弟兄，500多支枪。控制郾北东到临颍黄连城，南及郾城，西到大杨、王曲，北到南商桥地区。郾临官道正居所辖区中间。该匪1948年8月，潜伏在家，1949年初农会成立后，逃至武汉市郊，隐姓埋名，伪装进步，当上了村长。1950年冬被押回，在城内召开公审大会被处决。

派遣的商桥（北）镇镇长、匪首王德盈所控制。两个匪首南北呼应，你抢我夺。在农村，他们派粮逼款，贴条子、绑票、抢劫，致农民家无宁日，叫苦连天。更有甚者，他们在所控制区中间的郾临官道（路）上更是为所欲为，杀人越货，抢劫拦路，盘查过路行人诬为八路，杀害来往客商说其是共产党。在这近一年的时间里，沿路受其害者难以数计。现就我耳闻目睹并结合阎理之、郭敬业、吴小秀等人的介绍，将在郾临官道上的枪杀惨案数起，自南向北依次列述如下：

一、郾城东关大屠杀

1947 年 12 月 13 日晚，即解放大军破坏郾临之间的平汉铁路之前，半夜郾城镇公所人员听说八路军快来了，纷纷逃散。作为镇公所队副（管武装）兼郾北保安（游击）队长的潘子茂（自称司令），心惊胆战，急忙带领他的一帮狐群狗党偷偷地从商桥窜到郾城西七里头，匪徒们分散驻在闫庄、刘庄、小王庄、陈湾等村，安营扎寨，潘子茂司令部扎在马庄的一个财主家。

住了没多久，解放大军自西向东神不知鬼不觉地逼近郾城。一天夜里，潘老六（即潘子茂，因排行第六，故称老六）正在屋里吸大烟，站在他身边“护驾”的机枪手吴小秀听到村上门户有叮当声、呼喊声，即对潘说：“六哥，注点意，今晚可能出事。”潘满不在乎地说：“不要紧，四处都是咱的人，赌放心啦。”午夜以后，吴小秀觉得情况异常，放心不下，出屋一看，不好，两挺机枪正对着大门，大有一触即发之势。他立即意识到一定是解放军来了，随即拉出机枪，躲在院里大椿树后，嗒嗒嗒一连打了几梭子。潘老六一听到枪声，惊慌地一闪身溜出大门，一群打手跟着边打边撤，从胡同一直撤到村北麦田里。分驻在邻村的匪徒听到他们司令的住处枪声越来越激烈，就从四面八方来救驾，结果自己又互相打了起来。一阵闹腾之后，潘老六检查人数，发现被解放军抓走4个，即不问青红皂白，遂令部下不论是解放军或是农民，见人就抓，以人换人，很快就抓来了 40 个人，准备谈判时用 40 人换回 4 个弟兄。

后来被抓的4人中跑回来1个，说那3个匪徒已被处决了，潘老六一听更是暴跳如雷，非要报复不可。

潘老六的一号打手外号“杀人精”娄水彬（剿匪反霸时被镇压），闻听他的同伙被杀，更是气急败坏地说：“杀！杀它个鸡犬不留！”翌日晨，娄水彬带着一群匪徒，其主要骨干吴小秀、郭升、徐小水、吴套、郑国典、郭付春、张梅欣、张喜东等押队在后，从马庄出发，把这40个人赶到郾城东关南沙河堤下（今郾城烈士陵园南，古大王庙遗址）用机枪一气杀完，尸体又被推进了沙河。

二、沙埠口桥上劫行客

沙埠口（参看文后附图）为郾城北颍河上的一个古渡口，有木桥一座，为南北行人必经的关隘。原渡口在今颍河大桥东108米处，桥址现已为河堤所占。

1948年3月，驻在郾城两月多之久的国民党军十三旅奉命北窜开封，郾城城内处于无政府状态。4月，我到原任教的模范中心学校，教师25人大半逃散，仅余城内住的杨冠宇（故）、王冠生，北关的刘永春（故），我们4人在原校址办了一班复式小学。5月的一天（星期日）上午，我从学校回家，步行到沙埠口桥南端，因桥面高，看不见桥上任何事物。等上了桥，只见桥中间靠西桥沿站着一个彪形大汉，身穿黑中山服，大背头，横眉竖目，满脸杀气，右手掂一支王八盒子枪，张着嘴儿。距大汉北边10米处，一个较低的年轻汉子，站在一个布袋旁，布袋里像装有什么似的。看样子，这个矮个子是在执行什么任务。

我走到大汉跟前时，他瓮声瓮气地问我：“你是干什么的？”我一见他拿有武器，心中有些胆怯，但还不敢不急忙回答：“在城里当教员的。”他看我上身穿紫花色[①]土布老式便服，下身穿中式吊腿裤，赤脚穿着自造黑土布鞋，形体消瘦，样子不像有钱的客官，便以轻蔑而带烦恼的口气并用枪指着桥北头说：“去，坐到那桥下去，不许走！”我心里还不明

① 紫花色——自织土布，和黄胶泥在一起揉搓后而变成土黄色。

白这是土匪截路，也不感觉怎样害怕，便慢慢走到了桥下。一看，坐着一大片人，有三四十个，个个愁眉苦脸、不言不语地在静候着。又低头一瞅，我村赶角的[①]尹书海也无精打采地向南坐着。我急忙蹲在尹书海身边轻声地问他："这是干什么的？"书海似有些胆怯，小声地说："别吭气了，你看是咋着的。"我会意了，小心地从衣兜中掏出价值二斗麦钱的水晶墨镜，背着递给书海说："你给我装住，别叫给弄跑了。"我又无意抬起头，见距桥下约30米处的河堤树旁，一个身穿灰色军装、手执长枪的士兵在那站着，监视着桥下坐着的这一片人，别的地方是否还有站岗的，谁也不敢远看。

在桥下坐着的两个多小时时间里，前后又有30余行人被劫坐在桥下，谁也不敢吭气。后来，只听桥上"嘣嘣"打了几枪，大家猛然一惊，并不知道这是土匪收兵示威的信号。只见三四个匪徒过来抓住赶角的小驴，每人骑一头，一匪背着抢到的一大布袋钱，从沙埠口直向东北老官田、牛王庙方向扬长而去。几个赶角的，为了要驴，在后面约相距200米的距离紧跟着。将进村时，几个匪徒下了驴，步行消失在树丛中了。

土匪走后，桥下被劫的行人嚷嚷不休，有的说我的50元钱被截跑了，有的说我的200元被收了，桥下的60多人，被劫走财物的就有52人，大家算着有4500多元。最后，行客们只有唉声叹气再不随便走这桥上了。

三、南商桥的"黑店"

南商桥（郾属）距十字街南100米处路东，有一家饭店，内有客房6间，东敞棚（放大车）1间，另有小房数间，一间过车大门。店主武玉曾，南街人，这个饭店规模较大，南北过路客人，车辆多停宿于此。人们说这个店为"黑店"，店主也不避讳，因这里是群匪的渊薮，是杀人越货的介绍所。他的靠山是伪镇公所，是潘老六。潘老六要"清

① 赶角儿——穷人生活无奈，赶一小驴驮行人挣些钱维持生活。

乡”“剿匪”、捉土八路，每天晚上都要来此查店，武玉曾按时提前汇报住客情况。凡过路富商及外地年轻人，一经查出，便会被劫货物，人还会被诬为土八路，定杀不赦。究竟在此店被杀的有多少人，谁也说不清。现据我村（史湾，和商桥一个保）群众互传知道，并亲睹凶杀现场的有数起：

1. 1947 年秋的一天晚上，“黑店”里住着一个西平的年轻人，约 20 多岁，其叔在许昌城内工作。据说他是到许昌看他叔，经此住进这个店的。匪徒们查店时从他身上搜遍了，仅得了二三百元钱。当检查他脚上穿的布鞋时，发现鞋帮里子布是红色的，匪徒们说这家伙是共产党，五花大绑把他赶到我村西部颍河故道的河湾里活埋了。埋后，因挖的土坑浅，年轻人在坑里哼声不断，久而未死，匪徒们上去又跺、又踩、又蹦，直到这个人在坑里不哼为止。

2. 同年冬一个黑夜，“黑店”里住了从许昌到驻马店经商的叔侄二人，匪徒五六人，除把他带的财物抢完外，他们还把二人捆起来、塞住嘴、蒙住眼，撂到一辆架子车上，往我村西部的河湾里拉去。二人磕头求饶，说自己不是共产党，望手下留情，但匪徒丧尽天良，采取打闷杠的办法，用粗棍猛击叔侄二人头部，直把他们打晕不会再呼叫为止。但二人在架子车上仍连声哼哼，脚上穿的里夫呢鞋都踢腾掉了。最后，二人仍被活埋在河湾里。事后，我和村里的人都跑到埋人的地方去看，见埋的大坑上有无数的脚印，踩得结结实实，心中无不为之惋惜难过。后来张梅欣（杀人凶手，洪山庙人，和我村是邻村，村上人大半皆认识）在我村还自诩他杀那叔侄二人的经过，并恬不知耻地边做踩土的动作边说：“我叫你不死，我叫你不死。”

3. 南商桥东街李国勋，解放前曾任山东省 ×× 文工团长，1947 年夏，山东解放，李国勋携眷归里，其爱人井曼丽是山东沂蒙山区人，传说是共产党，被潘老六知道了。1948 年 1 月的一天晚上，匪徒们在“黑店”里开会计议要杀井曼丽。半夜以后，从店里窜出来几条黑影，手拿棍绳，到李国勋家将井曼丽捆绑起来，井曼丽再三辩论求情，并望查明，但匪徒执拗不听。结果，井曼丽由两个匪徒用杠子抬着，另两个土匪拿铁锹在后面跟着，被活埋到东街小学后寨墙根旁，后其尸体被群犬所食。

四、北商桥演了一出双簧戏

1948年1月中旬的一天，夕阳西下，夜幕降临，寒风凛冽，刺人肌骨，一辆马车套了两个骡子（客商雇用），自临颍城顺着官路向北商桥驶来。车上堆得满满的，用破布篷盖着，布篷上坐客商夫妻二人，年龄在30岁左右，进了北商桥寨北门，直向十字街走去。到了十字街，车上的男客商下来问客店在哪里，这一问，恰问住一个游弋的土匪（镇公所的警卫员）。匪徒假装斯文表示关怀，温和地对他说："你们拉这么大的车，小店里大门都过不去，车放到街上，夜晚不保险。这东边田家大院[①]墙高门厚，他家的人都不在家，是个空院，住着安全。饭铺里可以送饭，住的话，我领你们去！"

客商一听，大为感激，很客气地说："多谢大哥，你真是好人，走，咱一起去！"

由匪徒领着，他们把大车拉到田家大院，并作以适当安排。车上货物并未卸下，究竟都是什么，谁也不知道。夫妻客商住在堂楼休息了，车夫住在大门下看着车。夜半后，匪徒们先在十字街、田家大院门外站着岗，杜绝来往行人。接着群匪手执长短枪、木棍涌进了田家大院，先把车夫和堂楼下住的男客商用绳捆起来，用布塞住嘴，赶进了西院的东屋，拴在窗户棂上，把门插住，两个匪徒持枪在门外站岗监视着。然后，匪徒们大发兽欲，对女客商疯狂轮奸，致其休克。

约一小时后，匪徒们蜂拥而上，将车上的绸缎、布匹及其他贵重物品统统抢个光，价值多少难以数计。

抢掠以后，街上忽然嘈杂起来，有的喊着"有土匪了，都快起来呀"。有的吆喝"追呀，土匪正东跑了"。接着枪声大作，"砰砰啪啪"

① 田家大院——田家，清道光、咸丰时期河南省著名富户，传有田地千顷，实际有几百顷。民国时代已经衰落。

响个不休。整个商桥北寨的群众都被惊动起来了，镇公所的十几个警卫员也持枪跑到街上四处寻找追赶土匪。男的跑到街上，有的探信，有的跑着撵，有的四处寻找土匪。女的躲在家里不敢动弹，小孩吓得大哭小叫，加上犬吠声、猪嚎声、马嘶声、鸡叫声，满寨沸腾，折腾了一大阵子，也没见到土匪。

有的群众知道一辆客商的大车停在田家大院里，就好奇地到那里去看。一到门口见大门外锁，摇晃一下门，女客商在内哀求似的叫喊："快开门吧，东西叫抢光了！"群众把锁砸开，到院里一看，车上仅剩两条破被子、布篷和小桌凳，其他什么也没有了。问及车是哪里来的，拉的什么，女客商哭诉家住西平县，在许昌城内开了个小绸缎庄，时局一乱，生意开不成，想着把东西拉回去，将来在西平设个门面，谁知道到这里叫抢光了。群众问车夫及男客商到哪里去了，女客商说不知道。有人说一定是在别的屋里锁着哩！群众找到西院东屋，把车夫和男客商救了出来。

事后，群众议论纷纷，说这是王德盈[①]"贼喊捉贼"演的一出双簧戏，但谁也不敢说出口。

五、王老坡里起风波

王老坡，距北商桥之北五里，因这坡里的土地大多为王老庄的农民所耕种，故名。这个坡，北到大沟桥，南至王老庄，南北六七里，是一个广阔地带，解放前经常在这里发生截路、凶杀案件，因而人们称之为"恶坡""险坡""黑坡"。

1948年夏，正值"拉锯"时期，这里发生了一起凶杀教师、公务员事件。

---

① 王德盈——临颍县商桥北三里王老庄人，屠夫出身，颍南名匪。1947年12月14日临颍第一次解放后，伪县长张警钟逃跑，国民党编余军官闫应时又接任县长，反动派企图死灰复燃，不择手段地把商桥镇政权交匪首王德盈执掌，使土匪进一步公开化、合法化。势力范围北达临颍县城，南至商桥，东到瓦店、陈庄，西及王曲，郾临官道亦在其范围之中。

原郾城模范中心学校女教师李爱莲，新郑人，20多岁，小学三年级级主任（班主任），白皙的脸庞，颀长的身材，举止端雅，教学认真。我当时也在该校任职，与她经常联系工作。1947年底，解放军围城前，她和在郾城的河南高等法院郾城分院（位于西街路北）工作的同乡杨小白结婚。1948年3月，国民党十三旅从郾城北窜后，郾城城内混乱，机关学校陷于瘫痪状态。李爱莲及爱人长时间都没找到工作，只有住在原租的郾城东街赵家楼院里闲居。直等到麦后6月，他们没有办法，只有同回老家新郑去。

他们雇了两辆人力架子车，一辆坐人，一辆装了满满一车结婚后的新皮箱、绸缎被子、皮大衣等，裸露在车子上，用绳刹着，也没有用布罩住。这一天，骄阳似火，大地生烟，出郾城北关，经小商桥到王老坡。正向北走时，忽然从后面王老庄村边追上来4个人，手执长短枪，远远地大声吆喝让他们站住。车夫不知道怎么回事，当回头看见掂枪的人快追上来时也不敢再走了。匪徒们到车子旁，胁迫车夫将东西卸下来检查。杨小白、李爱莲忙上前解释说："我们是从郾城回家，带些生活用品，没有什么别的私物。"再三解释，匪徒们不允。车主不说卸货，车夫也不管。匪徒们看车夫不解绳，一齐上去解绳，拉箱子、拽包袱。杨小白见此情景，愤怒地上前阻拦，并以训斥的口气对匪徒说："大白天，你们不论理不是！敢抢我的东西！"匪徒们只管拽，杨小白竭力护，来往争夺十分钟之久。

这时，一匪徒忽然从包袱里拽出来两本红皮书，遂高声大骂："妈的，这家伙不是共产党是啥！"其他几个匪徒一听，对杨小白又是打耳光，又是用脚踢，又拧胳膊用绳背扎手。当杨小白被反缚后，心中怒火万丈，高声责骂，并发出威胁的语言："中啊，你们只要看捆住我您平稳，俺叔在省里是民政厅长，回来咱再算账！"

杨小白不说他叔还不要紧，一说他叔是民政厅长，一个匪徒说："好吧，不叫你算账了，回老家去吧！"暗示其他两个匪徒，架住杨小白往公路旁一拐，"嘣"地一枪，把杨小白打死在公路壕里。另一个匪徒说："既然是这样了，斩草除根吧！"对着李爱莲头部又是一枪，击毙在官路旁。

群匪强令一个人力车夫拉着抢到的东西，沿下官路正东小道走去。在小道上，一匪徒以威吓和命令的口气对正在锄地的农民说："大家都不要动，好好锄地！"农民们听了，谁也不敢管，只见车夫拉着货，群匪跟着往高粱地（当时秋季作物主要是高粱、谷子）深处走去。

六、十里铺奇劫

"拉锯"时期的 1948 年，郾临官道上来往运输货物的汽马车、架子车，远路的、近处的仍连续不断。7 月里的一天午后，正是地里的劳动农民在家的午餐及休息时间，距临颍城偏西南十里只有十几户人家、纵跨郾临官道上的十里铺村，往南往北的车辆行人一进村即不见出来。

这是怎么回事儿呢？

事后了解，原来这是王德盈领的几十个土匪事先布置好的抢劫方案。

这天上午，20 多个匪徒先陆续进村里埋伏，村四周几个匪徒持枪隐蔽地站着岗，村里人只准进不准出。中午以后，凡进入十里铺的外地行人车辆，货物大车一律放到大街上，人皆集中在一个大屋里，枪兵门外站着岗。行人带的钱及珍贵物品统统被收光。匪徒们为了不让外传，收买十里铺的村民，将客商大车上拉的大炮台、美伞、大前门高级香烟成条地往各户大门里撒。有的老太太出来了，匪徒们掬着客车上的绸缎、被子、布匹双手赠予，安慰其回家休息；小孩儿们有的跑到街上玩，匪徒们抓些糖果哄住并吓唬他们"若再出来拿绳儿拴住你"。从表面看，全村静悄悄的，暗地里却是一片紧张、恐慌的气氛。

利用这种抢劫方式，从午后一直持续到 7 点。王德盈在大屋里对所有被劫的人，用枪对照着头，恬不知耻地训起话来："今天惊动大家，还是为了大家。我们是黄泛区来的游击队，是专打土八路的，把解放军、共产党打跑，你们都可以过平安日子，大家算帮了一个大忙，现在为了大家回家方便，每人发一天的路费。"

天将黑了，匪徒们依次发了路费，驱散了所有的行人，然后抓两个大车强制着把抢劫的物品向西拉去。事后，群众反映："还没见过这样儿截路的哩。奇怪！奇怪！"

七、临颍城内高楷林勇斗群匪

高楷林，太康县人，幼年学医，开设诊所，医术高明，声震四方，1947 年到临颍县城北街开了一个慈惠医院，从而定居下来。

1947 年 12 月 14 日（农历十一月初三）临颍县城第一次解放[①]后，我军因战略转移撤离临颍。这时城内陷于一片混乱之中，股匪连续不断进城抢劫商店、布行、钱庄等经营场所，商户屡受其害。名医高楷林的医院当时在城内很有名气，经济收入相当可观，早为群匪所垂涎。

1948 年春的一天深夜，一群土匪进北街向慈惠医院猛冲。高楷林有勇有谋，早有准备，即和学徒苏明纲、外甥金榜紧闭大门，到临街瓦房

① 漯河市解放时间一览表：

名称	解放次数	解放时间
漯河市	一	1947.12.14—19
	二	1948.4.9
	三	1948.5.6
	四	1948.6.4
	五	1948.8.23
临颍县	一	1947.12.14—19
	二	1948.4.5—11
	三	1945.5.11
舞阳县		1947.12.14—19
郾城县	一	1948.4.9
	二	1948.5.6
	三	1948.6.3
	四	1948.8.23

上奋力抵抗。当群匪撞门时，他们将事前弄到房顶上的大量砖瓦一起从房顶上砸下去。土匪们没提防，被砸得头破血流。北街群众听到高楷林等大声呼喊，纷纷开门，群匪无奈，连忙逃窜。天明时，高楷林医院大门外到处砖瓦、满地血迹。高楷林深知匪徒不会罢休，第二日即收拾财物药品携眷逃离了。

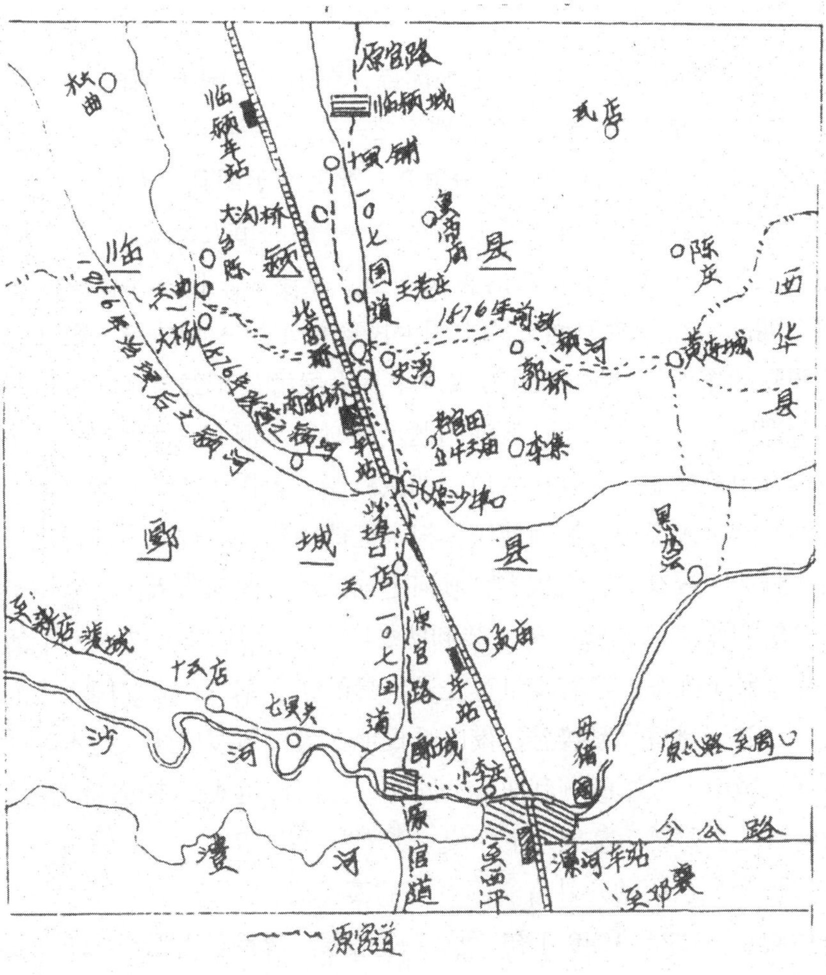

解放战争时期郾临地区形势图

选自 1998 年《漯河文史资料》第七辑

解放战争中的漯河搬运工

邢富功

漯河由于水陆交通方便的地理优势，在第三次国内革命战争中，成为国共两军在中原战场争夺的焦点地区之一。从1947年12月19日至1948年8月23日，两军经过五次战争争夺，漯河终于回到了人民手中。从此，这座城市焕发了青春，建立了人民政权——漯河市人民政府，漯河市也成了中国人民解放军南下作战的重要通道。据《源汇区军事志》记载：大军南下期间，经过漯河南下的中国人民解放军第一野战军、第二野战军和第四野战军所属部队达50万人之多。人民解放军经过漯河南下作战之初，遇到的主要困难是迅速渡河问题。当时，漯河有三个渡口，其中大北门渡口有两只渡船，大高庄渡口有四只渡船，大椿树渡口有两只渡船，仅能供沙河两岸人民正常渡河使用，根本无能力保证大部队渡河使用。特别是第四野战军汽车多、大炮多，渡河更加困难。漯河市人民政府调动搬运工（当时组织起来的脚行班、装卸队24个，有搬运工667人，干活全靠肩扛，木制小推车，还有少量算先进工具的架子车）在大北门、大高庄两个渡口建起了浮桥，紧接着，夜以继日地在大椿树渡口建一座木制沙河大桥，保证了南下大军的顺利通行。同时，漯河市也成了支援前线作战用的军需物资的重要转运基地，市区成立了支前司令部。

现将亲身经历的几件有实际意义的事述后：

1947年8月至1949年初，京汉铁路漯河以南的部分地段还不通车，为抢修铁路，从界首、淮阳一带通过沙河水运调来很多铁路枕木，还从东北后方用火车运至漯河大批汽油、弹药、粮食等军需急用物资，在漯河由搬运工装卸中转，运往南阳、老河口方向。

当时，搬运工是社会上最穷也最能吃苦的人，他们勇敢地承担起支前物资的装卸和短途运转任务。如从大椿树渡口处从河里向岸上扛枕木，因枕木是从水中漂浮运来，经水浸后的枕木一根有200多斤重。当时没有吊车和其他工具，只有人用肩扛。扛运枕木不仅活重，还很难干，枕木四边有角有棱，扛着硌肩，还要爬坡上河堤。当时扛运一根道木四两小米（旧秤十六两为一斤）。有次漂运来的枕木多了，市里调四个装卸队去扛枕木，大伙已经干了一天，个个的肩膀都压得红肿，但也没有一个人叫苦叫累，只见队长王来彬一边带头扛，一边鼓励大伙说："我们工人有力量，扛枕木为了打老蒋！"工人在队长鼓励下，一鼓作气把枕木扛完了。还有一次，1949年初春的一天，调7个装卸队去孟庙火车站卸7个车皮的弹药，任务又急又重。工人晚上9点才赶到孟庙车站接住活，后半夜卸完车就急忙将这些东西向附近村庄搬运转移，以防国民党飞机的轰炸。第二天早上大约8点多钟的样子，弹药刚转移完，国民党空军的两架飞机就由南边飞来，到孟庙上空进行袭扰，大伙迅速躲到树林里，眼望着飞机的动向。一位解放军同志问大家："怕不怕？"大家齐声说："不怕！"那位解放军同志说："对！不要怕！用不了两个月我们就打过长江了，国民党的飞机快不起作用了。"国民党的飞机没发现什么目标，胡乱扫射一阵就飞走了。工人们又用青草树枝将弹药隐藏好，然后才兴奋地返回了漯河。还有一次，记得是1949年初夏的一天的晚上，在漯河火车站北边的三尺门处，卸四个车皮的整桶装军用汽油。为防止国民党空军飞机的袭扰，工人们一边卸车，一边将汽油向漯河西南郊的叶岗、赵岗村转移。我先是在漯河车站卸油桶，后半夜又被派到叶岗村树园内隐藏汽油。我们的活未干完天就亮了，我们怕国民党空军的飞机来袭扰，就把时间抓得更紧了，在每个油桶上都覆盖了青草、树枝或土。

我们正忙着干活，村上四位老大娘和几个男女青年给我们抬来两桶稀饭，说："你们辛辛苦苦干了一夜，喝点汤心里润和，看管汽油的事交给我们吧！我们也有支前任务呀！"一个女青年打趣着说："光荣不能叫你们全得了，我们也得分一份！"这时饭场上响起了一阵欢笑声。

选自1998年《漯河文史资料》第七辑

郾城东南部的“土八路”

张成林[①]

解放前夕，郾城东南部有一支由共产党领导的地方武装。这支队伍在同国民党反动派、土豪劣绅、恶霸地主的斗争中，英勇顽强、不怕牺牲，沉重打击了反革命势力，大长了人民群众的威风。虽说他们大部分都壮烈牺牲了，但是他们谱写出一曲革命英雄主义赞歌，为郾城东南部广大群众所传颂。

为纪念殉难的烈士们，我专访了许多群众（包括烈士家属），查访了烈士生前遗留下来的资料以及有关材料进行整理，写成了如下的文字：

解放战争初期，郾城地下党组织派党员崔务本到五沟营镇开展工作。当时五沟营属郾城，水陆交通方便，商业发达，人员众多，是个比较繁华的农村集镇，被人们称为“小上海”。

崔务本同志来到五沟营后，积极开展工作，物色党员对象，主动靠近当地贫穷青年赵相群、于长海、郑学礼等人，对他们进行革命教育，使他们树立了坚决跟着共产党的思想。1947 年秋，解放军攻克许昌后，地区党委派党员幸贵林、王西山二同志到五沟营与崔务本结合，搜集敌方军政情况，发展党的组织，扩大革命力量。工作中，赵相群、于长海、郑学礼不辞劳苦、成绩显著，于同年 9 月由崔务本、幸贵林、王西山介绍，加入了中国共产党。

1947 年 12 月 5 日，党组织因工作不慎被村人孙殿盈（解放后划为

① 张成林，生于 1935 年，1958 年漯河师范毕业分配到叶县第三中学任团委书记，1963 年调回郾城县召陵公社林庄学校工作。1968 年调邓襄，先后在庙李镇中、西坡李镇中、牛赵镇中、邓襄高中任校长。

坏分子）发现，密告给五沟营镇伪镇长胡子恒。胡随即纠集伪保长李二勋、吕子义和乡丁、保丁 30 多人，于当天夜里将王西山、幸贵林、赵相群、于长海、郑学礼五人抓捕，绑在五沟营关帝庙。崔务本逃到西门寨墙脚下被乡丁追上杀害了。敌人对其余五名党员用尽酷刑，审讯逼供，但他们威武不屈、临危不惧，痛骂反动派，揭露他们的滔天罪行。胡子恒恼羞成怒、咆哮如雷，决定立即把他们拉出去枪决。这时，有人报告说："解放军从南门进寨了！"胡子恒闻讯，亲自带领乡丁将他们拉到东门外北河湾活埋。根据当时参加活埋的乡丁李兴铭（解放后划为坏分子）交代，那天夜里，他们怕解放军发现，不敢打枪，也不敢照明，走到北河湾处，发现有一眼枯井，把他们推到井里，填上土就走了。据幸存的于长海说，他和赵相群被推到井壁旁一个小拱洞里，上边填着土，他们向上爬着，等乡丁走后，他俩爬出来，趁黑夜逃到王洼村亲戚家里。那三个人因为埋得太深，都牺牲了。

天明时，赵相群、于长海听说解放军进寨了，就直奔解放军团部，把他们的革命活动和被埋脱险的经过告诉给团政委。团政委根据他们的情况，随即将赵、于二人的组织关系和遇难情况写了一封长信，让他俩持信去漯河找党组织。郾（城）商（水）西（华）县委书记张申同志见信，详细询问了经过，并核对了赵、于二人的组织关系后，指示赵、于二人立即返回五沟营镇，发展革命力量，成立地方武装，并任命赵相群为大队长，于长海为大队副队长。这支武装，当地人称为"区大队"。

1947 年底，徐州会战后，解放军某部在郾城休整。由于解放军的政治宣传工作到位，赵相群创建的区大队很快壮大起来，一个多月的时间，区大队的成员发展到 80 余人，长短枪 90 多支。他们斗争的锋芒直指国民党反动派、土匪、恶霸、土豪劣绅。区大队发展的过程，也是同敌人短兵相接、浴血奋战的过程。他们都是苦大仇深的穷人，在斗争中勇敢坚强、不怕牺牲。没有枪支就夜袭乡保公所，结果，周围数十里乡保公所的枪支大部分被他们缴获，并击毙了唐桥联保所伪保长唐坯臣。当地群众讲，赵相群对胡子恒恨得眼都红了。一天，区大队把机枪对准五沟营镇公所大门，战士们冲进去，抓住胡子恒，就地枪决了，并缴获了镇公所的全部枪支。真是人心大快！

有了枪，区大队就开始剿匪反霸、打击反动势力。大土匪头子赵太和率领的股匪穷凶极恶地与区大队对抗，结果一场激战，被区大队全部歼灭。副大队长于长海单人擒杀恶霸头子肖付合的英雄事迹，长期为当地人民群众所赞颂，人们称这支革命武装队伍为“土八路”，土匪、恶霸、反动分子，听说来了“土八路”就闻风丧胆、抱头鼠窜。

1948 年农历正月，驻郾城的解放军南下渡江作战，人民政权没有建立，一时间，国民党反动派的反革命气焰又嚣张起来。五沟营一带的反动地主、土匪恶霸在五沟营北溶沟庙成立暗杀团，各级伪政府职员也都磨刀霍霍。郾城县伪县长闫炳若[①]为防共灭共，加强了地方武装扩充了县大队，并派大队长刘荣德率领县大队到五沟营向“土八路”进行反扑报复。区大队在五沟营待不住了，副大队长于长海潜留五沟营观察敌人动向，负责联系区大队和上级党组织。赵相群带领区大队撤离五沟营，以游击战的方式与闫炳若的县大队周旋。经过战斗，最后只剩下 30 多人，情况十分危急。当时，于长海向张申报告了区大队的处境。张申与驻西华解放军魏凤楼部联系，派人来郾城迎接区大队纳入解放军编制。据皇甫店老干部共产党员柴发户同志回忆当时的情况说：1948 年农历二月初三，30 多名“土八路”从西边高桥一带向东行进，走到皇甫店准备停下来吃午饭，魏凤楼部派的两个穿军衣的人不同意，怕有敌人追踪。而赵相群认为队员们已经几顿没吃饭了。两个军人单独走了，“土八路”分散吃饭。不一会，枪声四起，原来伪政人员恶霸头子张孝伍、方旭宗、李俄勋、韩骁卫、尤群营等纠集的地方武装包围了皇甫店。当时区大队来不及集中，除几个人突围、两个人被群众掩护下来以外，其余全部被捕。赵相群带领的人员从皇甫店东南突围，也未成功，只有赵一时脱险，可是跑到尚庄村又被敌人追上。韩骁卫把赵相群骗到他家，傍晚，韩带领两个乡丁说要送赵回家，绪果走到沱沟将赵杀害了。队员王学志，邓襄王村人，趁中午吃饭时间回家看望母亲，走到韩店村南地被

① 或闫炳若。

保丁打死。队员 ×××，五沟人，才 18 岁，当天下午，被伪镇公所的刽子手崔骡子用大刀将头砍掉，挖出脑子给伪乡长陈子俊的儿子治病。其余被捕的“土八路”战士分别被杀害在柴湾的汾河南岸、马湾的汾河北岸、皇甫店东南地和韩店村东南地。

血债要用血来还，“土八路”的鲜血没有白流。新中国成立后，家住龙泉寺的张忠堂，因暗杀区大队战士张清宪，很快被镇压。还有高桥的张孝伍，方庄的方旭宗，韩店的李俄勋、李二勋、崔骡子，坑韩的韩晓卫、尤群营，洼张的张保元等，都因手上沾有“土八路”的鲜血，先后被人民政府镇压。

选自 2007 年《漯河文史资料》第十五辑

大闫村民兵义务护路护桥

闫春标[①]

解放军攻打郾城是从1947年开始的，1948年秋，郾城正式解放。那时，大闫村刚刚组织起来的民兵怀着对国民党反动派及其爪牙们刻骨仇恨，听从党的指挥，不怕吃苦，义务担起了护桥护路工作。

大闫村是伪县长闫炳若的故乡，所以村上的伪军政人员和夜集明散的游击队靠这个根柱子非常猖狂。当时大闫村是区政府剿匪反霸的重点，区委派区委委员、武装部长郭群昌任工作组长，县委派董书云任工作组长，分别带队常住大闫村。村南约一公里远的铁路颍河大桥（当时也叫八二〇大桥）由国民党交警队一个分队（约30人）看护。他们武器好，有小炮、轻机枪、重机枪、美式冲锋枪，弹药很足，还有石头垒的碉堡，和村上的伪军政人员、游击队有密切联系。1947年春，大闫村的民兵知道解放军快要解放郾城，怕敌人趁机炸坏大桥，所以就以商桥火车站为重点夜间巡逻看护，并暗中观察国民党交警队在颍河大桥上的动静。

1947年12月，交警队奉上级命令，退到了郾城城内和死守郾城的国民党十一师会合。这时，大闫村有基干民兵13人，又发展普通民兵21人。在农会的领导下，收缴游击队的各种步枪21支，每支枪5发子弹，分别发到两种民兵手中。基干民兵和普通民兵有明确分工，普通民兵护村、监视游击队的活动；基干民兵专门守护颍河大桥包括向北的火车站铁路路线。

交警队逃跑时，把原来护桥时住的房子破坏了。民兵们集中30多人把村上的一所老庙扒了，砖瓦、木料都运到颍河桥上，很快地盖起了

① 闫春标，郾城县人，1933年出生。郾城县人大退休干部。

一所三间大的民兵护桥住房。屋内打上地铺，白天4人值班，轮流吃饭；夜间12个民兵两人一班轮换，通夜看守，通夜巡逻火车站一段线路。当时的农会没有这项开支，但是只要轮谁值班，没有一个人推脱，没有一个人迟到，白天吃自己家的饭，夜间饿着肚子护路。

有一次，夜间12点左右，当时是数九寒天，东北风直吹，雨夹雪直下，枕木两头的路上都是石子，队长李恒昌和几位民兵脚扎得鲜血直流，但仍坚持巡逻。还有一天后半夜，民兵闫成富、何孬孩二人走到桥北约一公里处的大闫村南，忽然看见有一棵大约4把粗的杨树倒在路轨上，向南一看，一列火车马上就要开过来，如果车不立即停住，就有发生脱轨翻车的危险。何孬孩飞快地用红布包住手电筒，对准机车，一边向南飞跑，一边不时摇动手灯……机车停住了，司机和民兵6个人，把杨树推到了路基半坡，火车顺利地开走了。这几位民兵受到郾城县人武部和郑州铁路局的通报表扬。

那时，民兵护路护桥都以县为单位，规定有保密口令。有天夜里，大闫村民兵在桥北约一华里远的铁路边上，遇见人，问口令，他答不上来，就把他送到了区人武部，经仔细盘问，原来是一个小偷。民兵们护路巡逻遇上雨天没有伞，就戴草帽；没胶鞋，就穿布鞋；遇着冷天没有棉衣，就披上被子。

1949年，他们想办法在颍河滩内开了一片荒地，自己拉犁拉耙，种上小麦和豆子。也巧这年风调雨顺，麦秋都丰收了，他们把收获的粮食卖了，每人买一件半身雨衣，值班用的手电筒也一人一个，还每人买了一双胶鞋、一把雨伞。就是这样，从1947年冬一直护到1950年底。革命胜利后，护路护桥行动中的民兵队长和几位民兵出席了县民兵模范代表大会，受到了县委的表扬和奖励。

村上的地主恶霸被推翻了，敌人的游击队投降了，有10个罪大恶极的人被杀了头，坏分子受到了农会的管制，地主、富农应该分给穷人的农具、土地都分了，民兵们、农会会员们高高兴兴地唱起了小调：“共产党八路军，救穷人大翻身，如今有地还养牛，顿顿吃饭还有芝麻油。”

选自2007年《漯河文史资料》第十五辑

冤 井

田群昌[①] 口述　范子文整理

1947年12月，漯河解放，原国民党郾城商桥镇大队副（大队长由镇长担任）潘子茂（外号潘老六，今李集镇郭桥东村人）和一些国民党的残渣余孽，不甘心失败，时刻准备反攻倒算。

1948年，我地方政权还未稳定，处于拉锯状态。以潘子茂为首，组织地方上的土匪七八百人，盘踞在原来的商桥镇，其势力范围东至西华县境黄连城，西至京广铁路以西大杨庄、洪陈店一带，南至颍河，北至临颍皇帝庙以南。潘子茂自立旗号，自封“挺进军司令”，公开向群众派粮派款、拉夫抓丁、明抢暗砸、拦路抢劫贴条子。尤其是贴条子，它像瘟神一样，让人胆战心惊——一张条子，黑夜贴在你的大门上，要几千几万元，必须按规定地点、时间去缴，你若迟延不缴，不是烧你房舍就是杀你全家。夜晚各村家家封门闭户，不敢外出，白天他们就拦路抢劫，弄得大路小路不敢行人，有多少无辜良民横遭杀害，有多少客商路人蒙受奇冤。“冤井案件”就是潘匪一手制造的血腥事件。

1948年8月，潘匪在遭受沙北人民政府数次打击之后，如丧家之犬，惶惶不可终日。匪徒们鼠窜至李集村，利用村南满坡高粱便于逃窜的有利地形，继续与民主政府对抗。

一天，天气晴朗，骄阳似火，烤得大地生烟。上午9时许，有两位青年学生越过拦河潘颍河桥，由南向北，顺着往李集南门的大路联袂而来。他们年龄大概在十七八岁，一人穿蓝制服，一人穿白衬衣，没有带什么行李。当进了南门，北行有四五十米，已藏在街道一旁专门拦截杀害过往行人的一个匪徒，突然凶相毕露地窜过来，拦住了这两位青年学

① 田郡昌，河南省郾城县李集乡田庄人。

生，并恶狠狠地问："你们是干什么的？"

"学生。"

"从哪儿回来，到哪儿去？"

"漯河上学回来，到瓦店去。"

匪徒露出狰狞面目，并以食指指着两个学生说："看恁那样，不是好家伙，尽是共产党、八路军。走，到司令部去！"

两个青年学生怒色满面跟着匪徒到了匪军司令部，匪首潘子茂见了，不问青红皂白，即命令匪徒："先把他带到王岗寺去拴到那儿！"

两位青年被几个匪徒押着到了王岗寺，拴到进大门正北大殿外两根柱子上，一个在东，一个在西。当时学校未曾开学，前后皆空院，几个匪徒怕热，到别的空屋休息去了。

两个青年学生，上午10时多被拴到那里，烈日当空暑热难耐，他们被晒得浑身汗流，身上衣服已湿透完。他们不住地连声哭喊："叔叔啊，放了俺吧！俺是好人哪！"……他们不知道这里是匪区，呼天天不应，叫地地不灵，有谁敢来主持正义，把他们放了呢？

起初，下地劳动的农民，行经王岗寺门口，听见连声的哭喊，不由得好奇地伸头去看，见拴了两个年轻人，大家相互眼示一下，不敢议论，赶紧离开远走。消息不胫而走，知道情况的，连王岗寺门口也不敢走了。田庄（王岗寺东50米）一位青年妇女唐桂英，下午3时多，无意中行经王岗寺门口，听见院内连声哭喊："渴呀，谁给俺端碗凉水喝吧……"唐桂英一看，猛然一惊，心想：这一定是游击队（群众不了解匪徒是什么组织，坏印象地对它称游击队）又捕的人。她看看院内并没有匪兵看守，出于内心的同情和怜悯，冒着危险从家里端去了两碗凉水，迅速送到学生嘴边，两个学生贪婪地一饮而尽。幸亏匪徒们在屋里休息，未曾发现。唐桂英知道他们还需要喝但也不敢再送了，万一被匪徒发现，将要大祸临头，性命难保。

两位青年学生饥渴交加，直到黄昏喉咙也哭喊哑了，再也喊不出来了，而且一直在那里拴着，欲蹲不能，疲惫无力，身体往前蜷曲着，头也垂了下去，看上去令人心酸。

夜幕降临，死神也来到了。夜晚约10点钟左右，以张全（王岗寺东一里张庄人）为首的几个匪徒，奉主子潘子茂之命，从匪窟里钻了出来。他们手持长枪，到两位青年学生面前恶狠狠地说："走吧，送你们回老家去哩！"

匪徒们把两位青年学生押到王岗寺后边约百米处路东的一口土井旁，"啪啪……"几声枪响，两位青年学生应声栽倒在井内。

翌日，村民李金洛听说在自己的井内，有两个被杀的尸体，为了避祸，他又把井封平了。

两位青年学生到底是哪里人？姓名是什么？直到现在谁也不清楚。据他们自己说是瓦店的。是瓦店的？或是瓦店附近的也难以核实。因旧时习惯，出门在外，自己的住处，有时不真报，而报其他地方，也有的是因为离大城镇近，只说大城镇，不说小村庄。

两位受难者的家属，恐怕现在还不知道自己亲人的下落，然而他们已在1948年成了王岗寺冤井内的冤魂了！

选自1998年《漯河文史资料》第七辑

洪山庙大血案目睹记

范子文

1948年阴历二月间，临颍县城东南20里洪山庙村（又名鲁湾，今属皇帝庙乡）发生的一起震动一方的大血案，至今已43年了。然而近半个世纪的烟雨终不能抹去土匪暴行留给人们的记忆，时至今日人们说起这件事，仍记忆犹新。

大血案是怎样造成的呢？这还得从当时的情况谈起。

1947年12月，郾城和临颍被人民解放军首次解放。1948年初，我地方政权还未建立，当时敌我双方在此地处于“拉锯”状态。原郾城县商桥镇（在洪山庙村西南4里）大队副（管武装）潘子茂和一些地痞流氓反动分子，不甘心自己的失败，他们以潘子茂为首，组织起了祸害一方的土匪组织，自称什么“挺进军”，专门与共产党八路军为敌，杀害我解放军战士和革命人士。外地过路行人、来往客商，一旦被捉住，即指其为共产党，然后将其杀害。在商桥地区范围内，惨死其手者难以数计。洪山庙大血案，就是潘子茂及其一伙匪徒在该地区屠杀群众留下的一笔血债。

原黄泛区西华县北红花集一带的贫苦农民，因生计困苦，不断将晒干的水苹果秆（又叫田字草，生于浅水中）推到临颍城或附近一些集市去卖，换些粮食，借以糊口。1948年阴历二月初五，有6位农民（均30岁左右）和一个小孩儿（十二三岁）共7人，用6辆小车（也叫红车，独轮）满载水苹果秆，自红花集一带到洪山庙集来赶集[①]卖（当时洪山庙的双日集，商桥为单日集，交替进行），行经娘娘庙（洪山庙北20里）

① 集（早上为集，白天为会）是当地一种自发的固定地点、时间的商口交易活动，到集上买卖商品称“赶集（会）”。

一带。当时娘娘庙有传统庙会（每年阴二月初六日，正会；初五日，偏会），王岗的一个牲畜交易员（旧称牛牙行，实际是潘子茂一帮的匪徒）××见到这几个人，便对同行的交易员王文、王仁正（洪山庙西毗邻王庄人，匪徒）说："我见从东乡黄水窝里来有五六个人，推着柴草，兴是往洪山庙赶集去哩，弄不得那是八路军探子。"王文等得信后，立即回去。天将晚时，到洪山庙一看，果然有六辆小车，满载水苹果秆，停在洪山庙集场最西边鲁桂银（路南）、程位昌（路北，外号烧包儿）二人开的两个相邻的客店里。这几位农民身穿紫花色（土黄）裤子，上穿黑棉袄或夹衣。看他们的衣着，与本地人截然不同，听口音确系东北方黄泛区的人。

王文等立即报告给洪山庙的匪徒王德盈（王庄人）、程应北等。匪徒们得了消息，又到郾城小商桥禀告给主子潘子茂。

农历二月初六黎明，匪首潘子茂带领匪徒娄遂宾（李集乡娄庄人、潘的勤务兵）、打手张喜东、张梅欣（洪山庙人）等6人，腰别手枪，杀气腾腾地到洪山庙来。在客店内，同洪山庙群匪几十人经过一番密谋策划，潘子茂指挥匪徒们凶神恶煞地到洪山庙集南戏楼（距庙约100米）西边柴火市上（北距客店20米）。赶集的人猛然惊愕了，不知道出了什么大事，有的想远走，有的好奇地观看。我当时在戏楼北边菜市上，见到这种场面，心有所惧，但也想看看究竟是什么事。只见匪首潘子茂双手叉腰，面色苍黄，凶神恶煞似的在那里站着，十几个匪徒掂着手枪，威逼早在那里等候卖水果秆的五位泛区农民和一个小孩儿，指其北走。但匪徒们慑于集上人多，众怒难犯，不敢走集中间，而是转到集西边人稀少处，经客店门口，越集向北走去。

这种突如其来的变化，使几位卖水果秆的农民茫然不解。他们并不知道匪徒们逼他们走的目的是什么，农民们解释说："我们拿的有证明。"匪徒们说："啥证明，不看你的证明。"集上的人有的轻声地互相议论着，有的面面相觑，目光暗示，无人敢多言。农民们被押，经过客店门口并没有停，被催着快步正北向村外庙后坑内走去。他们意识到了将有不测之祸，很可能要遭到杀害。当走到洪山庙西墙外路上时，他们停住脚步，回头和匪徒们讲理。这时这伙穷凶极恶的家伙，露出了狰狞的面目，施展了卑鄙无耻的手段，“哒哒哒”地向农民们开枪了。五位农民应声倒在血泊中，那个十二三岁的小孩儿，看到自己的父亲被打死，号啕大哭。匪徒娄遂宾从墙上揭下一块整砖，照孩子头上劈头一砖，砸得他脑浆迸裂，栽倒在地，随后，唯恐他不死，照孩子头上“啪啪”又是两枪，并恶狠狠地吼叫：“我叫你不死！”可怜无辜的孩子，白白地也送了一条性命。

我随着一些人在远处看着，但谁也不敢走近，该村一些小孩有跑到跟前看的。据一个小孩出来学话：一位农民头部没有被击中，子弹从颈旁穿过，血流如注。他虽然倒下，但心中还明白，屏住气，小声对这个小孩儿说：“用那土给我捺一下血。”小孩儿很聪明，用脚踢踢他，暗示他不要说话，等匪徒走了再说。不巧被还未远走的匪徒听见了，回头嘶叫着：“这家伙还没有死。”拐过身来，照头上“嘣嘣”又是两枪。

庙内住了一个要饭的，也是黄泛区逃出来的，听到庙西有枪声，慌忙跑过去趴到墙豁口上向外张望，不巧被匪徒们发现了，狂叫：“这家伙也不是好东西，净八路军探子。”两个匪徒跳过墙豁口进庙把他拖出来枪杀了。

隔了两天，我又到洪山庙去赶集，见庙门西边墙上贴了一张布告，上写：

挺进军司令部布告：

查×××等七人系共产党八路军派往我地区的刺探人员，该犯等以卖柴或讨饭为幌子，专门搜集我地情况，和我军对抗。现已查明，证据确凿，依法判处×××等七名罪犯死刑，押赴刑场，立即执行！以快人心！

此布

司令潘子茂

中华民国三十七年二月六日

事后，洪山庙村的贫苦农民，不忍心看着被杀者露尸于路旁，便趁黑夜冒着生命危险，在庙后坑内以薄礼将几人合葬。

停了几天，红花集一带的几位老太太，带着烧纸、供香，在庙后坟前放声痛哭，嘴里还不住地喊叫：“我的孩儿啦，你死得好冤哪……”闻者无不泪下。

又隔旬余，有两具尸体，被死者家属迁回原籍安葬，其余的仍葬原处。“文化大革命”中，学生们在庙后起土，不慎将遗骸挖出，继又封之。

解放后，这股土匪被我军消灭，一些罪大恶极的匪徒被我人民政府镇压，但这几位无辜的农民，究竟是哪里人？姓甚名谁？无从查询，传闻是红花集的，然而是否红花集人或是红花集附近的，当时谁也说不清楚。

1991 年 3 月 20 日，我回到老家同堂兄范圈兰谈及此事，说到被害者的地址问题。他说：“这事儿我知道。1952 年夏，我到红花集一带做生意，夜晚住在红花集西边东洪山庙南二三里的 ×× 村（小村庄）的一户群众家，闲谈中他问到我的住址，知道是临颍县洪山庙附近的，即谈及被害人死难的事。”他们叹息地说：“那就是俺这庄的事，前一天，本来俺们商量，一起往临颍去卖柴禾的，不料他们几个不吭气头里走，到洪山庙集卖去了，谁知到那里就被害了，我们都不知道那里是匪区啊！”

听罢堂兄的叙述，遇难者的住址问题终于弄清楚了，但遗憾的是，人们至今不知他们的姓名。

选自 1998 年《漯河文史资料》第七辑

后　记

整理建市以来前三十年《漯河文史资料》是七届漯河市政协确定的一项重点文化工程。任务确立之后，聘请熟悉我市历史文化并热心文史资料工作的学者组建了专项工作小组。专项工作小组首先认真学习了中国文史出版社出版的《文史资料学概论》（卞晋平、方兆麟等著），对主席会议确定的“去伪存真、去粗取精，补充完善、按系分类”的原则进行了认真的讨论和领会，在此基础上着手开展工作。

纳入本次整理范围的是1986年至2016年市政协征编的《漯河文史资料》共24辑、813篇、351万字，经剔除不符合文史资料体例和不宜出版的内容之后，确定选入史料共计630篇，280万字。

整理工作确立了“遵循国家有关法律、法规，遵循文史资料工作统战性特点，尊重历史见证人对历史事件的表述，以服务大局、服务社会为宗旨，深入挖掘史料价值，全面提高政治、史实和文字水平，更好发挥‘存史、资政、团结、育人’作用”的指导思想。专项工作小组逐篇审读这些史料，建立每周工作例会汇总审读中发现的问题，提出了“校、勘、注、附、表、补、删、插”八字整理工作法，并依据内容将纳入整理范围的文稿划分为八个部分，采取集中研讨、分工负责的方法开展整理工作。整理过程中，经过多次研讨并听取中国文史出版社梁洁同志的建议，又调整了分卷方案，确定为目前的12分册，其中曹代颖、张艳负责《古韵新辉》《百业春秋》《桑梓情思》3册；刘西森、陈思盈负责《抗战岁月》《解放战事》《河上风物》3册；马恒祥、蔡慧娟负责《沙澧英才》《杏坛双星》《生态今昔》3册；鲁锁印、夏跃进负责《民国往事》《校园漫忆》《沧桑巨变》3册。除了较为繁重的文字校勘之外，各组重新审读原文，进行充实梳理，在尊重撰稿人原稿的基础上，根据新发现对史料进行补充完善，对内容存疑或失实的进行更正。其间，收集并参阅大量的外来资料，不厌其烦地进行史料比对，可谓夙夜不息、历尽艰辛。

整理工作的全程中，吕岩同志两次主持主席会议进行专题研究，肯定了本次文史资料整理工作的意义，确立了文史资料整理工作的方案和原则，并多次听取汇报提出指导意见，使整理工作始终沿着正确的方向前行。分管副主席田冠亭、胡新峰同志在日常工作中高度关注，在关键节点协调帮助，为工作顺利推进提供了保障。安清跃、史凤民、刘颖峰为整理工作收集资料提供了有力支持。参加专项工作小组例会的牛青、李永杰、翟媛媛长期牺牲节假日休息时间，为专项工作小组精心服务，作出了应有的贡献。丛书送审稿校定后，秘书长袁国亮组织机关的黎联峰、杨为、李庆峰、蒋向军、刘勇、李聪燕、王玉、崔博、吕煜辉、王文君、赵彤、康家浩等参与审读并提出修改意见；出版社一校二校完成后，各专项小组进行了复审，最后由鲁锁印对复审发现的问题进行统筹，力求使各卷标准统一，格调一致。

丛书整理虽历时三年有余，仍觉时间紧促，加之庚子年疫情的影响，一些图文资料采集计划未能如期实施。参与整理的诸君虽倾心而为，亦力有未逮，实乃囿于学识。期待出版后读者斧正润色，为后继者立标杆，助漯河文史资料工作日益上台阶。

编　者

2021年12月30日